宋代赦书研究

郭艳艳　著

人民出版社

目 录
Contents

绪 论

第一节 选题意义

宋代赦书，即承载赦宥内容的官方文书。“唐宋以后，凡赦必有文。”[①] 赦书内容主要包括实施赦宥的政治与社会背景、赦宥的事项以及统治者希望达到的目的等几个部分。通过对宋代赦书的研究，可以了解宋代社会多方面的情况，诸如法律、政治、财政、经济等。美国学者迈克尔·多尔比曾经说过：“大赦令是一种被人们忽视的史料，对它们的广泛研究会引起人们的很大兴趣，因为它们经常包含总的政策说明和国家形势的总结，以及一些关于特殊豁免、大赦和对贵族、各级官吏、平民百姓——有时也对某些个人——的提升和发放俸禄情况的内容。”[②] 尽管他这段话讨论的是唐代赦宥的内容，但宋代赦书同样包含这些内容。

我国古代的赦宥最初是对一些特殊罪犯的宽恕的条文，但从先秦时期的“眚灾肆赦”“三宥三赦”发展到宋代，赦宥已经远远超出法律范畴，在赦免、减刑罚职能之外，又逐渐演变出推恩天下、申禁立法、发布行政命令等职能。我国古代赦宥制度发展的顶峰以及最后的定型都发生在宋代。之所以称顶峰，因宋代是中国古代颁布赦宥次数最多的朝代；所谓定型是指该制度在这一时期达到了各方面的成熟与稳定。比如类型、内容、程序、仪式等方面在宋代就规范化了。赦宥次数频繁、大礼赦固定，以及赦书内容丰富，是宋代赦宥的特点。赦宥是研究宋代法律与社会诸多问题不可回避的问题，是统治者欲“与民更始”的“仁政”措施，与民众生活息息相关。宋代赦书不仅包括法律与推恩内容，而且可以看作一种特殊的约束条文的集合体，涉及宋代社会的方方面面。它对于统治者处理战争遗留

① 徐望之：《公牍通论》，档案出版社 1988 年版，第 19 页。

② [英] 崔瑞德：《剑桥中国隋唐史》第 9 章“晚唐的宫廷政治”，中国社会科学出版社 1990 年版，第 569 页。

问题，应对自然灾害等特殊情况，烘托国家大典的喜庆气氛，调和社会矛盾，促进社会稳定等都起了不可或缺的作用。对宋代赦宥制度深入研究，必须依赖最基本的史料——赦书。与存留完整、集中的唐代赦书相比，宋代赦书完整保留下来的极少。北宋诏令的汇集——《宋大诏令集》中虽然保留有 262 道赦书名称，但大多数内容却阙如。在《宋会要辑稿》中，很多赦文被分散在该书各个门类中，为研究和考证赦书内容提供了基本史料。本书是在辑录整理这些赦文的基础上，研究宋代赦书内容的发展变化，以窥探当时的社会状况。

宋代赦书的关联性较大。一个时期的赦书内容隐藏着该时期的历史信息，无疑与其所处的社会形势关系密切。赦书的颁布体现了统治者的治国理念，赦书的执行涉及了国家体制运转中各级政府的关系。在中国传统治理中，中央集权治理与地方治理有时也存在深刻矛盾。当常规的治理对某些社会问题失控，比如赦书中常见的约束赋税征收、司法整治等，一旦对州县治理出现了失控，大赦则通过大张旗鼓地制造舆论声势等方式，将国家对基层整治的信号传递到各个部门和普通民众。但长期使用大赦治理往往导致治理的仪式感大于实际效果。特别是南宋时期，很多赦书约束内容重复出现、赦书内容篇幅不断膨胀，都反映了用赦书治理社会最终陷入痼疾难除的境地。学界关注古代赦宥制度较早，特别是对唐代赦书的研究，已达到很细致的程度，产生了丰富的学术成果。作为承接唐朝的宋代，学界对其赦宥制度及赦书内容的研究总体上还较为薄弱。如唐朝赦书的变化入宋之后是否得到继承或发展，学界缺乏回应与对话。这也是本书选取宋代赦书作为研究题目的一个重要原因。本书的研究，主要立足于宋代赦书内容的变化，即赦书中对州县官府的“约束之辞”日益增加与逐渐重复并固定，以及反映了宋代哪些特殊的社会状况，宋代赦书中新出现的约束内容如何制定并传播的，其执行效果如何等方面的内容。本书试图从宋代赦书这一命题出发，考察赦书内容和性质的演变，以及这种变化对宋代社会造成的影响。

赦宥制度在中国有数千年的历史。它作为缓解社会矛盾和维持封建统治秩序的工具，一直在发挥作用。当今我国宪法中仍有特赦内容，全国人民代表大会常务委员会行使决定特赦的职权，中华人民共和国主席根据全国人民代表大会常务委员会的决定，发布特赦令。但我国对于行使赦免权保持着较为谨慎的态度，新中国成立以后，一共进行了 9 次特赦。笔者希望本书通过对古代赦宥制度及赦书内容的研究，能对我国当今赦免制度的完善提供借鉴。

第二节 研究状况

恩赦制度实属冷门的研究领域，尽管如此，学术界对赦宥制度的关注较早，也有较多研究成果，但对赦宥进行断代研究的不多。[①] 本研究课题是围绕宋代赦书的，所以对已有的宋代赦宥制度以及赦书的研究成果较为关注。本书首先分两大类介绍学界的相关研究成果。

一、关于宋代赦宥制度的相关研究成果

在赦宥制度的断代研究方面，宋代赦宥研究成果较少，研究相对薄弱，存在较大的扩展空间。本书收集到的研究成果仅有以下几篇。[②]

郭东旭的《论宋代赦降制度》[③] 是现代学者对宋代赦降制度关注较早的一篇文章。该文围绕赦降种类及等级、赦降名目及数量、赦降内容的变化、论赦降之弊等方面进行探讨。他把赦降种类分为大赦、曲赦、德音和录囚，在等级上分为四等：赦免“常赦所不原者”“减死释流以下者”“减死、流释徒以下者”“减死、流、徒释杖以下者”，把赦降名目分为吉庆大典赦降、丧葬大礼赦降、皇室喜忧赦降、平盗复土赦降、辽金通和赦降和

---

① 如沈家本先生：《历代刑法考》，其中《赦考》十二卷。中华书局 1985 年版；徐式圭：《中国大赦考》，中华学艺社 1934 年版；[美] 马伯良：《大赦与传统中国的司法》，夏威夷大学出版社 1981 年版。该书是一部英文著作，很遗憾未能找到原书，根据他书中介绍得知马伯良提醒我们对大赦的研究要注意考察中央与地方政府、地方社会的关系；(台湾) 刘令舆：《中国大赦制度》，载台北中国法制史学会编《中国法制史论文集》，1981 年版，第 147–149 页。

② 本书参考的论文都是和赦宥制度相关的，但有些论文以“赦降”“恩赦”“赦免”等为题目，与赦宥在内容上有所交叉。如“赦降”是指“赦”和“降”两种形式。对“恩赦”一词，戴建国先生认为等同于“赦降”。“赦免”为法律史学者运用最多的词汇，是现在仍存在于法律术语中的词汇。笔者认为，宋代社会状况应该使用当时的词汇表达最合适，在选择用词时，采取宋代使用最多的词汇“赦宥”一词。

③ 郭东旭：《论宋代赦降制度》，收入《宋朝法律史论》，河北大学出版社 2001 年版，第 369–391 页。

天文之异、水旱之灾赦降等。他根据《宋史·本纪》《续资治通鉴长编》《宋会要辑稿·刑法五》《文献通考》卷173的记载，统计出宋代各种赦降总数有694次之多。在赦降内容的变化方面，郭东旭指出：宋代“非独宥罪而已，已从而推恩焉。”赦降罪犯与加恩百官、除放逋欠结合起来，成为宋代恩赦的固定内容。因宋代赦降频繁，表现出的弊端也就突出，主要体现在：频赦非治国之善政，频赦自坏其法，频赦未必尽行。

该文简明扼要地概述了宋代赦降制度的基本情况，使我们对宋代赦降制度的大致状况一目了然。该文的不足之处在于对赦降制度各个方面的论述浅尝辄止，略显笼统，缺乏深刻分析，特别是对宋代赦宥内容的研究，仅仅指出宥罪与推恩两种内容，尚未触及赦书中出现的新内容，即一些申饬约束条文。不过该文在宋代赦宥制度研究方面的开山之功还是不容忽视的。

戴建国的《唐宋大赦功能的传承演变》[①]对宋代大赦内容作了细致化、纵深化的研究。他把大赦的功能放入唐宋较长时间段内，考察其继承、发展、演变的过程，分析了唐朝中后期形成的大赦申禁功能被宋代继承的情况。他认为入宋以后，传承下来的晚唐大赦的申禁功能有所减弱，但还是一直延续下来了。此外，作者还梳理了南郊、明堂大赦从唐到五代再到宋代的固定化过程，指出宋代大礼赦继承了唐、五代时期大礼赦的申禁职能。最后，作者对宋代大赦功能进行了评价，也对宋代大赦的频繁颁降做了批判。但戴文认为宋代大赦申禁职能有所减弱这一观点，笔者不能认同。通过对宋代赦书内容的考察，笔者认为，宋代不仅继承了晚唐以来的大赦申禁职能，并且强化了这种申禁职能，赦书频繁通过重申法令约束禁止当时的某些违法行为。

戴建国的《宋代法律制定、公布的信息渠道》[②]在讨论宋代法律制定和公布的信息渠道时，也涉及赦宥制度的形成、赦文制定和发布渠道，启发我们深化对这一问题的研究。作者考察了宋代法律的抄写、传递、颁降和宣传过程。因文章的篇幅所限，作者对赦书、德音的信息渠道仅仅概述

---

① 戴建国：《唐宋大赦功能的传承演变》，《云南社会科学》2009年第4期。

② 戴建国：《宋代法律制定、公布的信息渠道》，收入邓小南主编的《政绩考察与信息渠道——以宋代为重心》，北京大学出版社2008年版，第329–340页。

而过，所以赦书、德音的信息渠道还有待于进一步研究。

戴建国《宋代刑法史研究》第七章“刑罚执行制度”[①]把恩赦作为一种刑罚执行形式进行介绍，主要包括五部分内容：一、录囚；二、大赦；三、赦书的颁布与宣告；四、赦书的生效；五、宋代恩赦制的弊病。该章根据发布时间，把赦宥划分为不定期的非次赦和定期的大礼赦。非次赦是指没有固定时间的大赦，包括大赦、德音、曲赦三种，并逐个分析三种赦的含义和特点。戴建国认为大礼赦主要是指南郊赦和明堂赦；这两种赦在宋代都已成为定制，但明堂大礼的赦免等级低于南郊大礼。他又对赦书的制定、发布以及生效时间进行考述，对宋代频频行赦持批判态度。

戴建国先生致力于宋代法律制度研究，也是对赦宥制度研究用功最深的学者。他的《宋代刑法史研究》是研究宋代恩赦制度分量最大的著作，对宋代恩赦制度进行了多方面考证论述。其中也存在值得商榷之处。如通过罗列和考察宋代赦文，笔者认为，德音并不能简单地被说成是宋代赦宥制度中的一种，它有时还是对赦书的称呼，既可表示为曲赦，又可表示大赦天下之“大赦”。但宋代史料又往往把德音界定为赦宥的一种，如马端临的《文献通考》和王应麟的《玉海》，均把德音作为单独门类。在当时人的记载中，德音是赦宥的一种，德音的性质仍有待于考证。

《宋代刑法史研究》除了“恩赦”一节专门论述赦宥制度外，“量移”一节也涉及朝廷对正在被执行刑罚的罪犯的量移恩赦。量移，即“得罪远谪者，遇赦则量徙近地”，是对正在被执行刑罚的罪人的减免方式，也是宋代赦宥制度的组成部分。作者在量移的一般规定中，把一般性罪犯和被贬降官员分为两类介绍。接着，作者介绍了量移的执行程序。量移执行是一个复杂的过程，经过一定次数赦宥而符合量移标准的犯人，需要先由所在州军审核，向刑部保奏，刑部上报尚书省审查，然后上奏皇帝，由皇帝批准才能实施。

久保田和男的《关于宋代地方赦书的传达——以出迎和宣读为中心》[②]以宋代地方官员对赦书的出迎和宣读为中心，精密地考察了赦书的

---

① 戴建国：《宋代刑法史研究》，上海人民出版社 2008 年版，第 333–357 页。

② [日本]久保田和男：《关于宋代地方赦书的传达——以出迎和宣读为中心》，收入《文书·政令·信息沟通国际学术研讨会论文集》，2010 年 3 月，第 227–237 页。

传播过程。这一过程包括从中央到州府，从州府到县镇，由县镇传达到乡村。

宋鑫鑫的硕士学位论文《宋代赦宥制度研究》[①]从五个方面着手探讨了宋代赦宥制度的内容及发展，界定了赦宥的含义及渊源，总结赦宥的种类、名目和仪式，讨论赦宥与法律的关系，分析宋代赦宥的特点，探讨宋代频赦的原因及其与皇权的关系，粗线条地描述了宋代赦宥制度的全貌。

孙之智的《论宋代的皇权、刑罚与大赦》[②]建构了宋代的三角形权力结构，两个底角为刑罚与大赦，顶角为皇权。宋代尽管制定了完备的法制，但皇权始终是最高、最核心、最主要的权力系统，而刑罚和大赦就是皇权的两种手段。

唐华彭、顾莉《浅析宋朝的赦免制度》[③]简单罗列了宋朝赦免的类型、赦免的原因、赦免的特点、赦免的危害等。

霍存福《敦煌吐鲁番借贷契约的抵赦条款与国家对民间债负的赦免——唐宋时期民间高利贷与国家控制的博弈》[④]针对唐宋之际朝廷发布的赦书对民间借贷债务的赦免，致使民间社会出现对赦文的对抗行为，进而产生了国家控制与民间高利贷行为的长期博弈。从北魏开始，大赦在赦免民众赊欠国家的债负之外，开始干预民间私债，对民间私债也予以赦免。因此，在民间借贷契约中出现抵制赦令的条款。如“后有赦恩，不在免限”之类的条款。这种博弈关系一直延续到元初。到了明清时期，国家不再在赦令中免除私债，民间借贷契约中的抵赦条款也随之消失。

范立舟、蒋启俊的《两宋赦免制度新探》[⑤]主要考察两宋赦免频施的原因和影响。在原因方面，他们认为主要有三点。一是统治者向“宽仁为治”转变的法律思想，二是两宋囿于“内忧外患”的压力，三是“士大夫”的崛起及推动。频赦的影响主要表现在两方面。一方面频赦加重了“冗

---

① 宋鑫鑫：《宋代赦宥制度研究》，山东大学硕士学位论文（2009 年）。

② 孙之智：《论宋代的皇权、刑罚与大赦》，《重庆科技学院学报》（社会科学版）2007 年第 2 期。

③ 唐华彭、顾莉：《浅析宋朝的赦免制度》，《今日南国》2009 年第 2 期。

④ 霍存福：《敦煌吐鲁番借贷契约的抵赦条款与国家对民间债负的赦免——唐宋时期民间高利贷与国家控制的博弈》，《甘肃政法学院学报》2007 年第 2 期。

⑤ 范立舟、蒋启俊：《两宋赦免制度新探》，《暨南学报》（人文科学与社会科学版）2005 年第 1 期。

费”，另一方面破坏了法制。

邓广铭先生的《试破宋太宗即位大赦诏书之谜》[1]通过比较《续资治通鉴长编》《续通鉴长编纪事本末》《太平治迹统类》《宋大诏令集》《宋朝事实》等史籍中关于宋太宗即位诏书内容的记载，发现宋太宗发布的《即位大赦诏》在不同的书中有很大的不同。这用校勘学的知识是无法说得通的。邓先生就把这种情况与“斧声烛影”的谜团联系起来，从个别文句的用词来证明《宋大诏令集》和《宋朝事实》中的诏书是宋太宗即位时仓促之间所用的。政局稳定之后，他开始关注这些即将传世的记载，令人将“即位诏书”修改完备，所以这同一篇诏书出现内容大相歧异的情况。邓先生通过对一篇大赦诏书的考证，断了“斧声烛影”这一已成为千古之谜的历史事件。

以上提及的专门研究宋代赦宥制度的学术成果，为本书的研究提供了重要的参考价值，为进一步研究奠定了基础。

二、关于赦书的相关研究成果

为笔者开展课题研究带来重大启发的，是两篇关于唐史方向研究的博士学位论文——《唐代赦文研究》和《晚唐大赦申禁职能研究》。以下分别介绍。

韩国学者、北京大学博士禹成旼的博士学位论文《唐代赦文研究》（2002年）主要研究了唐代赦文的基本类型和内容、唐代赦文的变迁、唐代赦文与立法，并且侧重于讨论唐代赦文的变化以及这种变化对唐代法律的影响。论文作者认为，在唐代武则天时期，赦文内容开始发生重大变化，出现了一些政务处分的内容。从开元到天宝年间，赦文内容的扩大化逐渐加强，赦文中政务处分的条文比重增加，同时也出现了新情况——赦文改律。从“安史之乱”到唐末，赦文的变化达到了顶峰，赦文内容“长文化”，不仅修改制度，还制定颁布新制度，并且赦文改律改令的情况增多。论文作者认为此时赦文的性质已发生变化，赦文的作用由唐以前的司法功能演变到具有一定的立法功能；赦文的变化过程和唐代法律体系的变化过程是一致的，并对法律的修订产生了一定影响。该文从唐代赦文的变

① 邓广铭：《试破宋太宗即位大赦诏书之谜》，《历史研究》1992年第1期。

化这一细微处入手，以小见大，考证唐代社会法律体系的变化情况，为我们进行宋代赦书研究提供了借鉴。但是论文作者仅依据《宋大诏令集》中没有出现蕴含新内容的赦书，就断定唐代赦文的变化没有延续到宋代，宋代赦文又恢复到唐初赦文的面貌。禹博士忽视了其论证的依据——《宋大诏令集》内容是否完整、是否可靠和充分这一情况。在传统历史分期论之外，关于唐宋两个朝代的关系问题，唐代后期“开启赵宋以降之新局面”启发了很多学者开展长时段的历史溯源及发展去向的探讨。① 作为从唐代中后期开始的赦书变化是否延续到了宋代，也成为我们探讨宋代赦书的重点。

禹成旼在另一篇论文《唐代赦文颁布的演变》② 中考察了唐代赦宥颁布的礼仪，分析了皇帝逐渐增加亲临赦宥颁布现场次数的过程以及原因。唐以前颁布赦书时就有隆重的场面，而且也出现了皇帝亲临的情况，但这主要是与其他仪式相伴随的行为。如在册后、祭祀仪式完成之后，皇帝颁布大赦。武则天时期，这一情况发生了明显的变化，皇帝亲临赦书颁布现场的现象大为增加，并且一直延续到唐末。武则天时期主要是在则天门楼和明堂同时受尊号和颁布赦文，后来的皇帝是单纯降临赦书颁降场所，并且逐渐频繁。唐代之所以出现这种情况，与唐代赦书内容变化不无关系。唐代赦书的恩赦内容无所不包，从罪犯到群臣再到万民都是与大赦内容相关的人。因其具有较大的社会影响力，所以，武则天就在赦文中增加了重要政策和制度改革方面的内容，通过赦书反映自己的改革意向，使赦书又具备了立法功能。在赦书内容里增加规定和处分的现象，经过开元、天宝时期的进一步发展，至唐后期达到顶峰。随之用于颁降恩典的赦宥制度，就被利用到处理政事和社会新问题中。赦文中开始出现许多重要的规定和处分，这也是有学者所说的唐代大赦申禁职能。为使申禁职能达到更好的效果，皇帝亲临赦书颁降现场以示重视的情况就增加了。这也是唐代赦宥礼仪的新特点。

禹成旼在《试论唐代赦文的变化及其意义》③ 中考察了唐代赦文的内

① 陈寅恪：《论韩愈》，《历史研究》1954 年第 2 期。

② 禹成旼：《唐代赦文颁布的演变》，《唐史论丛》2006 年第 8 辑。

③ 禹成旼：《试论唐代赦文的变化及其意义》，《北京理工大学学报》(社会科学版) 2004 年第 3 期。

容及其变化。她认为，唐前期的赦文一般包括赦的起因、内容和恩赐减税，从武则天时期开始，特别是以《改元光宅诏》和《改元载初赦》为代表，赦文增加了一些政务和立法处分内容，如改变朝服样式和颜色、改革政治制度。通过对这种变化的考察，禹成旼认为唐后期的赦文已经从司法执行过渡到兼具立法性质，更像一种新的王言之制。

以上观点都是禹成旼选取一定的角度进一步挖掘史料进行深化研究的成果。她的主要研究点在于唐代赦文与法律的关系。对于赦文中出现的政务处分内容，她虽然也有涉及并提出自己的观点，但由于她的主要关注点不在此处，所以并未进行深入探讨。而武汉大学的魏斌就以赦书中出现的政务处分内容为研究重心完成了自己的博士学位论文。

魏斌的博士学位论文《晚唐大赦申禁职能研究》(2004年)，以晚唐大赦申禁职能的出现和发展为线索，考察了大赦申禁职能的发展演变及其对当时政治的影响。他所谓的“申禁”是两个常见于晚唐诏令的独立词“申明”和“禁断”的复合词。该文分上下两篇。上篇考证了大赦的渊源，大赦如何从推恩走向申禁，以及大赦申禁的政治意义。该文作者考证了晚唐以来大赦申禁职能的内容。申禁的许多条令都是从推恩内容中延伸出来的。在申禁职能出现的同时，唐代大赦推恩内容也呈现出比较理性的趋势，出于现实考虑，减免逋欠有了条件限制，变得更加务实。申禁职能之所以出现于赦文中，这与唐中后期的政治现实分不开，大赦申禁是在社会混乱情况下的“权宜之法”。下篇侧重于论述大赦申禁对晚唐行政运作的影响、大赦与唐代律令法的关系、大赦实施的具体效果等。大赦出现申禁职能之后，形成了一种特殊的“王言”。大赦申禁内容的增加使其具有“全面行政”的色彩。在晚唐行政中，“伏准赦书”一词经常出现在行政公文中，大赦实际上已经具备法令色彩了。赦文则是带有“全面行政”意味的、较为笼统的申饬处分。大赦节文的定位仍是法律的补充，并未能凌驾于法律之上。本篇最后讨论晚唐大赦“赦命不行”的问题，在晚唐朝廷号令不行的社会大背景下，大赦令的“不行”也在所难免。该文作者提出了一个疑问，即唐代出现的申禁职能在宋代的走向如何，以及是否在宋代定型。

台湾学者陈俊强的《述论唐代大赦的内容和效力》[①] 主要从大赦的内

---

① 陈俊强:《述论唐代大赦的内容和效力》,《法制史研究》2001年第2期。

容出发，考察了唐代大赦赦罪功能的效力以及与法律的关系，具体包括以下几个方面：大赦生效时间、赦罪的范围、刑罚的宽免、赦免的法定要求、不当得赦者、赦前断罪不当者。以上这几个方面从法律规定上限制了大赦赦免罪犯的随意性，但由于皇权至上，恩赦的法制化并不成功。

魏斌《唐代赦书内容的扩展与大赦职能的变化》[①] 是他在自己的博士学位论文基础上的深化研究。该文在第三部分提出了赦书内容扩展的“差遣”性质，这是继其博士学位论文之后的一个新认识。魏斌认为赦书是在正常的“王言”系统之外另辟的一种文书格式。“差遣”大赦推恩的本职，是利用赦书申饬整顿政事，以应对晚唐的政治形势。他认为赦书能够体现一种“皇恩浩荡”之意。由于赦书在颁布时的热烈场面，具有广泛的宣传效果，所以朝廷在这种文书中加入申禁内容，使得它们受到的关注程度是任何诏令无法相比的。最后，他在这篇文章中回答了其在博士学位论文中提出的大赦申禁职能是否为宋代继承的问题，认为该职能是唐末稳定政治局势的“权宜之计”，在宋代政治均衡的情况下受到了限制。本书前面介绍的戴建国《唐宋大赦功能的传承演变》一文，已经简单回应了这一问题。戴先生认为大赦的申禁功能为宋代一直沿用，但有所减弱。他的观点是否成立还有待进一步考证。

以上是对本书影响较大的研究成果。另外还有一些从通史角度或法律史角度考察赦宥制度的文章，均试图粗略地把握古代赦宥制度的发展规律，但缺乏细致考察和分析，因此，本书不再做具体介绍，仅在书后开列的参考文献中列出。遗憾的是，我国台湾地区和海外的一些研究成果暂时还未能收集到，这里无法介绍。

综上所述，关于宋代赦宥制度及赦书的研究虽已产生一定数量的成果，为我们进一步研究奠定了一定的基础，但有些成果还存在一些不足，如某些文章实为重复因循之作，缺乏新意与深入探究。与其他朝代的赦宥研究成果相比，宋代赦宥制度及赦书内容的研究尚未引起学界太多的关注，是一个有待学界进一步展开研究的学术领域。该领域的内容广泛，包罗社会万象，与现实贴近，有较多研究课题亟待展开。

---

① 该论文见于《历史研究》2006 年第 4 期。

第三节 研究方法与思路

本书主要采用史料、论证相结合的方法，在收集整理史料的基础上进行论述。宋代保存完整的赦书寥寥无几，在史籍编纂过程中，编修者对赦文内容有大量的删减，对赦书的研究造成了史料困难。本书的研究基础就是对宋代赦书史料的收集与整理，尽量补充新发现的赦书内容，为进一步研究打好史料基础。

在论证方面，本书采用宏观描述与微观探析相结合的方法。首先对宋代赦宥制度做一全貌描述，从宏观方面把握该制度的总体状况，然后对宋代赦书内容，特别是不断增加的“约束之辞”进行微观考察，考证赦书制定、颁布的实际情况，从细微处分析赦书内容的变化及所反映的社会状况。

本书的研究主要分为以下五章。

第一章宋代赦宥制度的基本状况。考察赦书的基本类型与颁布状况，为进一步辑佚和整理赦书寻找其原有模式。根据宋人观点，宋代赦宥分为大赦、曲赦、德音三种类型，具备了较为规范的划分依据。但宋代颁布的赦书，又没有完全依照这三类赦宥进行划分。本章在统计宋代赦宥类型与次数的基础上，分析了整个宋代大赦的颁布趋势。

第二章宋代赦书内容的变化及原因。宋代赦书内容虽然辐射了宋代社会的各个方面，但大致还是可以从法律、政治和经济等方面进行分类。在《宋会要辑稿》中，职官、食货和刑法门类部分中存留的赦文最多。例如，在《宋会要辑稿》职官部分，赦书对官员的封赠、叙复和升迁等都有大量规定。在《宋会要辑稿》的食货部分，赦书对民间赋税的蠲免与征收、和买预买、支移折变、差役雇役、置买耕牛等的规定都比较具体。然而，宋代赦书较之唐代变化最大的，乃是关于财政征收内容的增多。南宋以后，赦书中对州县财政征收与执法行为的申饬约束内容逐渐增多并固定化。赦书中约束性内容的出现与发展过程，与宋代州县财政状况恶化的过程相一致，是应对社会变化以及缓和社会矛盾采取的“裱糊”措施。

第三章宋代赦书的制定与颁布。在赦书制定方面，主要侧重于探讨宋代赦书制定的决策者和参与者、制定程序以及选择赦书内容的依据。在赦书颁布方面，考察赦书颁降、传达、接收的过程，进而使赦书的流转过程能够完整而鲜活地展现。

第四章宋代赦书的执行。赦书的实施是一个比较复杂的问题，本章着重考察赦文中与州县经济较为密切的蠲免内容的实施状况，以及赦书中法律减免规定与宋代法令条文的关系，进而揭示赦书在宋代社会中的实际作用。

第五章宋代赦宥与社会。宋代是一个频赦的朝代，时人对此多有议论与批评，主要集中于频赦对法律的冲击以及赦宥恩赏对国家财政的影响。然而，赦宥对于统治者有其独有的社会功效，如稳定社会秩序、缓解灾异之害、配合大礼庆典、宣布朝廷政令等，宋代统治者始终未放弃赦宥这一统治手段。

本书的创新之处在于以下几个方面。

1. 宋代赦书研究是宋史学界关注较少的一个问题，通过对该制度的断代研究，便于衔接以往朝代的研究成果，进而探究该制度的长时段发展特点。学者们通过对唐代赦文的研究，认为唐代赦文已经具有立法和申禁职能，但他们大多认为这种职能与唐代特殊的社会状况相一致，并未被宋代继承。即使专治宋史的戴建国先生也认为，入宋之后，大赦申禁职能有所减弱。而本书在研读宋代赦书内容的基础上，发现宋代赦书内容有一个变化趋势，即南宋赦书内容较北宋赦书内容复杂。北宋前期赦书内容较为简单，主要包括传统意义上的罪刑减免、赋税与欠负的蠲免及官员的奖赏等。北宋中后期有一些缓慢而细小的发展变化，赦书中的民事内容逐渐增多。北宋晚期，赦书中出现了大量约束禁止地方州县的内容，对政治制度较为熟悉的宋人蔡絛明确指出赦书中的“约束之辞大致悉吏文也”。[①] 他关注到赦书中的约束内容。南宋赦书内容相对繁杂，包括政治、经济与社会许多方面的内容。这时的赦书趋向于往政务处分功能发展，特别是约束州县违法财政征收的内容膨胀。关于宋代赦书变化的原因，本书认为，这和北宋后期到南宋时期基层社会的违法行为以及频赦的特点是分不开的。宋代赦书是由很多条包含具体内容的赦文组成，每条赦文就是对一件具体事务的处理意见，因为赦宥次数的增多，以及三年一次大礼赦时间的固

① （宋）蔡絛著，冯惠民点校：《铁围山丛谈》卷 1，中华书局 1983 年版，第 19 页。

定，许多更为具体的政务可以通过赦令来集中处置。在某些特殊时期，赦书较之宋代单独存在的敕令格式，在制定和发布命令时显得更易操作，可以集中处理当时重大的社会问题。

2. 对“德音”的性质提出了质疑。本书初步发现宋代德音并不完全是和宋代的大赦、曲赦并列的赦宥形式，它和赦仍未有泾渭分明的区别。德音有时单独出现代表赦宥的一种类型，有时又和赦并列出现，代表一种赦宥的文书形式。本书在宋代的赦宥类型部分考辨了宋代的赦与德音的关系。

3. 本书试从制度演变的历史过程这一角度出发，研究赦书在宋代的运作过程。尝试从赦书的制定方面考察政令文书的决策过程，从微观方面考察赦书颁布时的政治仪式以及运作的空间和参与者；在探讨赦书的实施问题时，考察宋代赦书和法令的关系以及赦书实施的具体效果。

第四节　研究重点与难点

本书研究的重点是宋代赦书内容，立论的基础及论证的中心都是围绕宋代赦书内容的变化进行的。这种变化主要集中在以下几个方面：首先，宋代赦书内容的变化有一个过程及某些特定社会因素的推动，探寻赦书内容变化的过程和阶段以及这个过程中隐藏着的社会原因，这是第一个重点。其次，赦书是宋代“命令”文书类型中较为特殊的一类，与朝廷其他官方文书有所区别。其他文书面对的对象较为固定与具体，而赦书面对的是全体官员及百姓，所以涉及内容较多，颁发的范围广阔，另外，赦书要求的时效性较强，所以赦书的制定及传递有特殊性。如何连接赦书的制定与传递过程是本书的第二个重点。最后，北宋中后期及南宋赦书的大量篇幅是约束州县财政违法征收问题的，既然州县在征收中并没有遵守朝廷法令，那么赦书对法令的重申及诫饬能否起到约束作用呢？这是本书研究的第三个重点问题。

本书的难点：本课题研究面临的最大困难是史料问题，宋代关于赦书内容的文献资料存留不多并且较为分散。笔者从《宋会要辑稿》中辑出的部分赦书内容虽然具有一定规模并呈现出宋代赦书某些发展变化特点，但其说服力与历史上体例内容均完整的赦书相比，仍有所欠缺。如何克服史料的不足并恰当利用已有史料得出贴近事实真相的结论是本书的难点。

第一章　宋代赦宥制度的基本状况

宋代是我国古代赦宥制度发展的顶峰，其赦宥次数之多、内容范围之广，都是前后朝代无法比拟的。本章拟对宋代赦宥的分类、赦宥名目及赦宥次数统计以及赦宥颁布的趋势诸方面进行分析。

第一节　宋代赦宥的分类

关于宋代赦宥的分类，学者们主要提出以下几种观点：清人沈家本从通史的角度出发，把赦宥分为大赦、曲赦、德音、录囚、减等、特赦、别赦等类型。[①] 时人吕友仁先生主要依据宋人对赦宥的界定纠正《辞海》对这三个概念的误解。[②] 郭东旭先生把宋代赦降分为大赦、曲赦、德音、录囚四种形式。[③] 戴建国先生把宋代恩赦分为录囚与大赦，大赦依据发生时间分为非次赦与大礼赦，其中非次大赦又具体分为大赦、曲赦、德音。[④] 学者们对宋代赦宥的分类无疑都有大赦、曲赦、德音、录囚，但按照宋人观点，录囚是不属于赦宥类型的，所以本节不把录囚纳入讨论范围。

宋人划分赦宥类型时，主要依据其对罪刑的宽免程度，将赦宥分为大赦、曲赦、德音三种。

《玉海》谓：

---

① （清）沈家本：《历代刑法考》赦一至赦六，中华书局 1985 年版，第 521–680 页。

② 吕友仁：《大赦、曲赦与德音考述》，《河南大学学报》（社会科学版）1984 年第 4 期。

③ 郭东旭：《宋代赦降研究》，收入《宋朝法律史论》，河北大学出版社 2001 年版，第 369–391 页。

④ 戴建国：《宋代刑法史研究》第 7 章“恩赦”，上海人民出版社 2008 年版，第 333–347 页。

> 大赦者，不以罪大小皆原；其或某处有灾，或车驾行幸，则曰赦某郡已下，谓之曲赦；复有递减其罪，谓之德音者，比曲赦则恩及天下，比大赦则罪不尽除。①

《文献通考》谓：

> 宋朝赦宥之制，其非常覃庆，则常赦不原者咸除之，其次释杂犯死罪以下，皆谓之大赦，或止谓之赦。杂犯死减等，而余罪释之；流以下减等，杖笞释之，皆谓之德音。亦有释杂犯罪至死者，其恩霈之及，有止于京城、两京、两路、一路、数州、一州之地者，则谓之曲赦。②

《宋史》谓：

> 恩宥之制，凡大赦及天下，释杂犯死罪以下，甚则常赦所不原罪皆除之。凡曲赦，惟一路或一州，或别京，或畿内。凡德音，则死及流罪降等，余罪释之，间亦释流罪，所被广狭无常。③

从字面上看，宋人对赦宥的分类很清晰，往往被后世研究者直接采用。其中《文献通考》的划分最具代表性。它依据对罪刑的宽免程度划分赦宥为三种类型，大赦是指恩及全国的释放杂犯死罪以下犯人的行为；德音是指减轻杂犯死罪或流罪犯人刑罚，其他罪行予以释放的行为；曲赦是指限定在一定区域范围的释放杂犯死罪的行为。杂犯死罪，唐代律令解释为："其杂犯死罪，谓非上文十恶、故杀人、反逆缘坐、监守内奸盗、略人、受财枉法中死罪者。"④ 在宋代很多时候是指非故、劫、谋、斗杀以外的死罪。⑤ 事实上，在涉及对每个赦书的具体考察时，用这种划分依据去界定赦书类型会遇到很多麻烦，特别是对于曲赦与德音的划分，更是比较困难。

---

①（宋）王应麟辑：《玉海》卷67《赦宥》，影印文渊阁四库全书第944册，第733页。

②（元）马端临：《文献通考》卷173《赦宥》，中华书局1986年版，考1495。

③（元）脱脱：《宋史》卷201《刑法三》，中华书局1977年版，第5026页。

④（唐）长孙无忌撰，刘俊文笺解：《唐律疏议笺解》卷2，中华书局1996年版，第196页。

⑤（宋）谢深甫监修，戴建国点校：《庆元条法事类》卷73《检断》，黑龙江人民出版社2002年版，第742页。

一、大赦

大赦在三种赦宥类型中最容易区分。大赦赦书中，一般很清楚地显示“大赦天下”一词，例如，太宗即位赦书：“大赦天下，常赦所不原者咸除之。”[①] 在赦免力度上是“常赦所不原者咸除之”。又如，真宗大中祥符八年（1015 年）正月《申告上圣号赦文》：“……可大赦天下：系囚已杀人、十恶罪至死、官典犯正枉法赃不赦外，斗杀情可悯者奏裁，自余咸赦除之。”[②] 从这篇赦文中可以看出：该赦文具有“大赦天下”几字，从赦免力度上看，除了不赦免常赦所不原者外，斗杀需要奏请裁决，杂犯死罪以下均得到赦减。高宗建炎元年（1127 年）六月，因皇子生而大赦天下。赦书指明：“除犯劫杀、谋杀、故杀、斗杀，并为已杀人者，并十恶罪至死、伪造符印、放火、官员犯入己赃，将校、军人、公人犯枉法，监主自盗赃，不赦，内枉法自盗罪至死情理轻者，奏取指挥；斗杀罪至死情理轻者，减一等刺配千里外牢城，断讫录案闻奏；其余罪无轻重已发觉、未发觉、已结正、未结正，咸赦除之。”[③] 在宋代，何种缘由颁降何种规格的赦宥都是有惯例的。如即位、郊祀、明堂、改元、建储等朝廷大规模的礼仪活动或者喜庆活动，均采用大赦的规格，而即位赦又是大赦中的最高规格，属于“非常覃庆”，赦免力度往往超过一般的大赦。一般大赦的赦免力度并非无所不包，有些罪行是被排除在赦宥之外的，这在第四章会有专论。

二、德音与曲赦

与大赦相比，宋代曲赦和德音的区别不太明显。如《宋大诏令集》中的赦书《真宗山陵祔庙毕曲赦两京德音》《曲赦梓州路州军德音》，这种从题目上看既像曲赦又像德音的赦书还有很多。《宋大诏令集》中赦书德音的标题是在编敕时所加，还是《宋大诏令集》的编纂者所加，我们尚不能确定。但可以肯定地说，这些赦书德音的标题最晚是在高宗朝形成的，起码可以反映南宋初对赦书规格分类的观点。我们看到这些赦书，如果不仔

① （宋）李焘：《续资治通鉴长编》卷 17，开宝九年冬十月乙卯，中华书局 2004 年版，第 382 页。

② 《宋大诏令集》卷 136《申告上圣号赦文》，中华书局 1962 年版，第 478 页。

③ 《李纲全集》卷 179《建炎时政记中》，岳麓书社 2004 年版，第 1657 页。

细区分曲赦和德音的概念，就无法理解这些赦书究竟属于德音还是曲赦。为区分二者，我们先梳理一下德音的演变与含义。

德音一词起源甚早，《诗经》中即有“德音”词语。如“德音莫违，及尔同死。”(《诗经·谷风》)“乐只君子，德音不已。”(《诗经·南山有台》)它是指敬称别人的善意言语以及好的名声。德音还可以指某种音乐之制。如“天下大定，然后正六律，和五声，此之谓德音”。[①] 汉代开始以德音称呼皇帝的诏旨。如董仲舒曾对汉武帝说：“陛下发德音，下明诏，求天命与情性，皆非愚臣之所能及也。”[②] 德音即臣下对皇帝言语的敬称。东汉元帝时期，因珠崖郡叛乱，当时大臣有的主张讨伐，有的主张遗弃该郡，后元帝以劳民伤财为由下诏放弃该地，被大臣称为“此元帝所以发德音也”。[③] 此时，德音应已具有皇帝有德之言的含义。唐朝，右常侍补阙拾遗、左省起居舍人均掌“修记言之史，录天子之制诰、德音”。[④] 仍然代称皇帝言语。在唐代，德音也逐渐演变出另外一层含义。禹成旼认为：“德音成为了唐代皇帝诏书的一种新种类……一部分德音含有‘降’的内容，宋朝相对明确的德音概念，即在此基础上发展而来。”[⑤] 从其研究来看，德音在唐代的确具有演变为赦宥的趋势，并且某种程度上已经被当作赦宥的一种在使用。这种趋势在宋代如何变化而被宋人归为赦宥的一种呢？

北宋中期的宋敏求说过：“本朝之制，凡霈宥，大赦、曲赦、德音三种，自分等差。宗衮言：‘德音非可名制书，乃臣下奉行制书之名，天子自谓德音非也。’予按唐《常衮集》赦令一门，总谓之德音，盖得之矣。”[⑥] 虽然宋敏求也质疑德音不应该成为赦宥类型的名称，应指臣下奉行皇帝制书之名，但至少在北宋中期，宋人已经把德音看作赦宥的三种类型之一了。

从前面叙述的德音一词的演变可知，德音有敬称皇帝言语之义，前文引唐代宗时的宰相常衮在编集唐代赦令时，以德音命名赦书，是因敬称皇

① （唐）孔颖达：《礼记注疏》卷 39《乐记》。

② （东汉）班固：《汉书》卷 56《董仲舒传》，中华书局 1975 年版，第 2498 页。

③ （南朝宋）刘晔：《后汉书》卷 90《乌桓鲜卑列传第八十》，中华书局 1965 年版，第 2992–2993 页。

④ （后晋）刘昫：《旧唐书》卷 43《职官二》，中华书局 1975 年版，第 1850–1851 页。

⑤ 禹成旼：《唐代德音考》，《中国史研究》2006 年第 2 期。

⑥ （宋）宋敏求编：《春明退朝录》卷下，中华书局 1980 年版，第 48 页。

帝命令。那么宋代是否也存在这种情况呢？宋代同样有以德音敬称皇帝旨意这种用法。如宋代起居舍人的职掌："使得尽闻明天子德音，退而书之。"①

宋代还普遍存在一种赦书与德音并列连用的情况。朝廷编敕时，往往把赦书德音附于编敕之后一道进呈。如淳化二年（991 年），翰林学士宋白在上《淳化编敕》25 卷的同时，还上《赦书德音目录》5 卷。② 到真宗朝，大臣在议论编敕之事时，论及太宗朝《淳化编敕》为 30 卷③。那么，这 30 卷肯定包括《赦书德音目录》5 卷。我们知道，宋代法律编修的实际形式为编敕。从上句话看，宋人把对赦书德音的整理也看作立法形式。真宗朝，"又以续降赦书德音凡道别为一卷，附《淳化赦书》合为四卷"。④ 这些都是赦书与德音直接连用的例子。

更令人困惑的是曲赦与德音连用，二者在同一个赦书中出现但并不直接相连，这与赦书德音直接相连这种模式有所差别。《宋大诏令集》中有一些赦宥名称经常把曲赦和德音并用，让人很难分辨其是曲赦还是德音。下面略举几例。

《曲赦陕西河东德音》：

> 应陕西、河东路罪人，除劫、谋、故、斗已杀人，至十恶不赦，及情轻奏裁外，余死罪已下，递减一等，徒已下释之。⑤

《曲赦梓州路州军德音》：

> 可曲赦梓州路诸州军，限赦书到日昧爽以前，除杀盗及枉法不赦外，枉法自盗死罪情轻者，奏取旨。斗杀死罪情轻者，减一等，刺配千里外牢城。其余咸赦除之。⑥

---

① （元）脱脱：《宋史》卷 161《职官一》，中华书局 1977 年版，第 3780 页。

② （清）徐松辑：《宋会要辑稿》刑法 1 之 2，中华书局 1957 年影印本，第 6462 页。

③ （清）徐松辑：《宋会要辑稿》刑法 1 之 2，中华书局 1957 年影印本，第 6462 页。

④ （清）徐松辑：《宋会要辑稿》刑法 1 之 2，中华书局 1957 年影印本，第 6462 页。材料中"凡"字疑有误。

⑤ 《宋大诏令集》卷 218《曲赦陕西河东德音》，中华书局 1977 年版，第 836 页。

⑥ 《宋大诏令集》卷 219《曲赦梓州路州军德音》，中华书局 1977 年版，第 838 页。

《奉安三圣御容于鸿庆宫曲赦南京德音》：

> 应南京畿内，除十恶并已杀人者，及持杖行劫、偷盗官物、伪造符印、放火、官典犯入己赃不赦外，杂犯死罪已下，递降一等，徒以下释之。[①]

材料显示，宋代以“曲赦……德音”命名文书的情况很普遍，这些都是在一定的区域内颁布的德音，和曲赦并没有明显的区别。这涉及了德音的使用范围问题。宋代大赦与曲赦较容易区分，从其赦免区域上来看，大赦恩及天下，曲赦恩及某些地区。大赦与德音也较为容易区分，大赦的赦免力度比德音大。曲赦与德音是两个容易混淆的概念，宋人对德音颁布范围的界定，前文所引宋人观点存在着矛盾。王应麟认为德音“比曲赦则恩及天下，比大赦则罪不尽除”。即德音在赦免范围上是恩及全国，在赦免力度上比大赦低。《宋史》则认为德音“所被广狭无常”，德音恩及的范围既可以像曲赦一样是某些地区，又可以是全国。二者的观点存在矛盾之处，但从上面所举宋代赦例来看，笔者认同《宋史》所持观点。

德音与曲赦在赦免力度上也有区别，德音是杂犯死罪降流、流以下罪全免或杂犯死罪降从流、流降从徒、徒以下并放，总之，就是罪刑减等处理。曲赦并非马端临说的“释杂犯罪至死者”，同样也是释放流以下罪或徒以下并放罪。在个别情况下，实施于特定区域的曲赦才有像大赦一样的赦免力度。如太祖乾德三年（965年）平蜀时的曲赦，其赦免力度甚至超过一般大赦，“应伪蜀管内罪无轻重，常赦所不原，咸赦除之”。[②] 开宝四年（971年）平广南曲赦赦书也是“赦广南管内州县常赦所不原者”。[③] 在一定区域内曲赦的法律效力可以和宋代即位赦相比，这也许是宋初征服新领地属于不世之功，适当的赦免能够尽快恢复当地统治秩序。另一情况是庆历八年（1048年）平王则曲赦河北制书，出现了赦免杂犯死罪及以下的情况。一般情况下，德音和曲赦均没有大赦赦免的力度大。但是在赦免

---

① 《宋大诏令集》卷143《奉安三圣御容于鸿庆宫曲赦南京德音》，中华书局1977年版，第518页。

② 《宋大诏令集》卷225《平蜀曲赦》，中华书局1977年版，第869页。

③ （宋）李焘：《续资治通鉴长编》卷12，开宝四年二月辛卯，中华书局2004年版，第261页。

范围上，曲赦是某种情况下对某个特定区域罪徒的赦免。王应麟认为德音“比曲赦则恩及天下，比大赦则罪不尽除”。大致上可以概括德音的发布范围，德音既可恩及天下，也可恩及部分地区或者一州、一京之地，和曲赦一样可以灵活地确定赦免区域。

事实上，在整个北宋时期，各种类型的赦免力度并非后人说的那样泾渭分明，朝廷可以按照自己的需要进行赦免。南宋人岳珂论及曲赦时说：

> 祖宗朝每有武功恢拓之事，必曲赦其境。罪无轻重咸除之，如乾德三年正月二十四日平西川之制是也。降德音遍减天下死刑，释余罪，如建隆元年六月二十三日平潞州之制是也。虽降德音止于其境，无轻重咸如大赦之例，如太平兴国三年五月一日复泉州之制是也。降德音于江西、湖南两路，除十恶、四杀、放火、造伪、犯赃外，杂死罪降流，余递减等，释徒罪，如皇祐五年二月十六日平侬智高之制是也。降大赦于天下，罪无轻重咸除之，如宣和六年八月十八日收复燕云之制是也。虽降曲赦于一境，犹除十恶、四杀、放火、造伪、犯赃外，斗杀情轻减等，余并释之，如崇宁二年正月二十五日平荆湖南北路猺贼之谕是也。①

上段文字是北宋在新征服及收复地区采取曲赦的例子。不同时期对各个地方的赦宥内容不同。乾德三年（965 年）平西川时颁布了曲赦，在西川境内“罪无轻重咸除之”。太平兴国三年（978 年）恢复泉州时，“虽降德音止于其境，无轻重咸如大赦之例”。这两次曲赦和德音不仅赦免力度没有区别，而且在赦免范围上也是一样的。笔者认为北宋时期，曲赦和德音在赦宥力度上并没有如后人总结的那种规律性，在区域性上，德音比曲赦灵活，既可像曲赦那样赦免某个或某些地区，也可以恩及天下。神宗时，周表臣上奏：“臣伏见国家每因天文之异、水旱之灾，大则行德音于天下，小则曲赦于四京。”② 朝廷颁降德音时的大和小是指灾情的大小及颁赦范围的大小，和赦免力度是无关的。

---

① （宋）岳珂：《愧郯录》卷 12《开禧复泗州赦》，影印文渊阁四库全书本第 865 册，第 175–176 页。丛书集成初编本阙此卷。

② （宋）赵汝愚：《宋朝诸臣奏议》卷 100《上神宗论灾异不必肆赦》，上海古籍出版社 1999 年版，第 1076 页。

综上所述，宋代存在三种类型的赦宥形式，但赦宥的施行是复杂的问题，我们只能说大赦和曲赦是两个很容易界定的类型。大赦的赦免力度和赦免区域均比曲赦大，不过个别时候，曲赦在某个地区会发挥像大赦一样的效力。德音作为一种灵活的形式，存在于二者之间，满足了统治者不同的赦免需求。在赦免区域上，德音可以恩及天下，也可以特定于某个或某些地区。在赦免力度上，德音绝大多数情况低于大赦，但和曲赦没有固定的区分。笔者认为可以这样界定北宋德音，它在大赦与曲赦之间具有缓冲意义，配合了宋代名目繁多的赦，更为灵活地适应了统治者的需求，无论何种赦宥类型均未摆脱皇权的窠臼。

第二节　宋代赦宥名目及次数统计

一、赦宥名目

从汉至宋，赦宥的名目并未有太大的变化。沈家本先生在《历代刑法考》中把汉代赦宥名目分为：践祚（新皇帝即位）、改元、立后、建储、后临朝、大丧、帝冠、郊祀、明堂、临雍（即辟雍，指学校）、封禅、立庙、巡狩、徙宫、定都、从军、克捷、年丰、祥瑞、灾异、劭农（即劝农）、饮酎（祭奠）、遇乱等20多种名目。[①] 其中前四种赦宥缘由出现频率最高。但在汉代以前并非遇到践祚或改元即赦，赦与不赦取决于皇帝一时的命令，并未形成固定化的制度。

唐代赦宥的名目有：践祚、改元、祭祀、册尊号、建储、灾害、祥瑞、立后、平叛、封禅等。其中以践祚、改元、祭祀、册尊号的赦宥次数最多，这与汉代相比发生了变化。唐代具体赦宥次数据姬秀丽统计，290多年中大赦了184次。[②] 唐代的大赦已部分地形成固定时间和固定制度。如唐代除了武则天和唐昭宗，所有皇帝在即位时都施行了大赦。但祭祀大赦并未固定，与宋代相比随意性仍比较大。

① 沈家本：《历代刑法考》赦二，中华书局1985年版，第529页。

② 姬秀丽：《唐代赦免制度研究》第二章“唐代大赦原因统计表”，天津师范大学硕士学位论文（2005年）第8页。

至宋，赦宥的名目仍然繁多，有即位、改元、郊祀、明堂、籍田、皇子生、建储、上尊号、皇帝或太上皇、皇太后不豫或康复、丧葬、祔庙、谒庙、原庙、陵寝、天神、封禅、受宝、建都、星变、祥瑞、吉庆、平乱、讨伐、武功等。在赦宥名目上，宋代与前代相比稍有增加。宋代赦宥制度的最大特征是大礼赦的固定，“三岁遇郊则赦，此常制也”。① 宋代大礼赦成为大赦中次数最多的名目。宋代各种赦宥名目与次数详见统计表 1–1 和表 1–2。

二、赦宥次数统计

关于宋代赦宥的次数及概况，沈家本先生在《历代刑法考》一书中已做过基本分析，但仅仅是罗列了宋代赦宥的基本情况，未统计具体次数。郭东旭先生及宋鑫鑫也做过统计，分别认为宋代赦宥次数为 694 次与 695 次。② 据笔者统计，宋代赦宥次数远远达不到以上统计次数，宋代大赦、曲赦与德音共有 359 次。这里按照赦宥名目把宋代赦宥次数列表如下。

表 1–1　宋代大赦名目与次数统计表

名目 次数 庙号	即位	改元	大礼	建储	祥瑞	战争	陵庙	皇子生	封禅	迎天书	病及康	庆寿	灾异	未知	合计
太祖	1		4												5
太宗	1	1	6	1									1		10
真宗	1	2	6	1		1	1		1	4			2	1	20
仁宗	1		11				3				2		3		21
英宗	1		1	1											3
神宗	1		6	1			1				1		1		11
哲宗	1		5								2		1		9
徽宗	1	2	10	1	5	2	1	1					2		25
钦宗	1					1									2
高宗	2		12			3		1			1		2		21
孝宗	1		9	2							1	3			16

① （元）脱脱：《宋史》卷 201《刑法三》，中华书局 1977 年版，第 5029 页。

② 郭东旭先生的统计表格详见《宋朝法律史论》第 378 页；宋鑫鑫的统计表格详见其硕士学位论文《宋代赦宥制度研究》第 37 页。宋鑫鑫所作表格与郭东旭所作表格的信息几乎完全相同，她所作的修改只是把郭先生分开统计的大赦次数与郊赦次数合并统计为大赦次数，另外增加了一次赦徒的名目。

续表

名目/次数/庙号	即位	改元	大礼	建储	祥瑞	战争	陵庙	皇子生	封禅	迎天书	病及康	庆寿	灾异	未知	合计
光宗	1		1								1				3
宁宗	1		10	1	1						4			1	18
理宗	1		14	1							2	1	2		21
度宗	1		3												4
恭帝			1												1
端宗	1														1
合计	17	4	101	9	6	7	6	2	1	4	14	4	14	2	191

表 1–2　宋代德音、曲赦名目与次数统计表

名目/次数/庙号	战争	巡幸	升府	神主祔庙	灾异	改元	修造	降皇子	疾病及康复	上尊号及受宝	夏祭等礼	未知	合计
太祖	6				1				1			2	10
太宗	4				3	2			1			1	11
真宗	5	3	1	3	3		2		2				19
仁宗	8		1	6	7				1				23
英宗				1					1	1		1	4
神宗	6		3	4	3			1	2				19
哲宗	1		1	3	1		1	1		1			9
徽宗	18		2	9	4		4		2		3	2	44
钦宗	1												1
高宗	12	2				1							15
孝宗	2												2
光宗													
宁宗	6				1							1	8
理宗	1			1									2
度宗													
恭帝				1									1
合计	70	5	8	28	23	3	7	2	10	2	3	7	168

注：表 1–1 中统计数据依据附表 A–1 和附表 A–2；表 1–2 中统计数据依据附表 A–3 和附表 A–4。

从表 1–1、表 1–2 可知，宋代大赦的记录较为完整，从北宋初至南宋理宗均有较完备的记载。曲赦与德音的记载有明显的时间断层，由于史料存留原因，南宋时期的史料不完备，导致北宋与南宋次数的落差较大。

对于二位先生对宋代赦宥统计数据的准确性，笔者不敢轻易质疑，但他们的统计次数显然有悖于以下宋人的记载，我们以记载相对完整与明确的宋代大赦次数为例分析。

《枫窗小牍》记载："国初自建隆至靖康，自建炎至乾道，大赦凡一百二十有三。"①即，宋人袁褧认为从北宋初至南宋孝宗乾道年间，共大赦了123次。据笔者统计，北宋大赦共106次，南宋至孝宗乾道年间共大赦20次，两个阶段共计126次。另外，还有特殊大赦1次，即高宗时苗刘之变由苗傅和刘正彦所发布的大赦，本文制作表格时暂且把它们归入大赦类，这在文末所附表格中的最后一列备注栏均做有说明，笔者所统计的126次大赦次数与《枫窗小牍》所记次数相差不多。而根据郭先生的统计，这期间大赦了152次，②与《枫窗小牍》所载相差甚远。岳珂的《愧郯录》统计：

> 艺祖在位十九年，大赦一，郊赦四，曲赦三，德音六。太宗在位二十七年，大赦一，郊及耕籍、星变、册皇太子之赦凡九，德音十四。真宗在位二十五年，大赦及封禅、祀汾阴、圣祖降、恭谢上圣号之赦凡六，郊及罢兵、得雨、上圣祖号、册皇太子、御楼泛赦凡十二，常赦九，德音十四。仁宗在位四十一年，大赦一，郊及恭谢明堂、籍田、袷享、母后不豫、星变之赦凡十七，常赦七，德音十二。英宗在位四年，大赦一，郊及册皇太子之赦二，德音三。神宗在位十八年，大赦一，郊及明堂、星变、神御殿成、年谷屡丰、册皇太子之赦凡十，曲赦二，德音十七。哲宗在位十五年，大赦一，郊及明堂、祖后不豫、星变之赦凡七，德音十。徽宗在位二十五年，大赦一，两郊、明堂、受宝圭、定鼎、谒原庙、皇子生、复熙丰制度、收复燕云之赦凡二十五，常赦十四，德音二十七。钦宗在位一年，大赦及讲和之赦二，德音一。高宗在位三十六年，大赦一，郊及明堂、皇太子生、复辟、星变、复河

① （宋）袁褧：《枫窗小牍》卷下，中华书局1985年版，第23页。

② 郭东旭：《论宋代赦降制度》，收入《宋朝法律史论》，河北大学出版社2001年版，第378页。

南、母后不豫、梓宫来归之赦十九，常赦四，德音十七。孝宗在位二十七年，大赦一，郊及明堂皇太子庆寿之赦十四，德音二。光宗在位五年，大赦一，郊及圣父不豫之赦凡二。略计建隆庚申以及绍熙甲寅凡二百三十有四年，凡三百有一赦。[①]

建隆庚申即建隆元年（960年），绍熙甲寅即绍熙五年（1194年）。因岳珂距离这些时间较近，其大赦记载次数应较为可靠，本文仅以岳珂所记大赦次数作为检测工具，按岳珂所记载，宋太祖至宋光宗234年共有大赦139次，如果从中减去孝宗乾道以后与光宗时期颁布的大赦12次，那么太祖至孝宗乾道时期的大赦共有127次，而《枫窗小牍》统计的大赦次数是123次，与本书所统计的126次也基本相符。如果把统计的时间段再往后移至光宗绍熙五年，本书统计该阶段共大赦147次，与岳珂统计的139次相差8次。按照郭东旭先生统计，宋太祖至宋光宗共大赦171次，与岳珂的记载相差更远。但岳珂在行文中罗列每位皇帝的赦宥次数时，单独出现"大赦一"，把这次大赦与其他大礼赦以及皇室吉凶等大赦区分，此次大赦具体应指新皇帝即位大赦。即位赦在宋朝属于"非常覃庆"，从法律赦免层面看，是"常赦所不原罪皆除之"，是宋代对罪犯最高等级的赦免。《庆元条法事类》中专门小字释文"大赦"的含义，"诸犯恶逆以上及杀人应入不道，若劫杀、谋杀已杀人各罪至死者，虽会大赦得原，（大赦，谓常赦所不原减赦除之者。余条称"大赦"准此。）皆配二千里，杀人应移乡者，亦移乡"。[②]

笔者在做统计时，已经尽力搜罗史料，尽管统计数据有所偏差，但与宋代实际赦宥次数更为接近，本书仍以笔者的统计数据作为分析的基础。为了更清楚地显示宋代每个皇帝在位时期的大赦发布状况，下面列出宋代皇帝大赦频率表（见表1–3）。

---

① （宋）岳珂：《愧郯录》卷15《赦宥之数》，影印文渊阁四库全书本第865册，第135页。

② （宋）谢深甫监修，戴建国点校：《庆元条法事类》卷16《赦降》，黑龙江人民出版社2002年版，第338–339页。

表 1-3　宋代在位皇帝大赦频率表

庙号＼次数＼频率	在位时间	大赦次数	频率
太祖	17	5	3.4 年 / 次
太宗	20	10	2 年 / 次
真宗	26	20	1.3 年 / 次
仁宗	42	21	2 年 / 次
英宗	4	3	1.33 年 / 次
神宗	19	11	1.73 年 / 次
哲宗	15	9	1.67 年 / 次
徽宗	25	25	1 年 / 次
钦宗	2	2	1 年 / 次
高宗	36	21	1.71 年 / 次
孝宗	27	16	1.69 年 / 次
光宗	5	3	1.67 年 / 次
宁宗	30	18	1.67 年 / 次
理宗	40	21	1.9 年 / 次
度宗	10	4	2.5 年 / 次
恭帝	2	1	2 年 / 次
端宗	1	1	1 年 / 次
合计	316	191	

注：因南宋曲赦与德音次数明显记载不全，这里不再统计曲赦与德音的发布频率。

南宋时期大赦次数比北宋略为减少，而且名目也比北宋单一规范，从北宋到南宋大赦的颁布出现了逐渐理性的趋势。南宋曲赦和德音次数远比北宋少，这种记录表明了两种可能：一方面，南宋曲赦和德音的次数本来是不少的，由于南宋史料的缺失未能被记载下来。从史料保存方面来看，北宋时期有南宋人编集的《宋大诏令集》，裁剪收入了北宋几乎全部的赦书。北宋末南宋初的史料有《三朝北盟会编》收录，南宋高宗朝的史籍有《建炎以来系年要录》，孝宗以后的南宋史料缺乏，这也一直是制约南宋史研究的瓶颈。在这种情况下，南宋中后期赦宥记载的缺失也是难免的。另一方面，也存在南宋曲赦和德音次数减少的可能性。南宋孝宗隆兴元年（1163年）四月，虑囚这种减降刑罚的方式由京畿附近推广到了全国各地，地方上由提点刑狱及州县长官亲自审理系狱，并且“自是岁著为例”。[①] 宁宗开禧二年（1206年），殿中侍御史徐柟建议：“令监司每岁十月下旬，躬诣巡历疏决，一遵盛夏五月下旬虑囚之法。”宁宗听从，将虑囚次数增加为一年两次。[②] 虑囚次数的增多也可能冲减了部分曲赦及德音的次数。另外，从南宋大赦次数减少及名目规范的情况来看，曲赦与德音次数的减少也是存在可能的。

第三节 宋代赦宥颁布趋势分析

赦宥的颁布依托于一定的政治需要，与朝廷的政策与形势有很大关系，而恩赦通常被作为君主施恩布德的手段，成为实施仁政的象征。赦宥颁布频率往往在王朝初肇及即将灭亡之时最高，但宋代也有一些特殊时期，如真宗时因大搞造神庆典而滥赦，所以此时赦宥频率也很高。

一、北宋赦宥颁布情况

北宋太祖和太宗时期，政权尚处于开疆拓土阶段，按照以往朝代惯例，对新占领地区会实行曲赦或颁布德音，这一方面是为了巩固统治，收拢当地民心；另一方面也有助于恢复被战争破坏的社会生产，而且还可以解决战争遗留的大量军人的处置问题。在这个阶段，太祖、太宗颁布大赦的原因较为单一，多为即位赦和大礼赦，太宗时期还有1次星变赦及1次立太子赦。二人颁布的曲赦与德音也多由于开疆拓土的战争原因，太祖时德音、曲赦共10次，有8次均与消灭周边政权有关系，另外2次是由于皇太后病及天旱无雨。太宗在位期间共发布德音、曲赦11次，有5次是由于继续太祖以来的统一战争而赦，2次因改元曲赦，3次因气候原因而降德音，还有1次是因岁无兵凶而赦。

真宗在位的26年是宋代赦宥的第一个高峰期，其间共颁布大赦20

① （清）徐松辑：《宋会要辑稿》刑法5之39，中华书局1957年影印本，第6689页。
② （清）徐松辑：《宋会要辑稿》刑法5之46，中华书局1957年影印本，第6692页。

次，德音12次，曲赦7次。从真宗颁布大赦的频率来看，其即位初期的咸平年间颁布大赦较少，6年共颁布2次南郊赦。从景德年间开始，大赦颁布次数增多，景德共4年颁布3次大赦，大中祥符共9年颁布7次大赦，天禧共5年6次，乾兴1次改元赦。真宗时期政治氛围较为特殊，他围绕着天书降临、东封西祀兴致昂扬了数十年，例如，真宗大中祥符元年（1008年）2次大赦，均为真宗及其集团欲掩盖"澶渊之盟"的耻辱，制造了一系列迷信活动，企图以此夸饰自己的天命所归，重建皇帝威严，为了宣扬这种"天命所归"，他以发布大赦为手段扩大天书的影响。澶渊之盟后，真宗尚还沉浸在和议的喜悦之中，王钦若为陷害议和有功的寇准，对真宗说："城下之盟，虽春秋时小国犹耻之。今以万乘之贵而为澶渊之举，是盟于城下也，其何耻如之！"[①]王钦若还离间真宗说真宗成为寇准的"孤掷"。之后，王钦若顺应了真宗欲洗刷耻辱的心理，就称封禅为"大功业"，"可以镇服四海"，但封禅当得天瑞方可为。[②]于是，大中祥符元年正月，出现了天书降临的事情，真宗就此祥瑞，颁布了大赦天下的赦书，并改元为大中祥符元年。之后，父老、进士、群臣及僧道竞相诣阙，奏请封禅，真宗遂下诏"今年十月有事于泰山"[③]。真宗的天书降临活动策划成功，之后全国各地又相继奏报出现祥瑞，这就顺利地推进了下一步的封禅泰山之事。能够封禅泰山是历代帝王都企图达到的治理国家之境界，封禅要求国家统一、政治清明、民富国强，并且帝王要有非常之功绩，而真宗显然并没有达到封禅的条件。然而这些阻挡不了真宗封禅泰山的决心，当年十月，真宗奉天书从京师至泰山，行封禅之礼。大典告成后，又发布了"常赦所不原咸除之"的大赦，这种大赦的级别通常是皇帝即位大典才使用的。真宗朝除了继承宋初既有的大礼赦之外，先后又有7次大赦是以天书为中心的其他宣扬活动。真宗朝的德音和曲赦共9次，其颁布缘由较前两朝增加了镇压地区性的农民起义以及恭谒陵寝、山陵附庙、奉安御容等皇

---

① （宋）李焘：《续资治通鉴长编》卷62，景德三年二月丁酉，中华书局2004年版，第1389页。

② （宋）李焘：《续资治通鉴长编》卷67，景德四年十一月庚辰，中华书局2004年版，第1506页。

③ （宋）李焘：《续资治通鉴长编》卷68，大中祥符元年四月辛卯，中华书局2004年版，第1530页。

家吉礼，并且这种因皇室行吉礼而发布德音与曲赦的次数在北宋后来几朝更为频繁，将皇家之事推及为天下大事。

仁宗、英宗、神宗、哲宗朝发布大赦的名目与频率具有较大相似性，这个时期大赦颁布较为理性，所以把这四朝归为一个阶段考察。该阶段大赦的频率多在 1.5 年 1 次至 2 年 1 次。其中英宗时频率稍高，这和他在位时间较短有关系，在位 4 年中 1 次即位赦、1 次建储赦、1 次南郊赦。此阶段大赦的缘由多是即位赦、建储赦、皇帝不豫赦及已经固定化的大礼赦。除此之外，仁宗时期有 2 次灾异赦，即霖雨赦及星变赦，明道元年（1032 年）2 次大赦均与宫内失火有关，皇太后不豫赦 1 次，改元赦 1 次，祭祀于太庙赦 1 次。神宗时期，除了上述四种缘由以外，有星变赦 1 次，奉安真宗神御 1 次。哲宗时期还有太皇太后不豫赦及星变赦各 1 次。仁宗至哲宗这四朝，德音与曲赦的颁布也多是灾异、皇室吉礼、平定战争或叛乱、生皇子、皇帝及皇太后疾病等原因，由于次数较多，就不再一一列举，详情可见附表。

徽宗时期，是宋代赦宥频率最高的阶段，其在位 25 年，大赦 25 次，德音 28 次，曲赦 18 次。徽宗即位第一年即建中靖国元年（1101 年）发布 3 次大赦，崇宁共 5 年发布大赦 5 次，大观共 4 年大赦 4 次，政和共 8 年大赦 6 次，重和共 2 年大赦 2 次，宣和共 7 年大赦 5 次。此时大赦的频率平均 1 年 1 次，其中，建中靖国元年（包括徽宗已即位尚未改元的元符三年在内）一年发布大赦 3 次，崇宁五年、大观四年、政和六年、重和元年、宣和七年这 5 年每年发布大赦各 2 次。徽宗大赦除即位赦、大礼赦、建储赦、星变赦以外，还把神宗、哲宗朝生皇子发布德音的规格升为发布大赦。崇宁二年（1103 年），哲宗永泰陵建成，徽宗也发布了大赦。还有 2 次大赦与徽宗时期的军事行动相关，1 次是讨方腊叛乱大赦，1 次是收复燕云大赦。徽宗时期还有 5 次大赦与其政治环境相关，分别为：建九鼎赦、受八宝赦、民间得元圭赦、上玉皇徽号赦、受定命宝赦。铸九鼎是徽宗在蔡京丰、享、豫、大说教的影响下，为了显示国家强盛、疆域统一而造九鼎。崇宁四年（1105 年）三月，铸成九鼎，八月，酌献九鼎于九成宫，九月即大赦天下。九鼎铸成之后，徽宗献酒时发生了一些异事，“（九鼎）用金甚厚，取九州水土内鼎中。既奉安于九成宫，车驾临幸遍礼焉。至北方之宝鼎，忽漏水溢于外。刘炳谬曰：‘正北在燕山，今宝鼎但取水土于雄州境，宜不可用。’其后竟以北方致乱。”[①] 其实按照徽宗时的疆域，他并没有资格铸造象征天下一统的九鼎。八宝是徽宗时所刻的八个御宝，即镇国宝、受命宝、皇帝之宝、皇帝信宝、皇帝行宝、天子之宝、天子信宝和天子行宝，八宝各有自己的使用范围，它们是象征皇帝权力的信物。徽宗在大观二年（1108 年）刻好八宝之后，发布了大赦，而在政和七年（1117 年），他又下诏："镇国、受命宝与天子皇帝之宝，其数有八，盖非乾元用九之数。”[②] 因而刻了自制的定命宝，并在第二年举行受宝仪式，又发布 1 次大赦。上玉皇徽号则是徽宗嗜好道教的产物，他为了祈求得到道教至尊玉皇大帝的保佑，在政和六年（1116 年）八月为其上了"太上开天执符御历含真体道昊天玉皇上帝”的徽号，在上完徽号的第二个月，颁布了《上玉皇徽号赦》。徽宗时期德音与曲赦次数更多，共有 46 次。这个阶段德音、曲赦的发布缘由并未比前朝增多，只是在次数上比北宋前期增加。

钦宗在位仅 1 年多时间，发布了 1 次即位赦、1 次金人退后大赦，靖康元年（1126 年）五月发布了 1 次河北路曲赦。钦宗在位时间较短，另因金人不断进攻，国势危急，他发布的赦宥都和政治局势有关。

纵观整个北宋时期，太祖、太宗两朝颁布赦宥比较节制，仁宗至哲宗朝赦宥颁降较为稳定，真宗与徽宗时期均有较高比例。这与该时期皇帝的个人旨意与政治混乱有关系。赦宥次数的起伏波动与政治局势有密不可分的关系。从赦宥颁布的缘由来看，北宋时期大礼赦的固定使它成为大赦的重要名目。

二、南宋赦宥颁布情况

南宋时期，由于史料记载不足，这里仅能以大赦次数作为考察对象。整个南宋时期，大赦的颁布频率相对稳定，没有出现像北宋个别时期频率较高的情况。

高宗时期是南宋初创阶段，他在位 36 年发布 21 次大赦。在与金人达成和议之前，大赦的名目稍显繁杂，与金人讲和之后，赦宥的名目多为大

---

① （元）脱脱：《宋史》卷 66《五行四》，中华书局 1977 年版，第 1437 页。
② （元）脱脱：《宋史》卷 154《舆服六》，中华书局 1977 年版，第 3586 页。

礼赦。高宗即位赦1次，生皇子大赦1次，建炎三年因苗刘之变发布2次大赦，其中有1次为苗刘所颁发，因金人讲和发布大赦1次，2次星变赦，1次皇太后回朝赦，1次皇太后不豫赦，还有1次绍兴元年正月改元赦存在争议，也有史料称这次发布的是德音。剩余12次均为大礼赦。南宋战事较多，高宗朝可以统计的德音与曲赦均与战争及高宗逃跑过程中的“巡行”有关。

孝宗在位27年发布大赦16次，平均频率为1.69年1次。孝宗朝大赦更为规律，即位赦1次，建储赦2次（第一个太子于乾道三年薨），为德寿宫太上皇高宗庆寿赦3次，太上皇不豫赦1次，大礼赦9次。孝宗朝大赦最显著特色是开创了本朝为太上皇帝庆寿发布大赦。孝宗为太上皇高宗共发布了4次大赦。

光宗在位5年发布了3次大赦，分别为即位赦、南郊赦与不豫赦。

宁宗在位30年发布大赦18次，平均频率1.67年1次。其中，因太皇太后、太上皇、太上皇后、皇太后、皇帝不豫颁布5次大赦，即位赦1次、建储赦1次、受恭膺天命之宝赦1次，大礼赦10次。大礼赦中南郊赦3次，明堂赦7次，明堂赦多于南郊赦，这与北宋时期的大礼赦有显著区别，北宋时期是南郊赦次数多于明堂赦次数。究其原因，笔者认为应是此时皇室在祭祀方面多倾向于举行明堂大礼，举行明堂大礼所需费用及时间少，并且明堂在皇宫之内，皇帝行祭祖配天之礼更为方便，所以此时明堂大赦次数多。

理宗是南宋在位时间最长的皇帝。他在位40年颁布大赦21次，平均频率为1.9年1次。其中即位赦1次、皇太后庆寿赦1次、皇太后不豫赦1次、建储赦1次、皇帝不豫赦1次、星变赦2次，其余14次均为大礼赦。理宗时期的大礼赦有更为明显的特点。他仅在宝庆二年举行过1次南郊赦，其余13次均为明堂赦。

度宗及以后的恭帝、端宗作为南宋末期的皇帝，其大赦为即位赦2次、明堂赦3次，郊赦1次。

南宋时期，从赦宥颁布缘由来看，大赦名目不多，即位赦、建储赦、皇室不豫赦等名目较为稳定，大礼赦在大赦总次数中占的比重增多，中晚期明堂赦又多于南郊赦。

综合两宋时期的赦宥状况，具有赦宥名目多样、赦宥次数频繁、大礼赦固定等特征。总体来看，宋代大赦在传统的以国之大事作为实施大赦的契机之外，也增加了以皇室成员的疾病、康复、大寿等为缘由的大赦，这与宋代推崇与倡导孝文化不无关系。郊祀、明堂大礼赦的固定和规范导致大礼赦次数在宋代大赦中占据了一半以上的比例，也是造成宋代频赦的主要原因之一。宋代赦宥次数的膨胀对后世赦宥制度的发展也带来了影响，元朝和明朝，统治者开始慎重对待恩赦制度，特别是对大礼赦次数的控制，使大赦与祭祀的关系逐渐疏离。元朝 163 年大赦次数 52 次[①]，明朝 276 年大赦次数 52 次[②]，大赦次数重新回归理性，统治者更加注重客观理智地发挥大赦的作用。

① 参见郑鹏《元代大赦与政治关系论析》，《史学月刊》2014 年第 12 期。
② 参见宋学斌《明代大赦研究》，东北师范大学硕士学位论文（2014 年）。

第二章　宋代赦书内容的变化及原因

本章所研究的主要是宋代大赦赦书的变化，之所以选取大赦赦书作为研究对象，主要是受到现存史料的制约。宋代赦书按照赦宥类型应分为大赦赦书、曲赦赦书及德音。其中，德音属于一种较为特殊的赦书形式。由于史料匮乏，曲赦赦书及德音内容的存留相对于大赦赦书，更为不完整，并且，曲赦赦书与德音的发布缘由及范围具有区域性或特定性，不如恩及全国的大赦赦书具有代表性，因此，本章主要考证大赦赦书内容的变化。

第一节　宋代赦书的基本结构

宋代赦书的基本结构包括赦书的首词、内容和尾词三部分。首尾词由翰林学士起草，赦书内容由宰相汇集整理，然后经由皇帝批准。从宋代赦书的保存状况来看，宋人一般比较关心赦书的首词和尾词的保存，崇尚这些文学四六之词，往往会省略赦书的真正内容，使得宋代赦书绝大多数存留不完整。以《宋大诏令集》和《宋朝事实》这两种收录宋代赦书最多的史籍为例，编者在辑录宋代赦书的过程中，赦书的首词和尾词基本上存留下来，而赦书的真正内容经常会以“云云”一词代替。

完整的赦书是由首词、赦的内容、尾词三部分组成。我们以陶穀所起草的太祖即位赦书为例加以说明。

> 门下：朕以五运推移，上帝于焉眷命。三灵改卜，王者所以膺图。朕起自侧微，备尝艰险，当周邦草昧，从二帝以徂征，洎虞舜陟方，翊嗣君而纂位，但罄一心而事上，敢期百姓之与能。属以敌国侵

疆，边民罹苦，朕长驱禁旅，往靖边尘。鼓旗才出于国门，将校共推于天命，迫回京阙，欣戴眇躬。幼主以历数有归，寻行禅让。兆庶不可以无主，万几不可以旷时，勉徇群心，以登大宝。昔汤武革命，发大号以顺人，唐汉开基，因始封而建国。宜国号大宋，改周显德七年为建隆元年，乘时抚运，既协于歌谣，及物推恩，宜周于华夏，可大赦天下。

应正月五日昧爽以前，天下罪人所犯罪，已结正、未结正、已发觉、未发觉，罪无轻重，常赦所不原者，咸赦除之。

应贬降责授及勒停等官，并与恩泽。诸配徒役男子女人等，并放逐便。

其内外马步兵士，各与等第优给。诸军内有请分料钱者，特与加等第添给。

中外见任前任职官，并与加恩。文武升朝官、内诸司使副使、禁军都指挥使以上，及诸道行军司马、节度副使、藩方马步军都指挥使，应父母妻未有官及未曾叙封者，并与恩泽，亡父母未曾封赠者，并与封赠。

诸处逃亡军都，限赦到百日内，仰于所在陈首，并与放罪，依旧军分收管，如出百日不来自首者，复罪如初。念彼愚民或行奸盗，属兹解纲，咸许自新。诸军有草寇处，仰所在州府及巡检使臣晓谕招唤，若愿在军食粮者，并与衣粮，如愿归农者亦听取便。

于戏！革故鼎新，皇祚初膺于景命，变家为国，鸿恩宜被于寰区，更赖将相公王同心协力，共裨寡昧，以致隆平，凡百军民，深体朕意。①

从上文可以看出，赦书第一段以“门下”二字开头，表明该赦书发往门下省。宋代赦书均以“门下”为首。接着是一段四六文，用以表明赦书颁布的缘由和背景，叙述了宋太祖即位的原因与始末。

赦书第二段至第六段是大赦的实际内容，由各个赦书条目组成。这些条目经常以“应”字总领该句，每一条目就是一款施政措施。这种由“应”

① （宋）李攸：《宋朝事实》卷2《登极赦》，中华书局1955年版，第19–20页。

字引领赦条的格式在北宋前中期很常见，明显区别于北宋晚期与南宋时期以“访闻”“勘会”等词语引领的赦文。本赦书第一条内容表明该次赦书赦免罪犯的力度，接下来是对贬降官、配役人的恩泽，然后是对官员及官员父母、将领、士兵等人的官职或经济赏赐，最后是为尽快恢复统治秩序，对逃亡军人及草寇的免罪措施。该次赦书的内容以减免罪刑与推恩为主要形式，代表了宋初赦书的基本模式。

赦书最后一段以语气词“於戏”开头。“於戏”是呜呼的意思，感叹的语气词之后的内容表明了赦书的意义及皇帝对官员能够认真执行赦书寄予的厚望。

以上引用的是一个完整的赦书。这种赦书在宋代史籍中存留很少。我们在史籍中经常见到的是下面这种形式的赦书。

大中祥符元年（1008年），因天书及一系列“祥瑞”降临，百官及父老百姓纷纷上书，请求真宗封禅泰山。十月，真宗率领文武百官及诸军将校奉天书登封泰山，举行封禅祭祀大典，之后，颁布了大赦天下的制书。

> 门下：式观邃古，眇睹前王，功成治定之余，时和岁丰之际，三灵孚祐，万寓宅心，则有登封降禅之文，建显垂鸿之礼，无怀而下，间封祀于崇峦。开元以来，旷讲求于徽典。时更五代，运应千年，当圣祖之开基，肇平郊垒。暨神宗之继统，益固邦基，升乔狱以未遑，谓冲人之克构。肆予纂绍，每务精勤，期经画于永图，庶奉成于先志，顾惟寡德，素昧王猷，遵奕世之贻谋，承庆灵之及远，属以五兵销偃，四海澄清，良民洽归厚之风，嘉谷茂重华之岁，荷鸿符之昭锡，示天历以无疆，允叶昌期，实繁灵眷，威蕤绝瑞，觉悟舆情，是用承列圣之垂休，徇众臣之勤请，聿崇大报，躬造神区，文物声名，具陈于法驾，豆笾珪币，悉奉于彝章，紫檀申严配之仪，玉检视封崇之制。谅三神之降鉴，伊百福之潜臻，辑瑞班朝，率从肆覲，省方问俗，用慰来苏，遵王度以无愆，展国容而有耀，既被纷纶之景贶，宜覃涣汗之洪恩，冀与群生，共膺纯暇。可大赦天下云云。
>
> 於戏！升中展采，旷古之盛仪，尊祖配天，哲王之鸿范，既周旋而集事，谅中外以咸欢，载省眇躬，获成大礼，猥当殊庆，愈励深衷，思广听于嘉谋，贵同裨于阙政，更赖朝廷勋旧，藩辅亲贤，逮诸文武

之臣，共立忠勤之效，式扶昌运，永保丕休。[①]

《宋大诏令集》中真宗封禅泰山大赦天下的赦书只保留首词和尾词，“可大赦天下”之后是赦书的真正内容，但已被编集的史家剪裁掉，我们无法看到此次大赦内容的任何信息。这种情况在《宋大诏令集》中司空见惯。所幸，该赦文被《续资治通鉴长编》收录保留，摘录如下。

常赦所不原者咸赦除之。

内外诸军将士，比南郊例特与加给。

文武官并进秩，赐致仕官本品全俸一季，京朝官衣绯、绿十五年者，改赐服色。

兖、郓州免来年夏秋税及屋税，仍免二年支移税赋工役。

所过州县免来年夏屋税十之五，河北、京东军州供应东封者免十之四，两京、河北免十之三，诸路免十之二，屋税并永免折科。德清、通利军例外更给复一年。

令开封府及车驾所过州军考送服勤词学经明行修举人，其怀才抱器沦于下位及高年不仕德行可称者，所在以闻。

三班侍臣经五年者与考课。

两浙钱氏、泉州陈氏近亲，伪蜀孟氏、江南李氏、湖南马氏、荆南高氏、广南河东刘氏子孙，未食禄者听用。

赐天下酺三日。

改乾封县为奉符县。

泰山下七里内禁樵采。

大宴穆清殿，又宴近臣及泰山父老于殿门，赐父老时服、茶帛。[②]

具有完整内容的赦书在宋代典籍中百不存一，是制约深入研究赦书内容的主要因素。我们要把研究继续下去，就只能借助于其他零散的史料。《宋会要辑稿》中被分门别类裁剪下来的各条内容为我们提供了研究基础。这在宋代赦书内容研究章节会具体分析，在此不赘述。

---

① 《宋大诏令集》卷 117《登封泰山赦天下制》，中华书局 1962 年版，第 397 页。

② （宋）李焘:《续资治通鉴长编》卷 70，大中祥符元年十月癸丑，中华书局 2004 年版，1572–1573 页。

第二节 赦书中法律与推恩内容的发展与变化

赦宥制度从其起源上讲，属于法律范畴。先秦时期赦宥的最初理念是赦过宥罪，即对刑罚的赦及宥，这也是赦宥的最基本内容，所以赦宥又经常被很多学者称为赦免。随着赦宥制度逐渐发展，汉代，在刑罚减免内容的基础上，又衍生出另一项内容，即推恩。推恩主要是指蠲免民众的赋税、欠赋或奖赏百官军士。本节主要探究赦书中法律及推恩内容的发展，考察这两方面内容在宋代的基本情况。

一、宋之前罪刑减免与推恩内容的演变

（一）先秦时期赦宥的起源

法律罪刑减免内容历来是学者对赦宥制度最为关注的问题，近代最早对这一问题进行总结性研究的当推著名法学家沈家本。他在《历代刑法考》一书中专辟十二卷考察了古代的赦。[①] 在这十二考中，他对赦的史料分类汇集，每类按照从古至今的年代顺序编排，可以说是史料浩瀚，分类精当。他的研究方法为以后赦宥制度的研究奠定了基础。

赦宥的起源可以追溯到先秦时期。《易经·解卦》有："象曰：雷雨作，解，君子以赦过宥罪。"[②] 后人对该卦的解读是，"赦"是对过失犯罪者免除罪刑，"宥"则是对其他罪犯宽免刑罚。

《周礼·秋官》中司刺的执掌是："掌三刺、三宥、三赦之法，以赞司寇听狱讼。……一宥曰不识，再宥曰过失，三宥曰遗忘。一赦曰幼弱，再赦曰老耄，三赦曰蠢愚。"《周礼》对赦宥的对象均有条件限制。宥是对犯罪赦免条件的规定，只有不识（愚蠢不知法）、过失（不能预见后果的误伤）、遗忘（应意识到而疏忽的没有主观目的的误伤）三种情况可以宽宥；赦是对特殊犯罪群体罪刑的免除，老弱及愚蠢之人方可得到宽免。这些基本上是对犯罪行为的主观恶性的审量。"三宥"之法宽免的是由于主观方

① 《历代刑法考》中《赦考十二卷》分别为：《原赦》《述赦一》《述赦二》《述赦三》《述赦四》《曲赦》《赦例一》《赦例二》《赦例三》《赦仪》《论赦一》《论赦二》。

② 孔颖达注疏曰："赦谓放免，过谓误失，宥谓宽宥，罪谓故犯。过轻则赦免，罪重则宥，皆解缓之义也。"

面所引起的过失犯罪，“三赦”之法涉及年龄与犯罪、精神病或者愚蠢不知法与犯罪的宽免问题。

以上两种《周礼》中的赦宥情况都是对特殊罪犯的宽免措施，和后世的赦宥制度是有很大区别的。首先，它的赦免范围较窄，只是对特殊情况及特殊人群的赦免，还不具备后世那种大赦天下或曲赦某一地区的赦免范围。其次，《周礼》中的赦宥还是一种单独存在的法律行为，赦宥仅仅属于法律范畴，没有像后世那样与特定的政治环境相联系。

现可考的具有较大影响的大赦最早出现于春秋时期，即鲁国庄公二十二年的“肆大眚”。[①] 沈家本评价说：“《司刺》所言者，尚无后世大赦常赦之事，惟春秋之肆大眚，似为大赦之权舆。”[②] 春秋战国时期，除了鲁国出现这种大赦的权舆之外，其他国家也有类似的赦宥。像春秋末年的楚国，也出现了大赦的形式，我们熟悉的陶朱公范蠡长子吝金害弟的故事中，范蠡次子的生死就和楚国的大赦有着密切的联系。

陶朱公的二儿子杀人被囚禁在楚国，陶朱公大儿子携重金去楚国营救弟弟。他遵从父亲的建议把重金送于楚国上上下下都很敬重的庄生。庄生入宫游说楚王说：“某星宿某，此则害于楚。”楚王听从庄生的建议，下令封三钱之库，准备以赦布德消灾。庄生找的另外一个楚国贵人就依照以往经验跟庄生说：“每王且赦，常封三钱之府，昨暮王使使者封之。”得知大赦的消息，范蠡的大儿子认为弟弟理应因楚王的赦而豁免，但不知道这次赦是由于庄生的帮忙，所以又找庄生取回了金子。庄生很生气，又游说楚王说：“臣前言某星事，王言欲以修德报之。今臣出，道路皆言陶之富人朱公之子杀人囚楚，其家多持金钱赂王左右，故王非能恤楚国而赦，乃以朱公子故也。”楚王“令论杀朱公子，明日遂下赦令”。[③] 从这个例子来看，楚国此时应已有因灾异而赦的惯例。而从陶朱公大儿子因楚王发布赦产生的其弟弟就会被放出的想法来推测，这种赦应该是涉及大规模的犯人，已具备后世赦宥的某些特征。先秦时期的大赦材料亡佚严重，记载的大赦次数较少，而此时又列国并行，各国颁发的大赦也未遍及天下。秦汉时

---

① 杨伯峻编著：《春秋左传注》，杜注：“赦有罪也”，中华书局 1990 年版，第 219 页。

② （清）沈家本：《历代刑法考》赦一，中华书局 1985 年版，第 526 页。

③ （西汉）司马迁：《史记》卷 41《越王勾践世家》，中华书局 1963 年版，第 1754–1755 页。

期，宇内统一，封建王朝的权力渗透全国各地，为“大赦天下”提供了现实可能性，影响后世的大赦制度最终确立于西汉时期。

（二）秦汉时期赦宥的发展

被人们视为“虎狼之国”的秦国，在战国时期已屡行赦宥，甚至还有大赦罪人的记载。如昭襄王在对外攻伐取得胜利后，四次赦免罪犯以充实新得之地。[①] 但是秦始皇统一全国建立秦朝以后，其在位30多年都未实行赦宥。秦二世在位期间有过两次大赦的记载，一次是二世元年（公元前209年）十月戊寅的“大赦罪人”[②]。关于这次大赦的具体记载史料不足。另一次“大赦天下”是在二世二年（公元前208年）冬，当时的大赦是为了赦免骊山的囚徒，使他们从军抗击陈涉派来攻秦的周章军队。[③]

两汉是赦宥逐渐完善与发展的时期，并逐渐发展出大赦、曲赦、特赦、减等不同规格，并且赦宥的缘由开始与朝廷礼制和各种灾异事件联系起来，如皇帝的即位与驾崩、上尊号、改元、立太子、册皇后、巡狩、祀明堂、平反、日食、地震等。在这个时期，赦宥发展成为一种制度，逐渐和政治场合与宗教权威相结合。

汉代赦书减免罪刑的内容还不如后代详细与宽大，很多赦宥其法律宽免的内容仅有“大赦天下”四字，并未交代大赦的具体标准。据邬文玲研究，汉代“如果只有‘大赦天下’或者‘赦天下’之文，则意味着是常赦。如果注明‘诸不应宥者，皆赦除之’，则相当于后代常赦所不原条”。同时，她还认为汉代“大赦天下是不包括殊死者的”[④]。“殊死”一词常见于汉代史籍，既是刑名也是罪名，主要包括谋反、大逆、恶逆等性质严重的死罪。这类罪犯虽经赦宥，绝不赦免。

值得注意的是，汉代发布的大赦增加了赏赐推恩的内容。此时的赦宥制度正如马端临言：“按赦之为言，宥有罪之谓也。后来之赦，非独宥罪而已，又从而推恩焉。”[⑤] 赦宥在赦免罪人的同时，还会对一些特殊人群进行

---

① （西汉）司马迁：《史记》卷6《秦本纪》，中华书局1963年版，秦昭襄王二十一年、二十六年、二十七年、二十八年均有此记录。

② （西汉）司马迁：《史记》卷15《六国年表》，中华书局1963年版，第758页。

③ （西汉）司马迁：《史记》卷6《秦始皇本纪》，中华书局1963年版，第270页。

④ 邬文玲：《汉代赦免制度研究》第三章《汉代赦免制度的类型》，中国社会科学院博士学位论文（2003年），第37页。

⑤ （元）马端临：《文献通考》卷173《赦宥》，中华书局1986年版，考1495。

赏赐或推恩。其推恩内容主要有，赏赐官员金帛及官秩、官爵，赐民爵、牛酒、帛，举贤良方正等官员，放免某些民众的租赋等。如西汉初元四年（公元前 45 年）三月，汉元帝行幸河东祠后土，“赦汾阴徒；赐民爵一级；女子百户牛酒；鳏寡高年帛；行所过无出租赋”。[①] 该次祀后土汾阴赦的内容有赦免罪刑，赐民爵、女子牛酒、鳏寡高年帛，免车驾行幸所过之地的租赋。

汉代是赦宥中推恩民众内容发展的重要阶段，此时的赦宥在减免罪刑内容之外，增加了具有汉代赦宥特色的推恩内容，使赦宥具备了刑与赏两方面的功能。邬文玲博士在其学位论文中对此进行了详细的考证。总体来说，汉代赦宥的推恩内容比减免罪刑的内容要多，但都较为简单。

（三）唐代赦宥推恩内容的发展

对于汉代的赦宥推恩如何发展至唐代，推恩在唐代有何发展特色以及唐代赦宥如何出现了申禁内容，魏斌均在其学位论文中做了探讨。[②] 根据魏斌博士的观点，汉代赦宥的推恩内容在魏晋时期，又有发展，但变化最大的时间段仍是在唐朝。

魏晋时期，赦书的推恩条目，如赋税蠲免条目从汉代较为简单的内容，发展得稍微细致。南朝宋孝武帝大明三年（459 年）四月，司空、南兖州刺史竟陵王刘诞因犯罪贬爵不服，据广陵城反。该年秋七月，孝武帝率军攻克广陵城，斩诞，并大赦天下，“尚方长徒、奚官奴婢老疾者悉原放；孝子、顺孙、义夫、节妇赐粟帛各有差；王畿下贫之家，与近行顿所由，并蠲租一年”。[③] 该次大赦放免的仅有从事宫廷中饮食器皿制办的服劳役刑罚的尚方长徒、多以犯罪者连坐之家属充掌宫人丧葬、疾病等的奚官以及奴婢之老疾者。该次大赦仅仅指明原放这几类人。专门对孝子顺孙、义夫节妇赐爵及粟帛在大赦中还是第一次见到，但该项措施被后世所吸纳，成为后世赦书中经常性的内容。另外，此次大赦对租税的蠲免更为具体，仅仅放免了都城所在地及王师所经之地一年的租税，这实际上是减小了推恩的范围，使得大赦更为理性。

① （东汉）班固：《汉书》卷 9《元帝纪九》，中华书局 1975 年版，第 285 页。
② 魏斌：《晚唐大赦申禁职能研究》，武汉大学博士学位论文（2004 年）。
③ （南朝梁）沈约：《宋书》卷 6《孝武帝》，中华书局 1974 年版，第 123 页。

南朝梁武帝太清元年（547年）的南郊赦文："尤穷者无出即年租调；清议禁锢，并皆宥释；所讨逋叛，巧籍隐年，暗丁匿口，开恩百日，各令自首，不问往罪；流移他乡，听复宅业，蠲课五年。"[①] 此赦文对推恩内容有所控制，尤穷者可以不出即年租调（即年是指当年）。该赦文的其他赦过宥罪的内容也加以时间限制，赦下百日之内罪犯自首免罪；该赦还增加了对流移之民的恩赐，他们可以恢复本有的产业，并且还蠲免五年租课。

唐代顺应了汉以来大赦赏赐的趋势，继承和扩大了推恩范围，使推恩条文更为具体与理性。如唐代宗广德元年（763年）的册尊号赦书：

> 诸道百姓逋租悬调及一切欠负官物等，自宝应元年十二月三十日已前并放免；一户之中有三丁放一丁庸调，地税依旧，每亩税二升；天下男子宜二十五成丁，五十五入老；应征租税，刺史县令等据见在户征科，其逃亡死绝者不得虚摊邻保；河北百姓复三年，应是回纥行营经历处，免今年租税；内外文武三品已上赐爵一级，四品已下加一阶，各赐勋两转；……文武正员常参官并诸州刺史，父母无官邑号者，宜与致仕官及邑号，赠者更与改赠；刺史、县令已后改转，刺史三年为限，县令四年为限；员外及摄试官，一切不得厘务；……诸色人中有孝悌力田、经术通博、文词雅丽、政理优长，本州各以名荐。[②]

该大赦赦书出自安史之乱平定后的中晚唐时期，反映了唐代赦书的推恩至此已经很具体细致。对百姓赋税的推恩有了欠负官物的放免条件及执行时间上的限制，在放免租税上有地区的差别，如河北地区经历了战争，所以百姓给复三年，回纥兵经过之处，免今年租税。对文武百官的恩赏也有所区别，三品及以上官员与四品及以下官员恩赏的级别就不一样，封赠文武正员常参官父母邑号，要求各州举荐合乎赦书规定类型的人才。唐代赦书推恩内容的复杂化是宋代赦书推恩内容的发展基础。

唐代大赦推恩内容还出现了一些禁止性条令，这是很多唐史研究者

---

① （唐）姚思廉：《梁书》卷3《武帝下》，中华书局1973年版，第91页。

② （宋）宋敏求编：《唐大诏令集》卷9《广德元年册尊号赦》，商务印书馆1959年版，第57–58页。

已关注到的问题，即赦书的申禁职能，[①]抑或有人称为赦书的立法职能。[②]我们仍以上述赦书内容为例，首先，我们应注意的是广德元年（763 年）赦书对成丁年龄的规定，该次大赦规定男子二十五成丁，事实上在此之前的天宝三年（744 年）十二月亲祭九宫坛大赦赦书中，曾经规定："自今已后，天下百姓，宜以十八以上为中男，二十三以上成丁。"[③]而在唐初的武德六年（623 年）三月令中，唐高祖规定了成丁年龄："以始生为黄，四岁为小，十六岁为中，二十一为丁，六十为老"。[④]唐代成丁年龄自唐初就有法令规定，但之后的两次大赦赦书都冲改了"令"对成丁年龄的规定，并且使用了"自今已后"的法律用词，使这项规定得以长久执行。类似的具有立法特征的赦书内容还有："刺史、县令已后改转，刺史三年为限，县令四年为限"，这是对刺史、县令迁转年限的规定。这些内容都印证了禹成旼所考察的赦文改律、改令的情况。

前引赦书还有两条内容："应征租税，刺史、县令等据见在户征科，其逃亡死绝者不得虚掷邻保。"及"员外及摄试官一切不得厘务。"这两条内容均出现了"不得"一词，这也是禹成旼所认为的立法用语，但本文认为这与魏斌所谓的"申禁"关联性更大些。这些内容很明显地区别于汉唐发展过程中的赦书推恩。如上所引第一条关于刺史、县令不得向邻保虚掷逃亡、死绝之家的租税。这显然是在推恩内容基础上发展出的禁止性规定。

唐代在赦书中出现"立法制、行禁令"的内容与政治局势是密切相关的。唐朝中晚期，藩镇割据势力坐大，中央控制力减弱。面对这种形势，朝廷希望通过声势浩大的赦书传播，推行中央的政令，因此，赦书中立法与申禁的内容逐渐增多。

二、宋代赦书中法律与推恩内容的发展

宋代赦书中罪刑减免内容实质上是对唐代赦书罪刑减免内容的继承。唐代赦书对罪刑减免的时间限制、减免程度、执行条件等具体规定，对宋

---

① 魏斌：《晚唐大赦申禁职能研究》，武汉大学博士学位论文（2004 年）。

② 禹成旼：《唐代赦文研究》，北京大学博士学位论文（2002 年）。

③（宋）宋敏求编：《唐大诏令集》卷 74《亲祭九宫坛大赦天下制》，商务印书馆 1959 年版，第 417 页。

④（宋）王溥：《唐会要》卷 85《团貌》，中华书局 1955 年版，第 1555 页。

代影响较深。

（一）唐代大赦罪刑减免内容的具体化

唐代赦书在罪刑减免内容上有一个循序渐进的过程。它上承魏晋南北朝时期的某些规定，并在发展过程中逐渐向具体化与理性化的方向演变。在此时期形成的罪刑减免内容很大程度上为宋代所继承，成为宋代罪刑减免内容逐渐完善的基础。

唐初，大赦赦书在减刑方面的规定很具体，唐高祖即位赦文："改隋义宁二年为武德元年，自五月二十日昧爽以前，罪无轻重，已发露、未发露，皆赦除之。子杀父、奴杀主，不在赦限。"[①] 这次赦书规定了大赦赦免的生效时间为高祖即位之前，除了"子杀父、奴杀主"的罪犯，包括正在审理及已经判刑的所有罪犯全部赦免。高祖这次大赦属于规格较高的即位赦，所以赦免范围相对广泛。该次赦书以及以后赦书中此类"罪无轻重，已发露、未发露"等法律术语，则是对南北朝时期的继承。

我们再以中唐时期玄宗开元十一年（723 年）的南郊赦罪刑减免内容为例。

开元十一年十一月十六日昧爽已前，罪无轻重，已发觉、未发觉、已结正、未结正系囚、见徒，大辟罪以下咸赦除之。其十恶死罪、造伪头首、劫贼劫杀事主不在赦例。就中仍虑有冤滥者，所司具状送中书门下，尽理详覆奏闻，朕将亲览。其有亡命山泽、挟藏军器，百日不首，复罪如初。敢以赦前事相告言者，以其罪罪之。[②]

该次赦书大致上讲比高祖即位赦明显增加了两项内容，对一些特殊罪犯限定了自首时间，反对大赦以后再告赦前事。

唐代宗大历八年（773 年）大赦赦文：

自大历八年五月二十九日昧爽已前，天下见禁囚徒及已发觉、未发觉、已结正、未结正死罪，并降从流，流已下并宜放免。敢以赦前

---

① （宋）宋敏求编：《唐大诏令集》卷 2《神尧即位赦》，商务印书馆 1959 年版，第 6 页。

② （宋）宋敏求编：《唐大诏令集》卷 68《开元十一年南郊赦》，商务印书馆 1959 年版，第 380 页。

事相言告者，以其罪罪之。亡命山泽、挟藏军器，百日不首，复罪如初。①

该次大赦对赦除罪刑的办法做了更为具体的规定，如死罪降流，流罪以下放免。这在一定程度上改变了以前大赦在罪刑减免上“咸赦除之”的笼统规定，一定程度上减少了赦免的不公正性。

唐懿宗咸通七年（866年）十一月南郊赦文：

> 自咸通七年十一月十日昧爽已前，大辟罪已下已发觉、未发觉、已结正、未结正系囚、见徒，罪无轻重，咸赦除之。唯犯十恶叛逆、故杀人、官典犯赃不在此限。持杖打劫，必欲害人，苟遇支敌，必行杀戮，拒敌追捕，肆意奸凶并故杀人者，虽已伤未死、已死更生，意欲杀伤，偶得免者，并同杀人法处分。其卖毒药、开劫坟墓，及别狱之内官吏用情，推断不平，因成冤滥，无问有赃、无赃，不在原宥之限。②

这次赦书在赦免范围上做了限制，规定了更多不赦的内容。如十恶叛逆以上、故意杀人、官典犯赃、贩卖毒药、开掘坟墓、官员治狱不平等。这些不赦的罪刑很多被宋代继承，成为宋代常赦所不赦免的内容。

唐代大赦中赦罪内容已颇为规范，明确了大赦的生效时间、赦宥的范围、刑罚的宽免程度以及赦免的程序要求等。比如，大赦的生效时间一般是在赦书颁布之日的“昧爽”以前。“昧爽”即天尚未亮而即将亮的拂晓时刻，在阴阳交替之际宽宥罪犯符合大赦的布德自新之意。赦罪的范围分为已发觉、未发觉、已结正、未结正等，基本上涵盖所有案件。赦宥的范围指明了哪些罪刑可以通过赦宥免除或者减等，以及哪些罪刑是不赦免的。赦书中对于程序也有要求，包括百日之内自首、相关部门断定等。

（二）宋代罪刑减免内容的规定

宋代赦宥类型根据当时人的分类有大赦、曲赦、德音三种。前文对德

---

① （宋）宋敏求编：《唐大诏令集》卷85《大历八年大赦》，商务印书馆1959年版，第485页。

② （宋）宋敏求编：《唐大诏令集》卷86《咸通七年大赦》，商务印书馆1959年版，第488页。

音已经做过考述，认为德音尚不能完全独立成为赦宥类型的一种。无论《玉海》《文献通考》还是《宋史》，对赦宥类型的划分均是依据罪刑赦免程度。宋代统治者可以根据不同的政治需要，发布不同规格的赦宥，赦宥类型的划分也说明统治者对赦宥的使用有了更为理性的规范。宋代统治者如何根据不同的缘由颁降赦宥在第一章已有所论述，以下主要从罪刑减免的具体规定考察它在宋代的演变。

首先，我们选取部分宋代赦书罪刑减免方面规定的具体内容。

表 2–1　宋代赦书中罪刑减免条文汇集

赦宥名称	时间	内容	出处
得雨德音	建隆三年	应京城诸道州军府监县镇系囚，限德音到日已前，除十恶五逆、官典犯正枉法赃及谋杀、故杀、却杀人不在赦外，余并从释放。诸处亡命士卒及聚山林为群盗者，限诏到一月，并许陈首，限满不首，即论其罪。先是黥面配隶诸处等人，并令有司件析以闻，听候进止。	《宋大诏令集》卷 151
平蜀曲赦	乾德三年	自乾德三年正月二十四日昧爽以前，应伪蜀管内，罪无轻重，常赦所不原，咸赦除之。	《宋大诏令集》卷 227
平王均川峡路德音	咸平三年十月乙丑	应川峡两路，德音到日昧爽以前，十恶、故杀、劫杀、并为已杀人、官典犯枉法赃不赦外，余罪无轻重并放。其抛离城池人不在此限，仍令转运司具名以闻。官员使臣等陷在逆城，遭其逼协，曾受文字者，并释罪部送赴阙。其益州内外诸色人，曾受章捕惧罪藏匿者，并放罪，各令归业。	《宋大诏令集》卷 218
泰山醴泉发赦兖州禁囚制	大中祥符元年六月庚戌	应兖州禁囚死罪、十恶、官典犯正入已赃奏裁。其加役流罪，并免役一年，徒以下并放。……军民负罪逃匿者，许一月内首露。	《宋大诏令集》卷 151
玉清昭应宫成德音	大中祥符七年十一月乙酉	应三京诸州，限德音到日，系囚死罪、十恶、官典犯正入已赃，应不赦外，杂犯死罪非巨蠹者奏裁。徒流递降一等，杖以下释之。	《宋大诏令集》卷 180
申告上圣号赦文	大中祥符八年正月壬午	可大赦天下：系囚已杀人、十恶罪至死、官典犯正枉法赃不赦外，斗杀情可悯者奏裁，自余咸赦除之。……亡命军人盗贼，许百日之内首露，逾限不至，复罪如初。	《宋大诏令集》卷 136

续表

赦宥名称	时间	内容	出处
应天院奉安毕西京管内见禁减降德音	天禧元年六月壬申	应西京管内六月八日见禁罪人，除故杀、劫杀、斗杀、十恶、官典犯赃，不赦外，杂犯死罪降从流，内情理切害者奏裁，其余流罪降从徒，杖已下并放。	《宋大诏令集》卷143
蝗旱后赦天下制	天禧二年四月庚寅	除十恶罪至死及已杀人不赦外，余死罪降从流，流已下并释之。内劫贼虽不杀人，亦具奏裁。	《宋大诏令集》卷152
陕西解严曲赦	庆历五年三月甲申	陕西诸州府军监县等，限敕命到日，见禁罪人，除十恶并故杀、谋杀、劫杀、放火、持杖行劫、侵盗官物、伪造符印、合造毒药、官典犯正枉法赃，依法施行外，应杂犯死罪并斗杀死罪，并斗杀情理可悯者，并许从流，内有不可存留在彼者，即刺配五百里军州牢城收管。其流罪降从徒，徒降从杖，杖罪以下并放。	《宋大诏令集》卷218
奉安三圣御容于鸿庆宫曲赦南京德音	庆历七年七月甲申	应南京畿内，除十恶并已杀人者，及持杖行劫、偷盗官物、伪造符印、放火、官典犯入己赃不赦外，杂犯死罪已下，递降一等，徒以下释之。	《宋大诏令集》卷143
王则平曲赦河北制	庆历八年闰正月甲辰	可曲赦河北诸州军，自庆历八年闰正月五日昧爽以前，见禁人，除贝州妖贼王则一行应干系徒党，及在城失守或屈节顺贼官吏等，并犯十恶、劫杀、斗杀并为已杀人者，放火、伪造符印、官典犯正入己赃不赦外，其余杂犯罪人，罪无轻重，咸赦除之。	《宋大诏令集》卷218
熙宁二年降皇子减降天下见禁德音	熙宁二年十一月乙丑	应天下见禁罪人，杂犯死罪以下递降一等，徒以下释之。	《宋大诏令集》卷26
曲赦陕西、河东德音	熙宁四年三月癸卯	应陕西、河东路罪人，除劫、谋、故、斗已杀人，至十恶不赦，及情轻奏裁外，余死罪已下，递减一等，徒已下释之。	《宋大诏令集》卷218
曲赦梓州路州军德音	元丰五年二月癸酉	可曲赦梓州路诸州军，限赦书到日昧爽以前，除杀盗及枉法不赦外，枉法自盗死罪情轻者，奏取旨。斗杀死罪情轻者，减一等，刺配千里外牢城。其余咸赦除之。……士卒逋亡、丁夫不赴点、惧罪藏匿者，限一月自陈。	《宋大诏令集》卷219
元丰八年赦天下制	元丰八年正月甲寅	可大赦天下。除劫谋故斗四杀、已杀人、十恶、伪印、放火、盗贼抵死不赦，及情轻奏裁，减等刺配外，其余罪无轻重，咸赦除之。	《宋大诏令集》卷216

续表

赦宥名称	时间	内容	出处
神宗山陵毕两京畿内、河阳德音	元丰八年十一月	应两京畿内、河阳管内，德音到日以前，见禁罪人死罪以下递降一等，杖罪以下释之。	《宋大诏令集》卷139
会圣宫奉安神宗神御毕西京德音	元祐二年十月辛卯	应西京管内见禁罪人，除十恶、杀、盗等罪至死不赦外，死罪以下递降，至杖并放。	《宋大诏令集》卷143
去冬连月降雪今春久阴德音	元祐三年二月	应四京诸道州府军监县，敕命到日以前，见禁罪人，除常赦不原外，枉法自盗罪至死，情理轻者奏取指挥。斗杀罪至死，情理稍轻者减一等，刺配千里外牢城，轻者，刺配五百里外牢城，断讫录案闻奏。其余死罪降从流，流罪降从徒，徒以下并放。强盗罪至死，依所降决讫，情理重刺配广南远恶处，轻者配二千里外牢城。……逃军限两月首身放罪。	《宋大诏令集》卷154
上清储详宫成德音	元祐六年九月壬子	应四京诸道州府军监县，德音到日已前，见禁罪人，除死罪依法，内枉法自盗罪至死，情理轻者奏裁，斗杀罪至死，情理稍轻者减一等。其余死罪降从流，流罪降从徒，徒已下并放。	《宋大诏令集》卷180
宣仁祔庙毕两京、河阳、郑州德音	绍圣元年二月癸亥	应两京畿内、河阳、郑州，德音到日以前，见禁罪人除常赦所不原减外，其余死罪递降一等，至杖释之。	《宋大诏令集》卷139
彗星见大赦天下制	绍圣四年九月	应绍圣四年九月五日昧爽以前罪人，除犯劫杀、谋杀、故杀、斗杀并为已杀人者，并十恶、伪造符印、放火等罪并不赦外，其余罪无轻重，已发觉、未发觉、已结正、未结正，咸赦除之。	《宋大诏令集》卷155
受传国宝赦天下德音	元符元年五月己酉	应四京诸道州府军监县，限德音到日已前，见禁罪人除死罪，并依法内枉法自盗罪至死，情理轻者减一等，刺配千里外牢城，其余死罪降从流，流罪降从徒，徒罪已下并放。	《宋大诏令集》卷149
赐新复州军赦	绍兴三十一年十二月四日	可大赦新复州军，并限赦书到日以前，罪人无轻重、已发觉、未发觉、已结正、未结正、常赦所不原者咸赦除之。	《三朝北盟会编》卷246

续表

赦宥名称	时间	内容	出处
杨、泰、真、楚、滁、和、濠、庐、光州，盱眙、高邮、光化、无为、安丰、信阳军德音	绍兴三十一年十二月十六日	杨、泰、真、滁、和、濠、庐光州，盱眙、高邮、光化、无为、安丰、信阳军管内，限德音已前，见监罪人除犯劫杀、斗杀并为已杀人者，并十恶罪至死、伪造符印、放火、官员犯入已赃，将校、军人、公人犯枉法监主自盗赃、并依法内枉法自盗罪至死情理轻者，奏取指挥。斗杀罪至死情理轻者，减一等刺面配千里外州军牢城。断讫录案闻奏，其余罪无轻重，并行放免。	《三朝北盟会编》卷247

由于宋代赦书内容缺失严重，选取的材料可能会有时间上的不平衡。北宋的史料较南宋多。从表 2–1 中可知，宋代赦书中减免刑罚的内容与晚唐之际的赦具有相近的地方。在很大程度上，唐宋赦宥的共同特征就在于尽量以限制性内容约束皇权对法律公正性的破坏。另外，通过史料可以看到，这两个时期对赦免范围之内的罪人都只是减等处罚，而不是因赦完全免除处罚。宋代还以法令条文约束赦免罪刑的内容。如宣和二年（1120年）十二月十八日，中书省、尚书省言：

> 勘会命官犯罪编配遇应量移者，自来止是刑部以地里、赦数量移近乡州军，即未有立定纽计地里远近，随赦数量移条，至有远近轻重不伦之弊。除见行条法自合遵依外，今拟修下条：诸命官犯罪编配遇赦应量移者，以编配地里随所犯情理轻重，依移放格赦数纽计为分。元编配地里外，剩数不计。每赦量移一分。谓如合二赦放，元系三千里，以一千五百里为一分。合三赦放，以千里为一分之类。若所移地里内无州者，移以次近乡州徙之。元犯编配邻州或量移已至邻州，若遇赦未该放逐便合量移者，即移近乡州。如不愿移者，听仍理为赦数。以上奏抄内拟定合移地里州军，并取到刑部状，称所修条下别无未尽未便。[①]

以上就是在已有条法基础上增修新法令，规范犯人因赦量移的实施

① （清）徐松辑：《宋会要辑稿》刑法 4 之 38，中华书局 1957 年影印本，第 6640 页。

案例。有时候赦书还规定某些罪犯是否能够赦免是需要奏裁的，使皇权能够在一定程度上规避赦宥对统治秩序的破坏，也含有皇权在法律和恩赦面前的至上性。

宋代赦宥无论大赦、曲赦还是德音，均对赦免范围做了约束，把一些危害统治秩序的重犯排除于赦免之外，并且这些不赦的罪行大多数得以固定。如十恶至死、斗杀、劫杀、盗杀等已杀人、伪造符印、官员犯赃等罪行大多重复规定不赦免。这在第四章有专文论述，在此不赘述。

宋代赦书中的罪行减免内容常受时人的批判，被指责为“杀人者不死，伤人者不抵罪”。[①] 但宋代能够适时调整一些原则问题，使这项内容逐渐限制在对统治者有利的范围内。宋仁宗说：“赦不欲数，然舍是无以召和气。”[②] 统治者对赦的危害心知肚明，但他们需要以赦为施恩手段贯彻其皇权政治，把赦变成能够“召和气”的统治秩序，减轻司法与刑狱的负担。

（三）宋代赦书中推恩内容的具体化

如前所述，唐代赦文的推恩内容已经在逐渐具体化，这些具体化的内容又呈现了理性的推恩。宋代继承了唐代的推恩模式，并有自己的发展。

大中祥符八年（1015 年）正月天书降临赦文中的推恩内容为：

> 天书仪卫使已下并加锡赐，天书仪仗兵士并与特支，迎奉天书道官、行事官，第与支赐，马步军将士并特支。
>
> 在京职任京朝官，迁秩及三年，应景德四年七月四日敕命磨勘者，并令审官院考课引见。其外任未经磨勘者，具历任申审官院奏裁。得替幕职州县官，及殁王事亲属，授司士参军。白衣选人年及格者，并放选。
>
> 贬降授官，等第陟升、量移叙用。除名、追官、停职任、放逐便人，许于刑部投状。冲替未得与官，诸色违碍选人，许于南曹投状。
>
> 举人因事殿举，永不得入科场，不经刑责者，许依例应举。

---

① （宋）李焘：《续资治通鉴长编》卷 108，天圣七年六月丁未，中华书局 2004 年版，第 2516 页。

② （宋）李焘：《续资治通鉴长编》卷 107，天圣七年三月丙戌，中华书局 2004 年版，第 2506 页。

三京诸路，大中祥符七年终已前，夏秋及缘科税赋贷粮和籴见欠者除放。缘河、江淮、两浙水灾民田，不曾除破省税者，并蠲之。诸路州军监，自今灾伤不稔，并须即时闻奏，当职官议体量振恤。东封、汾阴、奉祀，主持官物少欠非侵欺者并放。诸坑冶不敷岁课，悉蠲之。

京东西、河北修河地分，岁役人夫，科配物料，念我蒸庶，得无重劳，宜令转运司及本州长吏，察访官员、使臣、州县吏，有能究其本末、知其利害、省功减料、以惜民力，而河防津要、岁不冲决者，具事以闻，如实获其利，当即行奖擢。

诸路亲民官，廉白持操、恪谨从公、不用刑而常赋登，不害民而庶事集，狱讼无扰，里闾共推者，转运司以闻。

天下才器之士，或淹下位，或滞草莱，及高年不仕，德行可称，义夫节妇，孝子顺孙，具名以闻。

孤寡鳏独，不能自给者，陪加存抚。殁王事官子孙，并与录用。

岳渎名山大川，历代圣帝明王、忠臣烈士载祀典者，所在精洁致祭。近祠庙陵寝，禁其樵采，祠宇坏者，官为完葺。[①]

宋代赦书中的推恩内容经常性地包括赏赐官兵、进群臣阶勋爵邑等、荫及官员子孙、叙复及逐渐放还贬降官员、推恩举人、蠲免民户租税、荐举官员及民间具有表率作用的人士、存抚贫困人户及敦促地方祭祀等。这些内容唐代赦书中也多有出现，而宋代赦书虽继承唐代赦书的很多内容，但是在推恩方面，与政治形势与背景相应，宋代也有自己独特的内容。

我们以元祐元年（1086 年）九月的明堂赦书部分内容为例。

勘会自复差役法，其民间积欠免役钱已与减放一半，余分限三年随夏税带纳，访闻上件积欠，既当差役，输纳不易，其未放钱数合带纳者并特与免放。

开封府界、诸路人户见欠及未纳常平息钱，并特与除放，其本钱与限三年随税带纳。

应内外欠市易钱人户见欠钱二百贯以下，并特与除放。

开封府界、诸路场务先为实封投状，争添价钱买扑，致后来敷

---

① 《宋大诏令集》卷 136《申告上圣号赦文》，中华书局 1962 年版，第 478–479 页。

纳不前，除已收纳抵当产业外，见于欠人及干系人处催纳者，权住催理，委逐路监司同共开拆、保明闻奏，当议等第特行蠲放。

开封府界诸向推行重禄法，其缘受乞引领过度编配之人，如经今赦未合放逐便者，并具元犯保明闻奏。[1]

此时的赦书内容明显带有宋代的时代特征，如差役法、常平息钱、市易钱、开封府重禄法等内容很多都与王安石变法有密切关系，是北宋中期以来形成的关键词，而买扑在经济领域中发挥重大作用也是从宋代开始的。赦书中新增的这些推恩内容均与宋代政治环境息息相关，可以说，赦书内容的变化是与时俱进的，宋代从内容上扩展了唐代赦书的推恩范围。

以上是宋代及其以前朝代中赦书法律与推恩内容的发展与演变，这些内容是构成宋代赦书的一部分，但多是宋代对前代的继承，在唐代这两方面内容已经发展得相当完善。宋代赦书虽然对这两方面内容有所发展，但最值得关注的是赦书中约束性内容的出现与发展。

第三节　宋代赦书约束内容的变化过程与特点

在传统历史分期论之外，关于唐宋两个朝代的关系问题，唐代后期"开启赵宋以降之新局面"启发了很多学者开展长时段的历史溯源及发展去向的探讨。[2] 由唐入宋，大赦的变化不仅体现在次数增多，赦书内容也出现了很大的变化，主要体现在针对地方州县的"约束之辞"的增加。[3]"约束"是宋代常见的文书用词，经常出现在诏书标题中，和"条贯""条制""诏命"等词语频繁连用，用以重申某种规章制度或表达对某项事情的禁止态度。赦书中的"约束之辞"即申饬管制，主要是纠正地方官

① （宋）李焘：《续资治通鉴长编》卷 387，元祐元年九月辛酉，中华书局 2004 年版，第 9418–9419 页。

② 陈寅恪：《论韩愈》，《历史研究》1954 年第 2 期。

③ "约束之辞"见于（宋）蔡絛著，冯惠民点校：《铁围山丛谈》卷 1，中华书局 1983 年版，第 19 页。他明确指出赦书中的"约束之辞大致悉吏文也"。蔡絛作为北宋末年权臣蔡京最小的儿子，在蔡京领三省而年老不能事事时，曾协助蔡京奏判政事，所以他是非常熟悉当时朝廷制度的。

府治理中存在的问题，内容较为具体明确。宋代赦书内容从北宋后期明显开始变化，约束性内容远远超出赦书中的宥罪、推恩内容，特别是在南宋时期，很多约束赦文在历次大赦中反复出现，并逐渐固定化。丘濬在《大学衍义补》中说："赦之为言，释其罪之谓也。后世之赦乃以蠲逋负、举隐逸、荫子孙、封祖考，甚至立法制、行禁令，皆于赦令行焉。"① 他虽未详细指出赦的内容在各个朝代的具体变化过程，但他提出的发展脉络却是引人思考的。宋代赦书的变化既有延续性与传承性，又有阶段性和方向性。为了更清晰地显示赦书内容的发展脉络，本节选取部分赦书分阶段分析其内容的变化过程及发展特点。

一、宋代赦书内容的变化过程

根据赦书中约束性内容出现和发展的特点，大致可以把宋代赦书变化划分为三个阶段，分别是北宋前期、北宋中后期、南宋时期。现各个阶段存留的赦书具有不均衡性，北宋前期赦书保存较为完整；北宋中后期赦书完整存留的不多，但可以看出约束内容的逐渐增加；南宋初期的高宗即位赦书有完整存留的全文，所以史料较为完整和可靠，宋宁宗绍熙五年（1194 年）的明堂赦书系笔者从《宋会要辑稿》中收集编排而成。

（一）北宋前期赦书内容变化

这里所指的北宋前期是以赦书内容的变化为依据，所以是指宋太祖、宋太宗和宋真宗三位皇帝在位的时期。对于此时赦书内容的特点，拟对每位皇帝发布的赦书各举一例。

太祖即位赦书去除首尾词之后的内容为：

> 应正月五日昧爽以前，天下罪人所犯罪已结正、未结正、已发觉、未发觉、罪无轻重、常赦所不原者，咸赦除之。
>
> 应贬降责授及勒停等官，并与恩泽，诸配徒役男子女人等，并放逐便。
>
> 其内外马步兵士，各与等第优给。诸军内有请分料钱者，特与加等第添给。

① （明）丘濬：《大学衍义补》卷 109《慎眚灾之赦》，四库全书珍本，第 16 页。

中外见任前任职官，并与加恩。文武升朝官、内诸司使副使、禁军都指挥使以上，及诸道行军司马、节度副使、藩方马步军都指挥使，应父母妻未有官及未曾叙封者，并与恩泽，亡父母未曾封赠者，并与封赠。

诸处逃亡军都，限赦到百日内，仰于所在陈首，并与放罪，依旧军分收管，如出百日不来自首者，复罪如初。念彼愚民或行奸盗，属兹解网，咸许自新。诸军有草寇处，仰所在州府及巡检使臣晓谕招唤，若愿在军食粮者，并与衣粮，如愿归农者亦听取便。①

该赦书全部内容共381字，包括减免罪人刑罚、加恩贬责官员、推赏军士、推恩官员、允许逃亡者自新等几项内容。该赦书是北宋初期赦书的代表，内容简明扼要，条目多是继承秦汉赦书减刑和推恩的先例。太宗的即位赦书比太祖即位赦书更为简单明了。

太宗即位赦书去除首位词之后的内容为：

可大赦天下，常赦所不原者，咸赦除之。令缘边禁戢戍卒，毋得侵挠外境。群臣有所论列，并许实封表疏以闻，必须面奏者，閤门使实时引对。风化之本，孝弟为先，或不顺父兄，异居别籍者，御史台及所在纠察之。②

赦书中减免罪刑如“常赦所不原者，咸赦除之”。施行禁令如“令缘边禁戢戍卒，毋得侵扰外境”。纠正社会风气如“风化之本，孝弟为先，或不顺父兄，异居别籍者，御史台及所在纠察之”。行政处理如“群臣有所论列，并许实封表疏以闻，必须面奏者，閤门使即时引对”。该赦书未见推恩官员的内容，这或许是与太祖猝然去世、太宗仓促之间即位有关系，太宗没有时间安排太多的赦书内容。

太宗端拱二年（989年）二月，宋辽战争暂时停止，辽军退去，宋廷颁布了敌人退后放河北沿边州府残欠税物的德音，其内容为：

---

① （宋）李攸：《宋朝事实》卷2《登极赦》，中华书局1955年版，第19–20页。

② （宋）彭百川：《太平治迹统类》卷2《太祖太宗授受之懿》，影印文渊阁四库全书第408册，第45页。

应沿边州府军县，曾被契丹攻协城池处，其中有军员将校显立功劳者，宜令逐析闻奏，当议别加酬奖。

应边上契丹曾到处，有军人殁于行阵及百姓被契丹杀害者，有主者各令识认，无主者并仰逐处官吏速差人特破官钱埋瘗。殁阵军人在营家口，赗赠外特与依旧支一季请受。

应殁于王事使臣及禁军厢军将校，若有子孙，并与等第安排。

应河北因契丹入界，有草寇接便聚集并逃散新旧军人及曾行劫掠人户者，并特放罪，限两月内，军人许来首身，仍旧军分收管，百姓许来归业，倍加安抚，限内不来首身者，复罪如初，已捉败者不在放限。

应契丹兵军入界以来，惊移人户等，宜令所在官吏及巡检使臣并即召唤归业，倍加安抚。其敌军驻泊蹂践深处人口，平塞军、祁州、天威军、平安军、易州、威虏军、静戎军、保州、定州、宁边军、镇州、邢州、赵州已上一十三处，应系欠端拱元年终已前夏秋税物等，并特与除放，除该雍熙四年正月二十三日德音放税外，仍更免三年夏秋税物并沿纳物色。其曾经契丹剽掠，不是敌军驻泊蹂践之处人户，瀛洲、霸州、平戎军、代州、岢岚军、洛州、莫州、雄州已上九州，亦与除放端拱元年终已前夏秋残欠外，除该雍熙四年正月二十三日德音放税外，更特与除放一年夏秋税物并沿纳物色。

应河北州郡契丹不到处，及北州府忻州、宁化军、破虏军、岚州、定远军、乾宁军、翼州、沧州已上八处，并与除放端拱元年终已前残欠税物。①

端拱二年的德音赦书共有6条内容，因其赦宥缘由比较具体，主要是安抚宋辽战争之后河北地区的军民，奖赏立功将士，善后殁于战争者，召集流亡军士及人户，蠲免河北州军欠赋，恢复该地区的统治秩序。

真宗时期，因东封西祀活动和造神运动比较频繁，又依托大规模的赦宥推恩天下，达到普天同庆的效果，这一时期赦宥次数急剧增加，赦书内容也有所膨胀。如前文所举的真宗大中祥符八年（1015年）正月《申告上

① 《宋大诏令集》卷185《敌人退后放河北沿边州府残欠税物德音》，中华书局1962年版，第676页。

圣号赦文》，内容比前两朝皇帝时的赦书增加了笼络士人、蠲免欠赋、举荐修河、勤廉等人才及淹滞下位的名士、完善祭祀等，当时朝廷察觉到黄河沿岸地区，因修河任务导致差役和科配较重，民众负担较多，即在赦书中要求转运司及州府官员察举有治河良策之人。此次赦文有700余字。这种以赦书处理民事，是以后赦书约束性内容发展的滥觞。

（二）北宋中后期赦书内容增加

仁宗注重赦书内容的制定，他着意在赦书中增加禁止性的条文，但被大臣阻止。皇祐二年（1050年），仁宗对辅臣说："将来明堂大礼，合肆赦恩，卿等广询民间利病，著为条目，务从宽大，以称朕勤恤之意。"又曰："承前尝有贵戚近习，夤缘请托，以图侥倖，虽颇抑绝，未免时有侵挠，因此大礼之后严切禁止，便于赦文中载之。"宰臣告之以"圣意丁宁，恐赦文之中不能备悉。"仁宗说："朕以为洁斋虔诚，奉祀天地祖宗，御端门殿大号，因以澄清宿弊，条于赦令之中，所贵示信天下，必谓赦文难以具载，则别为诏书，与赦同降。"[①] 此时仁宗有意于赦书中增加约束及禁止内容。但宰臣不赞成以这种方式澄清宿弊，他只好与赦书同降约束诏书。

嘉祐年间，赦书条目增多。嘉祐四年（1059年）十月，仁宗于太庙祭祀祖先，礼成之后大赦天下，"中书进拟赦书，条目极多，专务惠泽及民，既宣赦毕，咸称前后赦恩未尝如此也"。[②] 该赦书已经找不到完整的全文，《续资治通鉴长编》保留了精短的几句话："男子百岁以上者特推恩命，民父母年八十以上复其一丁。士人有节行、学术为乡里所推者，委转运使、提点刑狱同加搜访，每路各三两人，仍与本处长吏具事实连书结状以闻。委中书门下再行询察，特加试用。诸路解发有就试人多解额少处，今既并归土著，令礼部量添解额。"[③] 根据时人谓条目极多的评论来看，该大赦赦书肯定不止这三条内容，李焘在编集《续资治通鉴长编》时定有压缩省略。

仁宗嘉祐时期应是北宋赦书内容变化的分界线。该时期赦书内容的

---

① （清）徐松辑：《宋会要辑稿》礼24之30，中华书局1957年影印本，第914页。

② （宋）李焘：《续资治通鉴长编》卷190，嘉祐四年十月癸酉，中华书局2004年版，第4596页

③ （宋）李焘：《续资治通鉴长编》卷190，嘉祐四年十月癸酉，中华书局2004年版，第4596页

变化引起了宋人注意。吕公著家传称："文靖公之当国也，每搜访四方利害有可以施舍便民者，手笔记录，因大赦而行之，多至数十事。其后文靖罢，便民事浸益少。"[①] 吕夷简主政期间，注意搜访民间需要解决的便民事，行之于赦书多达几十条。仁宗以后，赦书中的便民之事逐渐减少。然而，李焘根据王严叟对哲宗"伏望圣慈特取嘉祐以来大礼赦书，事节最详，恩最厚者，体以为法，无削其所可施，仍增其所未备"的建议认为："嘉祐以前便民事固不如嘉祐。"[②]

哲宗元祐元年（1086 年）的明堂赦书改变了嘉祐以来赦书中便民事减少的趋势，该次赦书较前赦增加了较多内容，李焘在《续资治通鉴长编》中列出了如下十多条：

斗杀罪至死，虽犯在约束内，情理稍轻者减一等，刺配千里外。轻者五百里，并牢城断讫，录案闻奏。

应诸司人每岁该试而经十试者，将来未得黜落，别作一项闻奏。

应官员犯杖罪以下，依条不以赦降去官原减者，许于刑部投状，本部具元犯因依闻奏，其未断者，仰大理寺案后声说，以上情轻者取旨。

应见贬谪官未量移者与量移。

勘会自复差役法，其民间积欠免役钱已与减放一半，余分限三年随夏税带纳，访闻上件积欠，既当差役，输纳不易，其未放钱数合带纳者并特与免放。

开封府界、诸路人户见欠及未纳常平息钱，并特与除放，其本钱与限三年随税带纳。

应内外欠市易钱人户见欠钱二百贯以下，并特与除放。

开封府界、诸路场务先为实封投状，争添价钱买扑，致后来敷纳不前，除已收纳抵当产业外，见于欠人及干系人处催纳者，权住催理，委逐路监司同共开拆保明闻奏，当议等第，特行蠲放。

---

① （宋）李焘：《续资治通鉴长编》卷 387，元祐元年九月辛酉，中华书局 2004 年版，第 9419 页。

② （宋）李焘：《续资治通鉴长编》卷 372，元祐元年三月癸酉，中华书局 2004 年版，第 9010–9011 页。李焘的小字注文。

其出限罚钱及人户调发春夫，因河防急夫开修京城壕及兴修水利免夫、罚夫钱，并与除放。

应在京诸路房园课利，今日以前逾限倍罚钱，并特与除放。

应民间典卖田宅，有出限未纳税钱印契者，自赦至限百日许自陈首，与免纳倍税。其罪发在赦限百日内者，准此。

应产茶路分茶园户，所输茶租钱积欠，见行监理者，特与除放。

应天下欠负官物，元非侵盗，不以有无抵当。虽系侵盗，本家委无抵当财产，并见勒干系保人摊纳者，及失催若误支，见令干系人均赔者，因水火损败及纲船遭风水抛失或被盗，验实各无欺弊者，梢工兵士因纲运欠所般物，元无欺弊，见刬请受者，宝货场冶以坑窟不发，及不显侵欺，系欠课利见催理者，冒佃官田及户绝田土屋业，并诸般隐陷租税，见理纳积年税租课利等，委已贫乏无可偿纳者，仰本属于赦到一月内看详除放讫，保明申转运司提点刑狱司类聚闻奏，以上或有专条遇赦及指定许放分数，并依今来赦书指挥施行。

开封府界诸向推行重禄法，其缘受乞引领过度编配之人，如经今赦未合放逐便者，并具元犯保明闻奏。①

该赦书的原文现已不存。李焘明确提出了“总校前赦凡增一十七事”，但这十几条是否是该赦较之前赦增加的条目，李焘认为尚有待考证。这十四条里九条是关于民事的内容，多是细致地罗列减免民间欠负的条目。

哲宗发布元祐元年明堂赦以后，北宋赦书中的民事内容逐渐增加，并且出现了以下约束禁止性的赦文：

大观二年正月一日赦书，有司曾以输纳钞旁出卖收钱，以充学用，吏缘为奸，增损抑配，今学用既足，事涉苛细，可行寝罢。②

（政和六年）十一月十日冬祀赦：勘会累降指挥及严立法禁，诸路州县不得科配、率敛、差顾、假借什物、制造纽折之类，及租赋和买，不得前期催理，并和买之物须得即时支价钱。访闻州县循习既

① （宋）李焘：《续资治通鉴长编》卷387，元祐元年九月辛酉，中华书局2004年版，第9418–9419页。

② （清）徐松辑：《宋会要辑稿》食货35之1，中华书局1957年影印本，第5408页。

久，经赦犹未尽革。仰监司点检，速行改正。所有不即支给价钱，仍互相按劾以闻，违者徒三年，许人告，吏人配千里。①

宣和七年十一月十九日南郊赦书，河北京西京畿国信经由驿路，近因使人连并往来，州县应办不易，内有借买过诸般物色未支还者，并限一日须管支还尽绝。②

（宣和七年十一月）十九日，南郊赦书，诸路起到纲运，在路风水积坏，见今监系勒令陪纳，情实可矜，仰充纳官仔细认加，封记圆全，别无换易情弊，即与先次交纳，其合估剥官钱，行下本处依条施行。③

（宣和七年）十一月十九日南郊赦文，诸路有逃移人户，未能归业之家，官司将弃下田土并作逃田拘收，殊非还定安集之义，应逃移人户仰所在官司说谕，各令归业田土，其弃下田土，如契赤分明，或虽无契赤，而官司并邻至有文字可以照据，委非伪冒者，并令给还，诸州县逐月具已发归业及已给还田土人户申转运司，类聚申尚书省。④

徽宗时期的赦书未见存留完整的，我们无法考证此时期赦书内容的多少，但是此时的赦文结构和北宋前期相比发生了明显的变化。赦书属于规格较高的“王言”，发布的对象是黎民百姓，目的是希望百姓感受到浩荡的皇恩。但上面所列举的赦文先是直书州县执法存在的积弊，然后提出改进要求。赦文虽是通过纠正地方积弊达到推恩百姓的目的，但发布对象转向州县官府，变为约束禁止的话语。徽宗时期的赦文先是详尽直书具体存在的社会弊病，然后提出应对方法，这说明徽宗时期赦文制定之前是经过社会调查的，无论赦书在现实中能够起到多大作用，但这是朝廷以赦书纠正社会积弊的一种态度或尝试。

宣和七年（1125 年）十二月二十三日，宋钦宗即位，颁布大赦赦书。其内容如下。

赦书到日昧爽以前，除谋反、谋大逆、谋叛、恶逆不赦，其余罪

① （清）徐松辑：《宋会要辑稿》刑法 2 之 67，中华书局 1957 年影印本，第 6529 页。
② （清）徐松辑：《宋会要辑稿》职官 36 之 40，中华书局 1957 年影印本，第 3091 页。
③ （清）徐松辑：《宋会要辑稿》食货 43 之 13，中华书局 1957 年影印本，第 5579 页。
④ （清）徐松辑：《宋会要辑稿》食货 69 之 45，中华书局 1957 年影印本，第 6352 页。

无轻重，已发觉、未发觉、已结正、未结正，常赦所不原者咸赦除之。

应文臣承务郎、武臣承信郎以上，并内臣及致仕官，并与转官，合磨勘者仍不隔磨勘。

诸军将校合加恩者，并加恩。内外马步军诸将士等，并特与优赏。

承务郎以上服绿、服绯及十五年者，并与改转服色。

文武升朝官、禁军都虞候、诸班诸军都虞候、诸班指挥使、御前军佐、马步军都军头、副都军头、藩方马步军都指挥使，父母妻并与封叙，已有官封者更与封叙，亡殁者与封赠，已封赠者更与封赠。

应贬降责授官，并与牵叙，在外未量移者与量移，已量移与叙用，已叙用者更与叙用。

应流配人元系命官，已经恩赦放还者，量与叙用。

应各追官停废人等，并终身不齿及放归田里，并诖误连累，自来未敢求仕人，并许于刑部投状，具元犯闻奏，当议特与甄叙。

应散官编管人等，并仰所属具元犯闻奏，当议等第施行。

应除名、追官停废人等，曾经编管羁管已放逐便者，并许于刑部投状，特与叙用。

应停降诸色人等，未曾叙用者，依例施行。

应诸路人户所欠今年夏秋税租及送纳钱物，并自来倚阁税物，并与除放，其乡村逃移人户，并仰招诱归业。

应今日以前天下诸色欠负，并令逐处依今年冬祀赦书例，疾速保明奏闻。

今来边事之际，诸路州县应有合行宽恤事件，仰逐路帅臣、监司、守臣疾速一面施行讫奏。

应逃亡军人，并与限一百日许于所在自首，并与放罪，限满不首复罪如初。

应诸处有聚集盗贼，所在州县备坐今来赦宥招诱归业，如愿在军者许诸军内安排，给与衣粮。

应孝子顺孙、义夫节妇，所宜旌表，以厚人伦。

五岳四渎、名山大川、历代圣帝明王、忠臣烈士，载在祀典者，委所在精洁致祭。

近祠庙处并禁樵采，如祠庙破损处，令逐州以系省钱物修葺，仍仰监司常切点检，毋致隳坏。

应赦书该说不尽事件，委逐处子细看详，分析闻奏。[①]

宋钦宗即位时，正值金军大举入侵，国势危急，宋徽宗仓促退位，所以赦书准备不足，其条文为法律赦免、推恩百官将士、减免租税欠负、招抚逃亡军人。很多在徽宗时期已出现的具体的宽恤条文格式，钦宗即位赦书中并没有沿用，但是宋高宗的即位赦书大量出现了此类赦文。

（三）南宋时期赦书约束内容增多

南宋时期赦书内容变化较大，内容条目极为繁杂，赦文中关于财政事务的处置条目不仅具体化，并且出现固定化倾向。就单条赦文来讲，其语言特点体现在首先是对法律的重申，对不合法社会现象的披露，然后指出纠正措施，要求州县地方官员执行，并要求监察部门进行监督。与南宋社会的变化相适应，此时的赦书变化具有鲜明的时代特征。

宋高宗即位于兵荒马乱中，他的即位赦书也是在社会极度不稳定的情况下颁布的，在当时起了很大的作用，向全国各地传递政权信息及基本行政纲领。

宋高宗即位赦书有6000余字，共87条内容，其中减免罪刑的有1条，推恩百官与社会的有34条，临时处置逃亡军人、官吏及重建统治秩序的有33条，纠正社会财政积弊的有18条。高宗即位赦书的内容与太祖即位赦书的内容相比，无论篇幅还是条款都复杂得多。

其罪刑减免条目是赦书的最初之义；推恩百官与社会是赦书中从汉代开始逐渐发展出来的内容；临时处置条令是朝代初肇巩固政权的临时性措施，所占比例最多。但这些都是王朝一时所需。随着政权的稳定，以后赦书中这些内容大幅度减少；本节着重考证的是纠正社会积弊的赦文条款。这些条款从北宋中期就已出现，到南宋时期占据赦书的大部分，反映了北宋末期严重的地方财政问题。现摘录高宗即位赦书中该方面内容的相关条款如下。

---

① （宋）徐梦莘：《三朝北盟会编》卷26，宣和七年十二月二十三日庚申，上海古籍出版社1987年版，第191–192页。

一应常平司散敛青苗钱谷，本以便民，岁久法弊，反为民患，可自今住罢。

一应诸路漕司多财用匮乏，将民户合纳二税，宛转折纳或支移他郡，却免未支移，只纳脚乘实惠之类，致民间输纳增倍，深属掊剋。今来并仰遵依条法，不得妄冒支移折变，仍许人户越诉，提刑司觉察，当重置典宪。内京西路，昨缘方田添起税租，除六分外止送四分见钱，更不支移折变，访闻转运司将所减分数敷入旧税，抑令人户输纳，重困民力，可限赦书到，令与蠲免，所有违法敷入旧税去处，悉行改正，仰提刑司觉察，仍许越诉。

一诸路税赋支移折变，自有成法，比年漕司以财用不足，往往反覆细折，如合纳见钱令输绸绢，却以绸绢之直折纳丝绵之类，惟务削刻，良民受弊。自今仰转运司遵依条法，不得依前违戾，仍委提刑司觉察，听人户越诉。

一二税折科，合用纳月，时估中价，近岁转运司与州县务于掊克，将及纳月，顿减时估，不以丰凶低昂，但称引用卷例，折纳太重，人户往往破产。今后朝廷非军事更不下转运司非泛须索，如折科尚敢循习不革，守贰转运司非泛须索，并违制之罪加二等。仰提刑司、提举司觉察于起催月终以前，具有无违戾保明闻奏，不以实闻与同罪。

一预和买法本支实价，访闻官司立价甚低，或高抬他物价直准折，或以无价虚券充数，甚者直至受纳未支本钱，不遵条限，前期起催急于星火。今来上供之类欲依祖宗法，其和预买有前项违戾，守令并转运司并以违制论加二等，仍委提刑司觉察，每岁于依限后一月内，具有无违戾闻奏，不以实闻与同罪。

一诸路诸般徭役，非法令该载者罢，该载而非急务，仰监司守臣速具以闻，当议一切蠲罢。

一应天府差人防秋，至今春未能放散，显妨农务，应将来差科保甲，除阵亡人外，特与免一科支移折变。

一诸路义仓在法合同正税为一钞输纳，访闻提举司以转运司侵用，有令人户不得随税带纳去处，显属违法，仰令遵依成法，改正施行。

一应人户典卖田宅，因官司不为减落第等，见依旧供应科配差使，限赦书到一月内，许自陈验实，特与减免。

一应崇宁以来增置税务，其税入课利，除给官吏等支费外，所收钱物不多去处，仰转运司体度，并行废罢。

一应崇宁以来因买扑坊场、河渡及折欠官物、没纳田产未有承买者，与减见买价三分，听欠户与收赎，限满不赎，即依所减价出榜，别召人承买，仍作三年六科输纳。

一访闻自来赦书所放逋欠，转运司及州县迫于调度，依旧催纳，至民间有黄纸放白纸催之语，甚失朝廷宽恤爱民之意，今来大恩与常赦不同，兼务节用，可以裕民，如监司州县辄敢故违，巧作名目，依旧科抑，许被科人户越诉，其官吏当重行贬窜。

一应近年以来，州县缘应奉之费用度窘迫，至有前期括借民间二税、免役、坊场课利等钱，显是违法，自今须管依条限催纳，不得预借。

一祖宗以来，天下上供委有常数，自熙宁后，因臣僚奏请，岁有增加，不胜其弊。仰诸路转运司取索辖下应于见今上供物数，开具祖宗旧制，及熙宁以后增添数目闻奏，当议并行裁损，以纾民力。自崇宁以来，州县仓库受纳税赋，务加概量以图出剩，东南六路为甚，以故民力困乏，其弊本于补发纲运斛斗额外增数，可除岁额上供数外，其每年任其起补发额斛并权住罢。

一诸路常贡之内，有时新果味之类，所在因缘贡奉外取索归空库，更有馈送，搔扰为甚，仰礼部勘会，除缘天地、宗庙、陵寝供献所须外，余并罢贡。

一自崇宁以来，州县困乏，抛买上供纲运，取办民力，或以和雇为名科差乡夫般担挽运，极为搔扰，自今后并不得以和雇为名科借乡户以代兵役，州县故违或监司强抑州县应副者，并许人户越诉，当议重行窜黜。

一应监司州县违法赋敛，涉于掊克或科配代买物色，实有扰害，及应干民间疾苦事件，并许中外臣庶详具利害，经所属官司陈述缴奏，或诣阙投进，当议考察，改正施行。虽语言诋讦，亦不加罪。[①]

该赦书对社会积弊的纠正主要集中在对地方路州县官员的约束，针对地方财政中出现的违法问题，对官员加以督促、申饬。高宗即位赦书中这类以赦书重申法令的内容在徽宗时期已经出现。如徽宗政和六年（1116 年）冬祀赦条文：“勘会累降指挥及严立法禁，诸路州县不得科配、率敛、差顾、假借什物、制造纽折之类，及租赋和买，不得前期催理，并和买之物须得即时支价钱。访闻州县循习既久，经赦犹未尽革。仰监司点检，速行改正。所有不即支给价钱，仍互相按劾以闻，违者徒三年，许人告，吏人配千里。”[②] 由于未能见到徽宗时期的完整赦书，不能确定此类型赦文在整个赦书中的比例，但为高宗即位赦书提供了确切范文。

高宗时期纠正社会积弊的赦文与徽宗时期出现的此类赦文句式相近，“约束”含有限制、管制的意思。赦书的约束性内容是指中央针对地方州县行政、司法、财政征收等方面存在的问题，通过赦书对有关部门提出整改要求，确保中央相关法令在地方得到执行，使有关政策能够落地生根。这些约束赦文好像为我们重现了当时的社会情况，每条赦文申饬了一种社会弊病。通过赦文，能够清楚地了解当时急需解决的和社会存留的所有问题，把地方行政弊端刻画得淋漓尽致。可以说这些赦文是对宋代地方治理形势的总结。

值得注意的是，宋代约束赦文的宣布及约束对象为州县官吏，以前赦书推恩面对的是全国百姓，直接对百姓宣布某种恩典。而从宋代约束赦文看，虽然也是惠及百姓的政策，但其宣布对象转变为对地方州县官员的约束，以约束地方官吏来实现推恩百姓。赦书话语对象的变化，是赦书性质变化的显著标志，即由推恩百姓之文书转变为对州县的行政命令。行政命令是指对政策执行者的约束，规定了行政主体应该和不应该的行为，是对行政主体的一种强制性行为，宋代赦书已经具备了行政命令的特征。

约束赦文北宋中后期开始在赦书中出现，南宋时期在赦书中大量增加。这类约束赦文多集中于经济和司法两个方面。其中经济方面的规定

① （宋）徐梦莘：《三朝北盟会编》卷 101，建炎元年五月一日庚寅，上海古籍出版社 1987 年版，第 742–748 页。

② （清）徐松辑：《宋会要辑稿》刑法 2 之 67，中华书局 1957 年影印本，第 6529 页。

在赦书中所占比例又超过司法方面的规定。约束赦文在唐代中后期已经初具雏形了，魏斌的《晚唐大赦申禁职能研究》一文就是专门针对唐代中后期赦书中的这种趋势进行探究，他所谓的申禁是指立法制、行禁令。唐代中后期，顺应政治形势的变化，赦书中的申禁职能出现并发展，如建中元年（780年）正月南郊赦书中出现的申禁条文："自艰难以来，征赋名目繁杂，委黜陟使与诸道观察使、刺史作年支两税征纳。比来新旧征科色目，一切停罢。两税外辄别率一钱，四等官准擅兴赋，以枉法论。"唐顺宗即位赦书中申禁条文："天下诸州府，应须夫役车牛驴马脚价之类，并以两税钱自备，不得别有科配，仍并依两税元敕处分，仍永为恒式。不得擅有诸色榷税。……应缘宫市，并出正文帖，仍依时价买卖，不得侵扰百姓。……百司及在城诸使息利本钱，征放多年，积成深弊，内外官料钱职田等厚薄不均，两税及诸色榷税，钱物重轻须有损益，并宜委中书门下与所司商量，具利害条件以闻。不得擅有闭籴禁钱，务令通济。"①

唐代的申禁赦文已被唐史学界关注。关于这一课题已产生两篇博士学位论文。在唐代赦文已有研究成果的基础上，这里对唐代申禁赦文与宋代约束赦文作一比较。二者最明显的区别有两点：一是宋代约束赦文在赦书中数量较多，特别是在南宋时期；二是宋代约束赦文约束对象明确，多为地方路、州、县官员。

二、南宋赦书内容的变化过程及特点

与北宋时期赦书内容增多缓慢的特点相比，南宋赦书有两个较为明显的变化特点：第一，赦书中约束赦文增加迅速并且条文内容对社会积弊的申饬细致化，每种社会违法行为都被具体化为细致条款。赦书条款之间独立性增加。第二，南宋赦书中出现了连续对某一社会积弊重复约束的情况，并且这种情况逐渐增多。

（一）南宋赦书约束内容的增多

南宋赦书保存完整的也不多，《宋会要辑稿》中收录的多为即位、南郊或明堂等大赦赦书的条文，而即位赦及南郊、明堂大礼赦是宋代覆盖范

---

①（宋）宋敏求编：《唐大诏令集》卷2《顺宗即位赦》，商务印书馆1959年版，第10页。

围最广、赦免力度最大的赦宥类型，这里对赦书内容的分析就以这些大赦赦书为基础。

任何事物的变化都有一个量变的过程，当量变积累到一定程度，其质变的发生往往需要一个介质去促成，而南宋高宗建炎元年（1127年）五月一日即位赦书就具备了质变的条件。一方面，金人扶持的张邦昌伪政权颁布的赦书激化了南宋赦书的改变；[①] 另一方面，北宋晚期赦书内容的变化也影响了高宗即位赦书的制定。南宋初年，经历了北宋灭亡和南宋初肇颠沛流离的宋高宗，对内采取了施恩百姓的赦宥内容，不仅宽大处理了张邦昌等政治犯及其他一些违法罪犯，对普通百姓的推恩也扩大，其临时处置社会问题的内容更为繁多。整个赦书正文6000多字，共87条赦文，[②] 奠定了整个南宋赦书内容扩大的基调。这次赦书事实上成为南宋赦书内容膨胀的开始。

对于即位赦书的内容及赦免力度，当时官员是有论奏的。李纲在建炎元年（1127年）六月留身奏事时议论说："今登宝位赦书，一切比附张邦昌伪赦，非是，宜改正以法祖宗。"[③] 朱胜非《秀水闲居录》云："主上登极恩视前为厚者，不欲令赦恩薄于伪赦故也。"[④] 可以说，高宗即位赦除了继承北宋末大赦变化之外，金人扶植张邦昌发布的伪赦对高宗制定赦书的影响并不可小觑。正是这个伪赦书激化了南宋赦书内容的质变。此后，已经增加的赦书内容很难再被减少。笔者未见南宋完整的大礼赦书，但是绍兴二十五年（1155年）南郊赦书的条文数目却有记载，达到九十三条。[⑤]

南宋赦书在内容增加的同时，约束赦文也继续存在并发展。我们以光宗绍熙五年（1194年）九月十四日明堂赦书（此时宁宗已即位，未改元）

---

① （宋）李心传：《建炎以来系年要录》卷3，建炎元年三月丁未日，中华书局1988年版。张邦昌发布的大赦赦书内容繁多，赦文内容有1000字左右，但赦书中多为政事的临时处置政策，约束内容不多。

② 戴建国认为此次大赦共73条内容。见《唐宋大赦功能的传承演变》，《云南社会科学》2009年第4期。

③ （宋）李心传：《建炎以来系年要录》卷6，建炎元年六月庚申，中华书局1988年版，第143页。

④ （宋）李心传：《建炎以来系年要录》卷4，建炎元年四月丁亥，中华书局1988年版，第113页。

⑤ （宋）李心传：《建炎以来系年要录》卷170，绍兴二十五年十一月丙辰，中华书局1988年版，第2776页。

为例。

鞫狱差官，自有起发条限，近来被差官，往往推避迁延。今后应监司州军差官推勘公事，须管督责照条限疾速起发，不得推避，如有稽滞，仰所差官司按劾。（自后郊赦并同。）

刑狱翻异，自有条法，不得于词外推鞫，其干连人虽有罪而于出入翻异称冤情节元不相干者，录讫先断。近来州郡恐勘官到来，临期勾追迟缓，却将干证人尽行拘系，破家失业，或至死亡。可并令释放着家知在，如违，许被拘留人经监司陈诉。（自后郊赦并同。）

今来赦文宽恤事件，仰监司督责郡县，自赦到限一季，将遵行过名件结罪申奏。或故违隐而不举，令御史台弹劾闻奏。

诸路盐场，昨缘不依时支散本钱，及有克减，以致额不敷，仰诸路提举司遵守，累降指挥约束，如有违戾，将当职官吏按劾以闻，许亭户越诉。（自后郊祀、明堂赦并同。）

访闻州县有将人户计口抑卖食盐，甚违法意。可令禁司觉察禁戢，如有违戾按劾施行。（自后郊祀、明堂赦并同。）

官司辄立茶盐铺，虚给帖子，均科人户，勒令赍钱，越铺缴纳，未尝支给茶盐，显是违法科抑，仰提举司及诸州主管官严行禁戢，许人户越诉。（自后郊祀、明堂赦并同。）

都茶场昨自乾道六年以后节次给降茶引，赴江西州军出卖，拘钱起赴行在。访闻州军发卖迟细，多是赊卖与铺户等人，今经日久，往往流移贫乏，见令州县偿纳，仰将绍熙元年终以前年分未纳茶引将数，特与除放。仍仰提举司觉察，如有违戾，按治施行。（自后郊祀、明堂赦亦同，惟所放年分有差。）

州县应捉获私茶合解所在税务合同场，自合用心措置，召人请买。访闻积压陈损，多是科抑行人铺户，或令栏头认数出卖，拘收价钱，追扰监系，可日下尽行除放。（自后郊祀、明堂赦并同。）

在法，违欠茶钱止合估欠人并牙保人物产折还，即无监系亲戚填还及妻已改嫁尚行追理之文，昨令户部申严行下，许人越诉。（自后郊祀、明堂赦并同。）

押纲官违法借贷官钱收买货物，致被拘留，勒同梢工等填纳，深虑无所从出，可自赦到日，仰将所拘物货先次估卖，如有移用破毁者，亦与估价出豁，止据未足钱数行下元起解官司，照应已降指挥发补。（自后明堂、郊祀赦并同。）

两浙江淮等州县，间有水旱灾伤去处，已降指挥存恤外，尚虑民户流徙未能复业，或有贫乏不能自存之人，仰监司照应累降指挥，更切体访，优加存恤，毋致违戾。（自后郊祀、明堂赦亦如之。）

在法，病人无缌麻以上亲同居者，厢耆报所属，官为医治。访闻店舍寺观，避免看视，更不闻官，往往赶逐出外，及不令安泊，风雨暴露，因而致毙，可令州县多方措置存恤，依条医治，仍出榜乡村晓谕。（自后郊祀、明堂赦亦如之。）

在法，诸州每岁收养乞丐，访闻往往将强壮慵惰及有行业住家之人，计嘱所属，冒滥支给，其委实老疾孤幼贫乏之人，不沾实惠。仰今后须管照应条令，从实根括，不得仍前纵容作弊。其临安府仁和、钱塘县养济院，收养流寓乞丐，亦仰依此施行，不得徒为文具，如有违戾去处，仰提举司干司觉察，按治施行。内有军人拣汰离军之后，残笃废疾不能自存在外乞丐之人，仰本军随营分措置收养，毋致失所。（自后郊祀、明堂赦亦如之。）

在法，盗耕官田给与首者。访闻两淮州军民户见耕种田土，往往多被流移人户告首，冒占顷亩，意要规图得业，以致词讼不绝，淮民不得安业，今后若实有宽剩地段，仰州县分明出榜，限三月许令人户自首就佃。（自后郊祀、明堂赦亦如之。）

旧法，僧道年六十以上及笃废残疾者，本身丁钱听免，续降指挥，僧道七十以上及笃废残疾，本身丁钱并特放免。近来给降度牒，披剃稍多，自合将所收免丁钱尽数发起。访闻州郡将合入老僧道，不行依法放免，仍旧照额复行拘催，以致被害，深可怜悯。可令州军照逐岁僧道丁籍实数拘催，仍令提刑司常切觉察，毋致违戾。（自后郊祀、明堂赦亦如之。）

广南东西路民间有曾祖父母存或祖父母年已六十而身未成丁之人。访闻州县便行科纳，谓之挂丁钱，已令监司约束，或有违戾，委帅臣互察以闻。（自后郊祀、明堂赦亦如之。）

州县役钱，逐年均敷，皆有定数。访闻诸路提举常平司，却以余剩为名，抑令县道添认作余剩钱解发公库，以资妄用。县道无所从出，不免科配于民，委是违法，合行禁约，如有违戾，许监司互察，仍令人户越诉。（自后郊祀、明堂赦亦如之。）

在法，大保长愿兼户长者，轮催纳税租，一税一替，欠数者后科人催，兼催科自有省限，辄勾追催税人赴官比磨，将逃亡倚阁税赋抑令陪备输纳官物，以至破家荡产，深可怜悯。仰监司常切觉察，如有违戾去处，按劾以闻。如监司失于举觉，亦重置典宪，许被扰人户越诉。（自后郊祀、明堂赦亦如之。）

已降登极赦，人户输纳绸绢、斛斗之属，既名纳官，法不收税。访闻州县场务过有邀求，绸绢则先收纳绢税钱，斛斗则先收力胜钱，循习成例，重为民害。仰转运司严行禁戢，仍许人户越诉。尚虑州县奉行灭裂，可自赦到日，委诸路监司严切体访，如有违戾去处，按劾闻奏。（自后郊祀、明堂赦亦如之。）

催科自有省限，州县往往不遵条法，先期预借，重叠催纳，以致多出文引，非理追扰，或勒令保长代纳，于受纳之际密令合干等人多端阻节作弊，倍加斗面，非理退换，洎至纳足，不即给钞。仰监司严切觉察，如有违戾，按劾奏闻，仍许输纳民户赴监司陈诉。（自后郊祀、明堂赦亦如之。）

坍江田土，昨降指挥委官覆实，其山乡边溪，亦有被水冲决堆注沙碛未堪耕作田亩。访闻州县依旧催理税赋，委是无所从出，可令逐路转运司疾速选委清强官覆实，如见得不堪耕作，分明即与照数先次倚阁，次第结罪保明申尚书省，当与除豁。如有将来可以兴复去处，仰照应见行条法指挥施行。（自后郊祀、明堂赦亦如之。）

已降登极赦文，人户输纳秋苗，其起纲脚耗，旧有定数。访闻州县于正数之外加量斛面增收，点合名色至多，重为民害。可令诸路转运司严切禁止，如有违戾，许人户越诉，仍委诸司互察，尚虑奉行不虔，仰转运司更切严行禁止，毋致违戾。（自后郊祀、明堂赦亦如之。）

人户夏税和买绸绢，内绸合纳本色二分，折帛钱八分，绢合纳本色七分，折帛三分。访闻州县却侵本色分数，多敷折帛价钱，又不许人户依已降指挥以钱会中半输纳，间有折纳银两，重困民力。委转运司多出文榜晓示，如有违戾，即行按劾，仍许人户越诉。

民间合纳夏税秋苗，见行条法指挥并已详备。访闻州县不遵三尺，往往大折价钱，致令人户艰于输纳，并将畸零物帛高估价直，却往他处贱价收买，以图剩利，显属违戾。可令监司觉察，仍许人户越诉。（自后郊祀、明堂亦如之。）

应典卖田宅，如税契违限及契内减落价钱合倍税者，可自赦到，并限百日许令自陈改正，投纳契税，与免倍输。

访闻湖、广等处州县杀人祭鬼及略賣人口，并贫乏下户往往生子不举，条法禁约非不严切，习以为常，人不知畏。可令守令检举见行条法，镂板于乡村道店、关津渡口晓谕，许诸色人告捉，依条施行。仍仰监司严行觉察，毋致违戾。

州县民户词诉已经朝省监司受理，行下所属州县追究定夺之类，往往经涉岁月，不与断理，使实负冤抑之人无由伸雪。仰诸路监司催促，限一月依公结绝。如仍前迁延，许人户越诉。将当职官吏重作施行。（自后赦并同。）

应命官在贬所物故，可自今赦到日，仰所在州军勘检诣实，许令从便归葬讫，保明具申省部。若元犯事理重者，申取朝廷指挥。

勘会在狱病囚，官给药物医治，病重责出，自有成宪。深虑州县循习苟简，不与救疗，及不照条责出，因致死亡，仰监司、知通常切觉察。（自后郊赦并同。）

勘会保正副长条止掌烟火盗贼桥道等事，访闻官司敷用一切取办，如差葺材料，差顾夫力，至于勒令催科，并是违法。仰今后州县遵守条令，不得泛有科扰，如违，许充役之家越诉，仍仰监司按劾闻奏。

已降登极赦文，归正、归朝、归明、忠顺等官，不以绍兴三十一年前后合得添差任数已满之人，念其忠义来归，理合优恤，可特更与添差前任一等不厘务差遣一次。仍令本州按月帮支合得请给，尚虑州军奉行灭裂，不即按月支给，致有拖欠，恐失朝廷优恤之意，仰监司常切觉察。

川广纲马，沿路自合预办草料。访闻州军临时科敛百姓及差夫采斫青草，仰转运司行下州县，并支见钱收买，不得非理科扰。令提刑司觉察，如有违戾，按劾以闻，仍许被扰人户越诉。（自嘉泰三年至嘉定十四年南郊明堂赦并同。）①

宁宗绍熙五年（1194 年）九月明堂赦书的约束条文比高宗时期的大幅增加，这种情况在孝宗、光宗朝普遍存在。由于史料存留原因，南宋理宗以后的赦书未见具体内容，不敢妄自议论，这里对南宋赦书的研究年限以宁宗朝为止点。

这些约束赦文集中处理了一些当时严重的社会问题，如司法、经济等领域中一些不合乎法律规定的现象，并且这些条文的约束对象仍主要是州县。从赦书的具体内容来看，每条赦文的内容都很细致，对各种社会积弊都进行了约束与督促。如论及盐法时约束诸路盐场不得克减并要依时支散本钱；州县不得计口抑卖人户食盐；州县不得违法科抑茶盐。论及赋役征收时，约束州县不得便行科纳挂丁钱；州县不得添征役钱余剩钱；州县不得抑令催科人赔纳逃亡倚阁赋税；禁止州县征收纳绢税钱、力胜钱；禁止州县重叠催纳、非法倍加斗面及纳税不即给钞；禁止州县增加起纲脚耗；禁止州县多敷折帛价钱及非法折变价钱等。盐业和茶业内容对于违法行为的约束禁止规定也很具体。关于整顿盐业的内容有 3 条，涉及诸路盐场不按时支付或者克减本钱、州县计口抑卖食盐、地方盐铺违法科抑食盐；整顿茶业的内容有 5 条，涉及地方茶铺通过虚给帖子违法科抑、免除州县替铺户赔偿的茶引钱、州县捉获私茶的处置、违欠茶钱的追讨原则等问题。这些细致的条文说明，朝廷在制定赦书时已经很清楚地方所存在的问题，希望通过细致的赦书条文对州县达到约束禁止的目的，并期待监司发挥应有的监察作用，监督州县认真执行赦书。然而，赦书的下一个特点，即赦书的重复约束反映了朝廷的期望落空，不得不无奈地重复下发约束条文。

据禹成旼研究，唐代赦书的新特点是“赦文不仅在司法上起作用，而且在立法上起作用”。② 唐代很多赦文直接行使了立法功能。宋代赦文只是向地方官府重申法律规定，并督促他们在行政时依法行事。赦书申饬内

① 赦书中的条目来自于《宋会要辑稿》各个门类中，每个条目的出处与页码本文将在附表 A-6 中注明，在此就不再单个注释。

② 禹成旼：《唐代赦文研究》第 78 页“结论”，北京大学博士学位论文（2002 年）。

容起到的作用及地方对赦书的具体执行情况详见第四章。

（二）南宋赦书中重复约束情况

南宋赦书在增加约束内容的同时，也出现了另外一种情况，即赦书条文对某种社会弊病重复约束。这种情况从《宋会要辑稿》中的南宋时期赦文直接反映出来。《宋会要辑稿》在编纂时是以“丰富的第一手材料为依据”，“全面而系统地将有关政务的政治、经济、文化资料编集起来”，具有“档案汇编的性质”。[①]《宋会要辑稿》编修过程中，不仅参考了《日历》《实录》《国史》等史料，“更重要的是调集诏令”。[②] 这其中当然也包括每次下发的赦书。由于宋代赦书的保存不像唐代赦书那样完整，我们只能依靠仅有的《宋会要辑稿》。这是在史料缺乏情况下的无奈之举。

根据笔者所辑录的赦书内容来看，南宋赦文中重复约束的内容很多。如上面举的宁宗绍熙五年（1194 年）明堂赦书。在这些约束赦文中，大多数都注明了“自后郊祀、明堂并同”，说明这些已经成为南宋赦书的固定内容。

固定化的约束赦文在高宗时期就已见端倪。如高宗建炎元年（1127）五月一日即位赦文：“诸路税赋应支移折变，官司往往反覆细折，如合纳见钱，小估价直，令输绸绢，却以绸绢之直折纳丝绵，又将所折丝绵却纳见钱之类，重困民力，令转运司遵守条法，不得循袭过为掊尅。”《宋会要辑稿》收录时加入“绍兴十一年三月七日赦同此制”[③]，绍兴十一年（1141 年）的赦书中也包含有此项内容。即位赦书中的另外一项内容：“应今日以前典卖田宅马牛之类，违限印契合纳倍税者，限百日许自陈，特予蠲免，事发在限内亦准此。”该条内容又同时见于建炎二年（1128 年）十一月二十二日赦、绍兴元年（1131 年）正月一日德音、九月十五日赦、二年（1132 年）九月四日、四年（1134 年）九月十五日、七年（1137 年）九月二十二日赦。[④] 这种赦书中重复出现相同内容的情况很多，并且重复的内容不仅仅限于约束赦文，推恩内容中也有这种情况，如建炎二年（1128 年）

① 王云海：《宋会要辑稿考校》“说明”，上海古籍出版社 1986 年版，第 2–3 页。

② 王云海：《宋会要辑稿考校》“说明”，上海古籍出版社 1986 年版，第 2 页。

③ （清）徐松辑：《宋会要辑稿》食货 9 之 18，中华书局 1957 年影印本，第 4970 页；或食货 70 之 29，第 6385 页。

④ （清）徐松辑：《宋会要辑稿》食货 70 之 139，中华书局 1957 年影印本，第 6440 页。

十一月二十二日南郊赦文："应冲替命官系事理重者，与减作稍重，系稍重者减作轻，系轻者便与差遣。差替放罢者，依无过人例使臣比类施行，其缘公犯罪冲替，重降作轻，稍重者便与本等差遣。"《宋会要辑稿》收录该项内容时注明："三年二月十六日德音、绍兴元年正月一日改元赦、九月十八日明堂赦、二年九月四日彗星赦、四年九月十五日明堂赦、七年九月二十二日明堂赦、十二年九月十三日徽宗梓宫还赦、十三年十一月八日南郊大礼赦、十五年四月十二日彗星赦内差遣下增展年者与免展、十六年十一月十日南郊赦、十九年十一月二十四日南郊赦、二十二年十一月十八日南郊赦、二十五年十一月十九日南郊赦、二十八年十一月二十三日南郊赦、三十一年九月二日明堂赦并同此制。"① 共有另外的十五次赦书均包含此项内容，其中只有绍兴十五年（1145 年）的彗星赦中稍作改动。但推恩内容的重复只是赦书中的少数情况，而申饬内容的重复却一直增加。绍兴三十二年（1162 年）孝宗登极赦书中一项内容为："官司债负，其间有积年未纳之人，房债、租赋、和买、役钱及坊场、河渡等钱，截止绍兴三十年以前，并予除放，日后不得再有违欠，官司别立名额仍钱追纳者，许人户越诉，官吏并当论罪。"② 孝宗乾道元年（1165 年）正月的蠲免赦文"并循旧制，自后每三岁郊祀赦皆如之"。③ 郊祀大礼赦的蠲免内容成为惯例。

南宋赦书中赦文的重复现象也为时人所察觉，周必大在淳熙三年的《乞因久雨亲札同赦恤民札子》中说："今郊祀密迩，将来所下赦书多是循用定式。"④ 赦书中的重复内容成为大礼赦中的固定格式。

约束赦文的重复出现说明了两种情况，第一，赦文约束的事项已经成为当时不可解决的痼疾，朝廷赦书一次又一次的申饬并未能起到相应的作用。第二，赦书仅仅是中央摆出的一种试图加强对地方控制的姿态，而事实上，它对地方官府的违法行为采取了放任态度。

---

① （清）徐松辑：《宋会要辑稿》职官 76 之 38–39，中华书局 1957 年影印本，第 4114–4115 页。

② （清）徐松辑：《宋会要辑稿》《文献通考》卷 27《蠲贷》，考 260，与《宋会要辑稿》内容大致相同，为："应官司债负、房赁、税赋、和买、役钱及坊场河渡等，截止绍兴三十二年以前并除放，如别立名额追纳者，许越诉，官吏并坐之。"唯所蠲放年份不同。

③ （元）马端临：《文献通考》卷 27《蠲贷》，中华书局 1986 年版，考 260。

④ （宋）周必大：《文忠集》卷 139《乞因久雨亲札同赦恤民札子》，影印文渊阁四库全书第 1148 册，第 538 页。

从上面征引的绍熙五年（1194年）明堂赦书看，重复出现与固定化的赦文多集中在南宋经济领域，反映了南宋州县财政征收中严重的违法现象，这种情况并不是无缘无故的。赦书的制定就是对社会弊病的纠正。那么，赦书中为什么重复这些问题并且一直未能得到解决？

赦书集中针对某一阶段的社会问题进行申饬，重申法令条文，说明了这一时期地方官府未严格执行朝廷关于财政征收的规定，甚至可能采取了阳奉阴违的手段。某些社会问题在赦书中重复受到申饬，则说明这些问题在此时已经成为严重的痼疾，赦书与法律也束手无策了。而南宋时期的赦书恰说明中央无法控制地方财政上的无序状态。

第四节　宋代赦书内容变化的原因

各个朝代的赦书均有自己的鲜明特征。这种特色无疑与其所处的朝代特征相一致。任何时期的赦书内容都隐藏着该阶段的历史信息。例如，唐代赦书内容就与其政治形势相一致。中晚唐时期，随着地方割据势力对中央政令的对抗，朝廷开始凭借赦书传递国家政令，赦书相应地出现了立法制、颁命令等内容。魏斌强调："大赦申禁职能的出现与发展，就是唐王朝在应对新局面时的一种'变通'，这种'变通'实际上就是在由一种政治均衡（唐初）过渡到另一种政治均衡（北宋）的过程中，所产生的一种'权宜'。其目的就是企图在变动时局中寻找一种可能的手段，以维系政治和社会的稳定。"① 而宋代赦书的变化特征主要体现在对州县财政征收的约束，恰恰与宋代央地关系的演变息息相关。

宋代赋税征收数额一直是持续增长的，特别是到南宋，国土面积缩小近乎一半，维持庞大的官僚机构运转和军队开支，更为艰难。朝廷的这种开支只有派发给地方官府，最终转嫁到民众头上。路州县的经济在此时更是凸显为地方政务的重点。为了应对政绩考核的内容，各级官员唯财政收

① 魏斌：《唐代赦书内容的扩展与大赦职能的变化》，《历史研究》2006年第4期。

入是瞻。中央此时虽急需钱财，对地方财政实行“阶层性集权”，[①] 但为了稳定统治，又不愿放手地方增加法定之外的税额，使得地方的收入并不能满足上供的需求，所以，地方官府竭尽全力、想方设法扩大地方收入以应对中央繁重的征调。这种行为通过各种途径被中央获悉，中央力图改变这种地方财政无序的局面，于是选择在传播范围极大的赦书中集中约束这些行为，并三令五申。中央和地方开始了赦书约束与反约束的博弈。本章试图从地方财政问题入手，分析宋代赦书内容扩大的原因。

一、赦书变化的根本原因——地方州县治理形势的变化

中央加重对地方的财政征收，州县只能采取两种应对策略，或直接拒绝中央的财政征收；或违犯中央的财政征收政策，违法加重向民众的征收。而宋代并不像唐代中后期那样形成了藩镇割据，此时地方政权牢牢地被中央控制。既然不具备直接对抗中央的条件，那么地方就只能接受中央的统治，在中央奖罚措施之下，阳奉阴违地执行中央财政政策。

从宋代地方始终没有减少向中央缴纳财政收入来看，中央对地方的控制力始终没有丧失。但从中央已无法落实地方财政征收与管理政策来看，中央的阶层性集权又“在实际中也必然是一个分权的过程”。[②]

（一）北宋时期州县法外之敛的显露与赦书约束内容的出现

宋代地方财政收入分配为三份，“上供之外，留州者，逐州之所用也；送使者，转运使之所领也”。[③] 宋初，中央对地方财政控制较为松弛，能够兼顾到预留地方财政开支经费，“犹存上供之名，取酌中之数，定为年额，而其遗利则付之州县桩管，盖有深意，一则州郡有宿储可以支意外不虞之警急。二则宽于理财，盖阴以恤民”。[④] 上供与送使之后的留州财赋尚能应

---

① 包伟民：《宋代地方财政制度史研究》第三章“中央与地方财赋分配关系的演变”，上海古籍出版社 2001 年版，第 163 页。包伟民先生关于“阶层性集权”的主要观点为：在中央与地方财政分配关系中，中央以高度集权的财政政策，对地方的财政征调持续增长，并且不断增加新财政征调项目。在这种财政分配政策的影响下，“每一阶层都尽可能地将下一级的财政资源集中到自己手中。这一局面，使得宋代国家的财政控制系统呈现一种中央集权与地方内部无序的双重特征”。

② 包伟民：《汪圣铎著〈两宋财政史〉》，《历史研究》1998 年第 6 期。

③ （明）杨士奇等编：《历代名臣奏议》卷 87《经国》，影印文渊阁四库全书第 435 册，第 460 页。

④ （元）马端临：《文献通考》卷 23《历代国用》，中华书局 1986 年版，考 228。

对地方各项开支。北宋中期，随着三冗问题的发展，中央财政支出逐年增加，在经费不济的情况下，加重了对地方财政的征调。仁宗时，“自庆历时迫诸道上供入倍常岁”，[①]重新划分了中央与地方财政分配的比例。正是在此时，如上节所述，赦书中民事问题增多，但该时期赦书中只见减免民间赋税征收的内容，未见申饬州县公然违法征收财赋的内容，这说明此时中央对地方增加征调，地方州县尚能通过正常渠道应对。

神宗至徽宗时期是北宋财政问题逐渐严重的重要阶段，也是财政征收变化较多的时期。州县财政征收问题严重，出现了州县的违法征收，宋人对此议论较多。“熙宁以前，上供钱物无额外之求，州县无非法之敛。自后，献利之臣不原此意，唯务刻削以为己功。”[②]陈升之指出，从神宗熙宁时期出现了州县的非法之敛。汪圣铎先生指出：“熙、丰时期虽仅仅有十七八年，却在宋朝财政史上占有重要地位。它不但表现出与其他时期不同的许多特点，而且它还是重要的变革时期和转折时期，此后财政各方面的发展走向都可以从此时期的变动中找到初因。”[③]王安石熙宁变法时期，“州郡所入，才醋息、房园、祠庙之利，谓之收簇。守臣窘束，屡有陈奏”。[④]守臣窘束的结果只能是取之百姓，但此时州县的法外之敛尚不严重，所以赦书中尚未出现约束州县财政征收的赦文。

徽宗时期是北宋州县财政最为困难之时，非法财政征收也严重化。崇宁二年（1103年），朝廷为了督促地方增加上供，“诏令修立诸路知州、通判、令、佐任内如能尽心经画财用，应副上供及本处支使各得足备，或不能悉心营办却致阙乏，殿最赏罚闻奏”。[⑤]试图通过对州县长官的赏罚督促他们尽力营办各级官府的财用。崇宁二年十二月，中央尽收东南盐利归之中央，这对东南地方财政产生了不小的影响，“东南官卖与西北折博之利尽归京师，而州县之横敛起矣”。[⑥]随着州县横敛之起，赦书中出现了抑

① （宋）沈辽：《云巢编》卷9《张司勋墓志铭》，影印文渊阁四库全书第1117册，第617页。

② （宋）陈升之：《谠论集》卷1《上哲宗论理财》，影印文渊阁四库全书第427册，第325页。

③ 汪圣铎：《两宋财政史》，中华书局1995年版，第79页。

④ （元）马端临：《文献通考》卷23《历代国用》，中华书局1986年版，考228。

⑤ （清）徐松辑：《宋会要辑稿》职官59之12，中华书局1957年影印本，第3723页。

⑥ （元）马端临：《文献通考》卷15《盐铁矾》，中华书局1986年版，考156。

制州县横敛的内容。宣和七年（1125年），有大臣上言："访闻夏秋税赋巧立名目，非法折变。如绢一匹折纳钱若干，钱又折麦若干，以绢较钱，钱倍于绢，以钱较麦，麦又倍于钱，殆与白著无异。"[①]这与徽宗后期赦书中出现约束内容是相一致的。徽宗政和六年（1116年）的冬祀赦表明在此之前，朝廷已经"累降指挥及严立法禁，诸路州县不得科配、率敛、差顾、假借什物、制造纽折之类，及租赋和买，不得前期催理，并和买之物须得即时支价钱"。[②]但州县的这些违法行为并未得到禁止，所以不得不又在赦书中重申。事实上，我们从高宗的即位赦书可以发现，徽宗时期州县的法外之敛已经相当严重。

以上是北宋时期地方财政窘迫之下，随着州县横敛百姓情况的出现，中央对这一问题开始于赦书中进行约束。这是北宋赦书中出现约束条文的根本原因。南宋时期，随着中央与地方财政进一步恶化，赦书约束条文也进一步发展。

（二）南宋时期州县横敛的严重与赦书约束条文的发展

南宋高宗即位赦书中17条约束赦文，实际上是纠正北宋徽宗末年已经发生的积弊，赦文中屡屡出现"自崇宁以来"字样，就是指出州县问题是在崇宁以后开始严重的。而地方对北宋末期中央赦书的执行是"黄纸放白纸催"，[③]并没有执行中央的约束与蠲免内容。

南宋时期，疆域的减小与开支的增加更是加重了地方的负担。"中兴以来，朝廷之经费日夥，则不免于上供之外，别立名色以取之州郡，如经总制、月桩钱之类是也；州郡之事力有限，则不免于常赋之外，别立名色以取之百姓，如斛面米、头子钱之类是也。"[④]朝廷巧立名目以经总制钱、月桩钱的形式向地方增加征调，地方州县就别立名目向百姓征夺，正所谓"户部督州郡，不问额之虚实；州郡督县道，不问力之有无；县道无所分责，凡可凿空掠剩，贼民而害农，无所不用"。[⑤]这种层层剥夺的行为最终只能导致

① （清）徐松辑：《宋会要辑稿》食货70之28，中华书局1957年影印本，第6384页。

② （清）徐松辑：《宋会要辑稿》刑法2之67，中华书局1957年影印本，第6529页。

③ （清）徐松辑：《宋会要辑稿》食货63之1，中华书局1957年影印本，第5987页。

④ （元）马端临：《文献通考》卷24《历代国用》，中华书局1986年版，考238。

⑤ （宋）黄震：《黄氏日抄》卷67《范石湖文》，影印文渊阁四库全书第708册，第617页。

财政政策的破坏。诚如汪圣铎先生所言："随着财计的恶化，财制上的集权越来越厉害，封建国家越来越着力严密控制地方财计入出，在财赋支配权的划分上中央与地方的比例越来越不合理，地方的财计比中央的财计更加困窘不堪，管理的混乱更加难以控制。"①

地方为应付上供、送使之额及地方经费开支之需，不得不另辟蹊径，转向民间征收，各种名目的征调层出不穷。绍熙元年（1190 年），左谏议大夫何澹等人上奏："如总制，如月桩，如折帛，如降本，如七分坊场、七分酒息、三五分税钱、三五分净利、宽剩折帛钱，僧道免丁钱之类，则绍兴间权宜创置者也。如州用一半牙契钱、买银收回头子钱、官户不减半役钱、减下水脚钱之类，几一百万，则又乾道间权宜创置者也。如经制并无额钱、增收窠名之类，则绍兴间因旧增添者也。如添收头子钱、增收勘合钱、增添盐袋钱之类，凡四百余万，则又乾道间因旧增添者也。"②

以上列举的这些名目有些是中央为解决财政危机新创的征收项目，有些是对本属于地方财赋的巧取豪夺。但无论以何手段，这些征收都是法律规定允许的。

州县的正额财政收入均已被中央征调，其自身的行政运转所需之费用尚需解决，于是，州县只能采取非制度化手段，暗自向民众增加征收。绍兴元年（1131 年），朱胜非宣抚江湖三路，"首访民瘼，皆云正税之外科条繁重，乃令民间陈其色目，税米一斛有输及五六斛，税钱一千有输及七八千者，如所谓和籴米与所输正税等而未尝支钱，他皆类此"。③南宋初即已出现严重的征收弊端。例如，增收加耗成了支撑州县财计的重要手段，"令知耗之不可或无也，思之曰：'一郡之用既有资于所纳之耗，则吾之邑是无耗尤不可也。逮夫正米之纳也，既加其耗而益之，耗米之纳也，又多其量而受之'"。④加耗对于州县财政的作用我们从下则材料可以看出，"本邑苗米额管六万二千石，除二千石不可催，实管六万石。每年起纲

---

① 汪圣铎：《两宋财政史》，中华书局 1995 年版，第 188 页。

② （清）徐松辑：《宋会要辑稿》食货 56 之 65–66，中华书局 1957 年影印本，第 5805 页。

③ （宋）李心传：《建炎以来系年要录》卷 42，绍兴元年二月乙酉，中华书局 1988 年版，第 768 页。

④ （宋）袁说友：《东塘集》卷 9《论苗赋当平疏》，影印文渊阁四库全书第 1154 册，第 252 页。

及马谷共管六万三千石，军用五千石，县用六千石，此已是七万四千石米矣。又要贴水脚钱二万贯、春衣一万贯、半年版帐二万，共五万贯，皆是将苗米折价，须二万五千苗方折得许多钱。如此，乃是十万石苗矣。故每石加耗等共收一石七斗，县计方足。江西一路皆然，不但此邑为然也”。[①]畸零的征收也成为南宋县计不可或缺的收入，“诡名多则畸零多，畸零多则为县道之利，上司州郡配抑县道，县道出无所从，全仰于畸零”。[②]南宋中晚期的财政事实上已经步入了无可救药的地步。

宋代对于州县这些非法之敛并非熟视无睹，朝廷明令禁止这些行为，“在法受纳，应纳数外辄收羡余，或辄他用，及非法擅敛，并有断罪条法”。[③]《庆元条法事类》中对州县的各种违法征收都有相应的处罚条贯，如“诸纳租税辄法外增数者，一升、一束以上加本罪一等，辄他用者，又加一等”。“诸人户税租，应纳数外辄收羡余者，杖八十。”[④]“诸非法擅赋敛者，以违制论。科买折纳而反复纽折（如以绢折麦，以苗折糯，其所敷麦、糯而过苗绢时直之数，及已折麦、糯，却再纽纳价钱者，皆是。）或别纳钱物过为掊剋者，徒二年，并许被科抑人户越诉。”[⑤]但是，这种法规在地方财政危机下形同虚设，并未能起到令行禁止的作用。朝廷对于这种情况也已无可奈何，“财不办则病官，财必办则病民”。[⑥]只有在不断增加对地方征调的同时，累降指挥及下发赦书约束州县的行径。

包伟民先生指出：“宋代——尤其到北宋后期与南宋时期，由于地方岁计不足，中央已无从约束地方落实相关（赋役征敛、财政管理等）制度。”[⑦]特别是在南宋时期，州县财政征收已处于一种无序状态，中央出于对地方上缴财政的依赖，对此已无能为力。既然法令已不能起到约束州县

---

① （宋）黄榦：《勉斋集》卷5《与李敬子司直书》，影印文渊阁四库全书第1168册，第57–58页。

② （清）徐松辑：《宋会要辑稿》食货70之90，中华书局1957年影印本，第6415页。

③ （清）徐松辑：《宋会要辑稿》食货10之13，中华书局1957年影印本，第4983页。

④ （宋）谢深甫监修，戴建国点校：《庆元条法事类》卷47《受纳租税》，黑龙江人民出版社2002年版，第617页。

⑤ （宋）谢深甫监修，戴建国点校：《庆元条法事类》卷48《支移折变》，黑龙江人民出版社2002年版，第657页。

⑥ （宋）章汝愚：《群书考索》续集卷37《不应以财赋责守令》，影印文渊阁四库全书第938册，第466页。

⑦ 包伟民：《汪圣铎著〈两宋财政史〉》，《历史研究》1998年第6期。

的作用，朝廷为了社会的稳定，不出现官逼民反的局面，只有通过赦书进行督促。如上书绍熙五年（1194年）明堂赦文，“人户夏税和买绸绢，内绸合纳本色二分，折帛钱八分，绢合纳本色七分，折帛三分。访闻州县却侵本色分数，多敷折帛价钱，又不许人户依已降指挥以钱会中半输纳，间有折纳银两，重困民力，委转运司多出文榜晓示，如有违戾，即行按劾，仍许人户越诉”。[①]“民间合纳夏税秋苗，见行条法指挥并已详备。访闻州县不遵三尺，往往大折价钱，致令人户艰于输纳，并将畸零物帛高估价直，却往他处贱价收买，以图剩利，显属违戾，可令监司觉察，仍许人户越诉。（自后郊祀，明堂亦如之。）”[②] 这些赦文都反映了当时州县财赋征收中的弊端。赦书要求州县遵行现行条法指挥，并允许民户向监司越诉。但民户越诉的实际效果又如何呢？“民甚苦之，或诉之使家，使家以问州家，则州家之辞曰：‘二税之初，有留州，有送使，有上供。州家、使家有以供用，故不必多取于民。今二税悉为上供，州家有军粮，有州用，有官吏廪稍，不取于民，则何所取之？……’使家无以处此，遂亦纵而弗问。由是取之无艺，而暗合、斛面等名目，不可胜穷。”[③] 因现实财政困难的存在，监司对州县的违法征收是“纵而弗问”，民户向监司的越诉并未能起作用。赦文后的“自后郊祀、明堂亦如之”，也说明了这种情况并没有因为赦书的督促而得到改善。地方财政征收已经到了无法控制的局面，所以每次赦书中都出现了此类条文，但形同具文。

上节列举的赦书约束条文，就是在这种情况下出现并发展的，约束性条文不仅包括州县赋役的征收，还有对地方其他财政制度的约束。如上述绍熙五年（1194年）明堂赦书对地方征收在朝廷收入中占很大比例的茶盐征榷中的违法行为的约束，规定：“诸路盐场，昨缘不依时支散本钱及有尅减，以致额不敷，仰诸路提举司遵守累降指挥约束，如有违戾，将当职官吏按劾以闻，许亭户越诉。（自后郊祀、明堂赦并同。）”[④]“访闻州县有将人户计口抑卖食盐，甚违法意，可令禁司觉察禁戢，如有违戾按劾

① （清）徐松辑：《宋会要辑稿》食货70之85，中华书局1957年影印本，第6413页。
② （清）徐松辑：《宋会要辑稿》食货70之85，中华书局1957年影印本，第6413页。
③ （宋）陆九渊：《陆九渊集》卷8《与张春卿书》，中华书局1980年版，第105页。
④ （清）徐松辑：《宋会要辑稿》食货28之45，中华书局1957年影印本，第5301页。

施行。（自后郊祀、明堂赦并同。）”[①]“在法，违欠盐钱止合估欠人并牙保人物产折还，即无监系亲戚填还，及妻子改嫁尚行追理之文，昨令户部申严行下，许人户越诉。（自后郊祀、明堂赦并同。）”[②]“官司辙立茶盐铺，虚给帖子，均科人户，勒令赍钱，越铺缴纳，未尝支给茶盐，显是违法科抑，仰提举司及诸州主管官严行禁戢，许人户越诉。（自后郊祀、明堂赦并同。）”[③]

通过以上分析我们可以发现，宋代赦书内容变化的过程，特别是赦书中约束内容的出现与发展过程，是与宋代州县财政状况逐渐恶化的过程相一致的。北宋中期的仁宗朝开始，地方财政出现紧张情况，赦书中的民事内容开始增多。神宗朝，中央加大对州县财政的征调，州县开始出现非法之敛。这种非法之敛在徽宗朝达到极致，赦书中对州县财政征收的约束条文因此出现。南宋初期，高宗即位赦书对徽宗时期的社会弊病集中约束禁止。但是，南宋从一开始就出现的财政危机一直笼罩整个南宋始终，庞大的开支使得南宋只能增加对州县财政的征调，新增了许多征收名目。州县为了维持政权的运转，唯有违法加大对百姓的搜刮，造成地方的非制度化财政征收倾向。此时，约束内容在赦书中成为主流并固定化，但对地方财政征收的无序并未起太多的约束作用。

宋代财政形势的变化导致赦书内容的转变，使赦书从“涤荡瑕疵、与民更始”演变出“行禁令”的功能。而宋代实行的阶层性集权的财政政策令地方因困窘大开法外之敛，造成州县财政征收的混乱。宋代赦书内容的扩展是对社会形势变化的渐进式反馈与调整，是对社会出现矛盾的补救，以缓和新矛盾。

二、赦书内容变化的重要原因——宋代赦书制定的惯例

邓小南先生在《祖宗之法——北宋前期政治述略》一书中认为，传统帝制时代，朝廷行政的运作方式对“故事”具有很强的依赖性。这种“故

---

① （清）徐松辑：《宋会要辑稿》食货 28 之 45，中华书局 1957 年影印本，第 5301 页。

② （清）徐松辑：《宋会要辑稿》食货 28 之 45，中华书局 1957 年影印本，第 5301 页。

③ （清）徐松辑：《宋会要辑稿》食货 28 之 45–46，中华书局 1957 年影印本，第 5301 页。

事”即以往惯例，包括成文的和不成文的。[①]而宋代赦书对以往赦书具有很强的因循性，法祖宗是赦书制定之初约定俗成的规则与习惯，是对以往行政及社会经验的一种继承，赦书制定中“萧规曹随”式的循祖宗旧典的处理办法体现了我国古代行政的文化传统。这个原因也是宋代赦书制定的原则之一。本书拟在第三章“宋代赦书的制定与颁布”一章论述。

宋代赦书内容的变化也非常遵循祖宗治国方略与理念。这对赦书内容的变化起着导向作用。朱熹曾经说过：“自祖宗以来，多尚宽仁”[②]，在这种原则之下，宋代赦书制定遵循的祖宗之法并非简单的因循相袭，而是在原则的基础上，对以往成规不断地调整与补充。如绍兴二十五年（1155年）十一月南郊赦，执政进呈赦书副本九十三条，高宗曰：“依前郊体例还有增改否？”参知政事董德元奏：“今所进本除依前赦外增改十八条、新添二十三条。”高宗曰：“民间利害，宜讲究详备，务在宽恤，无所冤滥。”[③]这种前朝惯例对后来皇帝的政策、决策产生了实际的影响，成了赦书制定的参照标准。宋代的赦书不仅要遵循以前的惯例，还要在宽仁思想的指导下增加新的内容，使之更符合法祖宗的理念。

在中国传统治理体制中，中央集权与地方治理之间有时也存在着深刻矛盾，这使常规的治理体制对某些社会问题力不从心。比如赦书中常见约束赋税征收、司法整治等内容，说明正常的中央的州县治理已经受到深刻挑战，组织失控。大赦则采取大张旗鼓、制造声势等方式，试图克服体制治理无力的问题，将国家对基层行政的集中整治信号传递到各个部门和普通民众。但长期使用这种运动式治理的效果，往往仪式感强于实际。特别是南宋时期，很多赦书的约束内容重复出现、赦书内容篇幅不断膨胀，都反映了赦书治理最终陷入痼疾难除的境地。

三、赦书内容变化的条件——大礼赦的固定化及频繁肆赦

宋代赦宥制度最重要的特点就是大礼赦的固定，这在一定程度上也

---

① 邓小南：《祖宗之法——北宋前期政治述略》第一章“家法与国法的混溶”，三联书店2006年版，第27页。

② （宋）黎靖德：《朱子语类》卷133《盗贼》，中华书局1986年版，第3185页。

③ （宋）李心传：《建炎以来系年要录》卷170，绍兴二十五年十一月丙辰，中华书局1988年版，第2776页。

是宋代频赦的原因之一。宋代大礼赦包括南郊赦及明堂赦，它与非次赦相对应，主要特征是有固定的发布时间。

大礼赦的颁布频率一般是三年一次，南郊大礼相对比明堂祭典礼仪烦琐，因经费原因，南宋时期多举行仪式相对简单、耗费相对较小的明堂赦。两宋时期，共颁布南郊赦 59 次，其中，北宋 40 次，南宋 19 次；颁布明堂大赦 48 次，其中，北宋 17 次，南宋 31 次。[①] 朝廷即可借助大礼赦广泛而固定的宣传效应，在赦书中添入约束内容，便于迅速传播。根据宋代赦书辑文可知，赦书中约束条文的固定化过程是在南宋完成的，并且往往在南郊、明堂赦书中重复。如宁宗绍熙五年（1194 年）九月十四日明堂赦书的 53 条内容中，有 42 条内容被以后的南郊赦书、明堂赦书继承。[②] 正是这种重复与继承，造成南宋赦书的内容逐渐膨胀。但从另一个角度讲，正是宋代的频赦及大礼赦的固定化，为这些赦书中约束内容的重复与继承创造了媒介和条件，使大赦内容的固定具备了可能性与可行性。大礼赦具备时间固定、颁布范围较广的特点，三年一次大赦也符合朝廷集中对社会弊端进行约束与申饬的意愿，所以说大礼赦书一直充当变化了的赦书内容的载体，并为这种变化的延续提供了条件。

宋代赦书中大量约束或申饬州县地方官府的“约束之辞”是赦书内容变化的典型表现。从北宋中期开始，首先在赦书推恩内容中衍生出纠正民间积弊的民事内容，以后逐渐增多。到北宋晚期，赦书约束内容的话语模式固定化。南宋时期，约束内容不仅大量增多，并且以往赦书中约束过的内容在历次赦书中重复出现。宋代以前的赦书多是对官员进行赏赐的内容，而赦书的“约束之辞”多是申饬地方州县官员；宋代以前的赦书在推恩百姓时多是直接面对民众，宋代却是以约束州县官员的违法行为间接推恩百姓。特别是从北宋末期到南宋时期，赦书中的约束内容又多集中在财政征收领域。赦书非常明确地指出允许民户向监司越诉，那么民户越诉的实际效果又如何呢？州县官员回答道：“今二税悉为上供，州家有军粮，有州用，有官吏廪稍，不取于民，则何所取之？”

---

① 参见本书附表 A–1《北宋大赦表》与附表 A–2《南宋大赦表》。

② 具体内容可见附表 A–6，因内容繁多，此处不再一一列举。

因存在财政困难的实际情况，监司对州县的违法征收“纵而弗问”。[①]赦文后的“自后郊祀、明堂亦如之”，也说明了这种情况并没有因为“王言”赦书的督促而改善。赦书的难以推行使时人感叹“黄纸放尽白纸催”[②]，“黄纸放白纸催”[③]，承载大赦的黄色诏书刚刚蠲免赋税，重新催理赋税的白色文书又接踵而至。

遗憾的是，因南宋时期保存完整的赦书太少，我们只能从辑出的有限赦文中观察这些变化和特点，具体到这些内容在赦书中到底占有多大比重，也无从获知。但可以肯定的是，从辑出的南宋时期的赦书来看，篇幅、内容、话语模式都与北宋初期发生了很大变化。若把赦书内容的变化置入整个宋代的时代背景中，无疑是了解宋代基层社会形势的一个重要侧面。如果把赦书内容的变化置入长时段历史看，唐宋之际的赦宥制度有典型的特点。一方面，赦宥缘由逐渐稳定，赦宥次数增多，特别是郊祀、明堂大礼赦的固定更是使大赦制度走向程序化。另一方面，赦宥内容逐渐增加，在赦书中行使立法制、行新政、申禁令的功能，成为统治者治国临民的重要手段。唐宋之际赦宥次数的膨胀、赦书内容的扩展以及赦书新内容的无从落实对后世赦宥制度的发展也带来了影响。元朝和明朝，统治者开始慎重对待恩赦制度，特别是对大礼赦次数的控制，使大赦与祭祀的关系逐渐疏离。元朝163年大赦次数52次，[④]明朝276年大赦次数52次，[⑤]与唐朝290年间大赦188次[⑥]、宋朝316年大赦次数203次相比[⑦]，经过频繁肆赦的唐宋，大赦次数重新回归理性，统治者更加注重大赦的作用。

---

① （宋）陆九渊著，钟哲点校：《陆九渊集》卷8《与张春卿书》，中华书局1980年版，第105页。

② （宋）范成大：《范成大集》诗《后催租行》，三晋出版社2010年版，第22页。

③ （清）徐松辑：《宋会要辑稿》食货63之1，中华书局1957年影印本，第5987页。

④ 参见郑鹏《元代大赦与政治关系论析》，《史学月刊》2014年第12期。

⑤ 参见宋学斌《明代大赦研究》，东北师范大学硕士学位论文（2014年）。

⑥ 参见陈俊强《皇权的另一面——北朝隋唐恩赦制度研究》第一章“恩赦的颁布与北朝隋唐的政治”，第61页。

⑦ 参见本书附表A-1《北宋大赦表》与附表A-2《南宋大赦表》。

第三章　宋代赦书的制定与颁布

文书的起草、签署和流转是行政脉络，承载着各类信息的官方文书在各个官僚部门之间的流程也是行政运作的过程。赦书是宋代文书中的一个特殊类型，属于制书的一种。围绕赦书的运作过程可以分为三个阶段，第一个阶段：赦书的制定。该过程包括赦书内容的信息来源、对信息的检讨和加工、赦书内容的起草及形成。第二个阶段：赦书的颁布。制定好的赦书从皇宫颁布到民间的过程，包括京师的宣赦、向州县的传递时间、传递途径、州县宣布于民间等。第三个阶段：赦书的执行。宋代赦书中大多数内容是推向州县民众的，而州县民众又离决策的源头最远，赦书是否能够在民间推行，其实施效果能否符合决策者的“美意”，也是值得我们关注的问题。关于赦书的执行放在下一章论述，本章所要解决的问题是赦书条目的制定和颁布。

第一节　宋代赦书的制定

宋代官方文书的流转有上行文书和下行文书之分，上行文书是指从基层或个人向中央传递的文书，下行文书是指从中央或上级机构直发地方或下级机构的文书。赦书在文书传递体系中是属于中央以皇帝名义发往地方的下行文书。赦书的制定过程包括宰执对赦书内容信息的采集、审核、分类、加工，皇帝对赦书内容的最终审定，以及任命翰林学士起草赦书首尾词等步骤。

一、制定原则

赦书的制定原则是决定赦书条目的基本准则，也是统治者遵循的总体指导思想。宋代赦书的制定原则包括四个方面：宽仁原则、法祖宗原则、尽量不与法令冲突的原则以及务实原则。

（一）宽仁原则

赦宥制度的宗旨就是赦过宥罪，所以统治者希望通过大赦涤荡瑕垢，与民更始，行宽仁之政与赦宥制度的本身含义是一致的，这是所有朝代制定赦书共同遵循的原则。宋代也一直把“与民更始”作为赦书制定的原则之一，“赦令之下也，有罪者除之，有负者蠲之，有滞者通之，或得以荫补子孙，或得以封爵祖考”。[1] 宋代为了体现其宽仁政策甚至扩大了赦宥的范围，使赦书的内容涉及社会的方方面面。

绍兴四年（1134年），中书舍人王居正言：“陛下仁恤百姓之心，形于诏旨，行于赦令。”[2] 赦书作为体现皇帝仁恤之心的工具，皇帝在制定赦书之前也往往会明确提出这一原则。真宗咸平六年（1003年）十二月二十九日，京城中午暴雷震，司天监说这是因为皇帝的仁德没有恩及黎民百姓，朝廷就开始议论改元肆赦之事，真宗召集宰相说：“此上天所以警朕也，且河北、关西戍兵未息，民人劳止，又三司、转运使率扰之事，名类实繁。大者宜即减省，小者悉蠲除之。将来改元赦书，卿等宜尽采民弊，著为条目，务泽及黎庶也。”[3] 皇祐二年（1050年）九月，仁宗皇帝因明堂肆赦对执政大臣讲述了自己对制定赦书条目的要求：“将来明堂大礼，合肆赦恩，卿等广询民间利病，著为条目，务从宽大，以称朕勤恤之意。”[4] 元祐二年（1087年），哲宗下诏敦促有关部门执行赦书时说：“明堂赦书条目甚多，皆所以宽恤下民。”[5] 绍兴十六年（1146年）十一月五日，宋高宗因居养院、安济院、漏泽园等为徽宗创立的仁政，当时漏泽园之政未实行，所以要求辅臣“宜令条具，添入十日南郊赦”。[6] 高宗绍兴二十五年（1155

---

① （明）丘濬：《大学衍义补》卷109《慎眚灾之赦》，四库全书珍本，第16页。

② （宋）李心传：《建炎以来系年要录》卷82，绍兴四年十一月辛未，中华书局1988年版，第1356页。

③ （宋）包拯著，杨国宜校注：《包拯集校注》卷3《论赦恩不及下》，黄山书社1999年版，第145页。

④ （清）徐松辑：《宋会要辑稿》礼24之30，中华书局1957年影印本，第914页。

⑤ （宋）李焘：《续资治通鉴长编》卷393，元祐二年正月壬申，中华书局2004年版，第9604页。

⑥ （清）徐松辑：《宋会要辑稿》食货60之10，中华书局1957年影印本，第5869页。

年），赵构与执政大臣的对话也体现了赦书宽恤百姓的原则："丙辰，执政进呈赦书副本九十三条，上曰：'依前郊体例还有增改否？'参知政事董德元奏：'今所进本除依前赦外增改十八条，新添二十三条。'上曰：'民间利害宜讲究详备，务在宽恤，无所冤滥。'"[①]

不仅宋代皇帝要求赦书实施宽仁政策，大臣对这种宽仁政策也有所议论。元祐七年（1092 年），苏轼上言："自二圣临御以来，每以施舍已责为先务，登极赦令、每次郊赦，或随事指挥，皆从宽厚，凡今所催欠负，十有六七皆圣恩所贷矣。"[②] 皇帝的宽厚之政被臣僚所体会并予以贯彻。司马光也说："国家素尚宽仁，数下赦令，或一岁之间至于再三。"[③] 宋代赦书的宽仁原则不仅体现在赦宥次数多，还同样体现在日益增多的恩赦内容上。

从赦书内容来看，宋代这种宽仁之政似是不断地增加，但事实上，宋代赦书的制定还是较为理性的，赦文中不断增加的只是宋代皇帝务虚的虚文。建炎三年（1129 年）闰八月，起居郎胡寅上疏说："凡干涉军需之具，日日征求，物物取办，因缘奸弊，民已不堪，乃复蠲其税租，载之赦令，实不能免，苟以欺之者，为爱民之虚文也。"[④] 统治者明明知道赦书是不能执行的虚文仍要不断扩大其内容，也是为了给皇帝博得一个表面上的仁慈，这足以说明赦书在伪善方面的意义，但无论其实质如何，宋代赦书制定过程中的宽仁原则始终是统治者标榜的。

（二）法祖宗原则

赦书的制定是宋代政治文化的一部分，而宋代的政治文化核心又是祖宗之法，所以赦书的制定也是体现法祖宗的内容之一。法祖宗的结果是宋代政策的传承和延续，这也有利于政局的稳定发展。宋代祖宗之法按邓小南先生的解释就是"一切按照既定方针办"，泛指列祖列宗建立起的治

---

① （宋）李心传：《建炎以来系年要录》卷 170，绍兴二十五年十一月丙辰，中华书局 1988 年版，第 2776 页。

② （宋）苏轼撰，孔凡礼点校：《苏轼文集》卷 34《论积欠六事并乞检会应诏所论四事一处行下状》，中华书局 1986 年版，第 958 页。

③ 《司马光集》卷 38《论不得言赦前事上殿札子》，四川大学出版社 2010 年版，第 869 页。

④ （宋）李心传：《建炎以来系年要录》卷 27，建炎三年闰八月庚寅，中华书局 1988 年版，第 538 页。

国方略和行政规范，其实际内容则事无巨细、无所不包。宋代皇帝的即位赦书都表明有遵守祖宗成宪成规的决心，皇帝与大臣们制定赦书时也会不例外地遵守成规。

邓先生在该书中也提及唐代一些赦书中敬畏及尊崇奉承祖宗的文字，到了宋代这些祖宗之法在赦书中也是经常见到，北宋各皇帝即位赦书中常用的“成规”“旧章”“遗训”等词语反映了新任皇帝对祖宗政策的敬畏与尊崇。太宗即位赦书写道：“小子缵绍丕基，恭禀遗训，仰承法度，不敢逾违。更赖将相公卿、左右前后，恭遵先旨，同守成规，庶俾冲人，不坠鸿业。”①真宗即位赦书：“先朝庶政，尽有成规，谨守奉行，不敢失坠。”②仁宗即位赦书：“凡百机务，尽有成规，谨当奉行，不敢失坠。”③英宗即位赦书：“夙奉慈颜，备闻圣训，在于庶政，悉有成规，惟谨奉行，罔敢废失。”④神宗即位赦书：“先朝之摹，具循四圣之业，虽寡德之未类，敢旧章之或坠。”⑤哲宗即位赦书：“先朝之治，必循五圣之谋，思祇率于旧章，用答扬于先训。”⑥徽宗即位赦书：“元丰诒谋，绍圣遗训，具在天下，可举而行，惟既厥心，罔敢废失。”⑦在最具代表意义的即位赦书中都表明了继承祖宗成规的决心，其内容的制定也不例外地遵循祖宗故事。

宋代皇帝的法祖宗原则并没有停留在口号上，在实际操作中也确实如此。英宗治平四年（1067年）崩，神宗即位下发赦书，其赦罪及奖赏“悉如嘉祐故事”。⑧神宗元丰八年“大赦天下如故事”。⑨哲宗元祐元年（1086年）制定明堂赦书，左司谏王严叟建议：“伏望圣慈特取嘉祐以来大礼赦书，事节最详，恩最厚者，体以为法，无削其所可施，仍增其所未备。凡今臣僚上言，并四方百姓所陈疾苦，有可行者，皆于将来赦文内推为圣

① 《宋大诏令集》卷1《太宗即位赦天下制》，中华书局1962年版，第1页。

② 《宋大诏令集》卷1《真宗即位赦天下制》，中华书局1962年版，第2页。

③ 《宋大诏令集》卷1《仁宗即位赦天下制》，中华书局1962年版，第2页。

④ 《宋大诏令集》卷1《英宗即位赦文》，中华书局1962年版，第2页。

⑤ 《宋大诏令集》卷1《神宗即位赦》，中华书局1962年版，第2页。

⑥ 《宋大诏令集》卷1《哲宗即位赦》，中华书局1962年版，第3页。

⑦ 《宋大诏令集》卷1《徽宗即位赦》，中华书局1962年版，第3页。

⑧ （宋）李焘：《续资治通鉴长编》卷209，治平四年正月戊午，中华书局2004年版，第5074–5075页。

⑨ （宋）李焘：《续资治通鉴长编》卷353，元丰八年三月己亥，中华书局2004年版，第8460页。

意以行之，使美不分于臣下，而恩一出于朝廷。及乞诏执政大臣，各陈时弊数端之要，密先以闻，修赦文日添入。庶几广陛下仁民爱物之盛德。[①]淳熙十六年（1189 年）二月，光宗受禅即位，"蠲赦条画，一依寿皇登极赦事理"。[②]光宗的登极赦也是依据孝宗登极赦制定。绍熙五年（1194 年），宁宗即位赦书的蠲放内容也是"一如淳熙十六年故事"。[③]这种前朝惯例成为后来皇帝施政的参照标准。

惯例和常规在赦书的制定中起很大的参考与比照作用，宋代号称以仁政行天下，继任皇帝也都希望在赦书推恩方面不低于前任皇帝，所以前代赦书的先例他们一般比较关注，然后在此基础上增加新的恩赏措施。

（三）尽量不与法令冲突的原则

历史上的赦书与法律的关系是很多历史与法律等专业学者关注的问题，特别是法学界对这个问题的研究更是产生很多成果。尽管宋人把赦书执行不力的原因多归于赦书与法令的冲突，但赦书的制定总体上是遵循法律规范的，特别是南宋赦书多在赦条前冠以"在法"等词语，使赦条成为对相关法令的重申和诫饬，这也是南宋赦书内容的新特征之一。如南宋光宗绍熙二年（1191 年）十一月二十七日南郊赦条内容："在法，大保长愿兼户长者，输催纳税租，一税一替，欠数者后科人催。兼催科自有省限，辄勾追催税人赴官比磨者，各有断罪条法。访闻州县人吏乡司受属，抑勒下户充催税保长，不照条限点追比磨，将逃亡倚阁税赋，抑令陪备输纳官物，以至破家荡产，深可怜悯。仰监司常切觉察，如有违戾去处，按劾以闻，如监司失于举觉，亦重寘典宪，许被扰人户越诉。"[④]这条赦文就是在重申旧法的基础上对违法行为进行按治，在催科租税时，由谁担任催税人，怎样轮流，出现拖欠现象怎么处理，催税超过时限怎么办，都有相关法令。现在存在的问题是州县将催税任务强行压于下户身上，并把一些难以催征的赋税抑令赔偿，导致这些民户倾家荡产。而赦文的内容并未抵牾法律内容，仅仅是督促州县遵照成法行事。以绍熙五年（1194 年）明堂赦

---

① （宋）李焘：《续资治通鉴长编》卷 372，元祐元年三月癸酉，中华书局 2004 年版，第 9010–9011 页。

② （元）马端临：《文献通考》卷 27《蠲贷》，中华书局 1986 年版，考 261。

③ （元）马端临：《文献通考》卷 27《蠲贷》，中华书局 1986 年版，考 261。

④ （清）徐松辑：《宋会要辑稿》食货 66 之 27，中华书局 1957 年影印本，第 6221 页。

书内容为例，笔者收集到的这次赦书共计53条赦文，其中明确重申法律规定并敦促地方官府依法行事的条款就达30条之多。其中，赦书中这类申饬约束条款比较典型的用词为："在法""已降指挥""见行条法""自有省限""条限""依例""依式""依格"等。

（四）务实原则

宋代赦书制定的务实原则特别体现在三个方面：对民间苛捐杂税的抑制、对民间欠赋官府钱物的蠲免以及赦书临时施恩的性质。

第一，宋代法律规定的赋税有定额，但地方官府的法外之敛一直是宋政府试图规范的问题。南宋时期，州县财政窘迫程度加深，而地方官府增加的非制度化的法外之敛也日益严重，为遏制这些问题，南宋赦书中一再重申禁止这些法外之敛。赦书条目的制定源于现实需要，针对的是纠正社会积弊的目的，这个问题在第二章已有所论及。

第二，宋代赦书中的蠲免内容在蠲免年限、蠲免户等、蠲免款项方面都有规定。蠲免的民间欠负多是因民户贫困而无法收缴的钱物。这部分欠负甚至会年复一年地累进增加，被征收进国家官库的概率几乎为零，所以，在赦书中蠲免这些欠负并不会影响到国家收入。

北宋从仁宗朝开始，每逢大赦在即，就会命官检详天下欠负，予以蠲减。天圣元年（1023年），仁宗即位，"命知制诰张师德、侍御史知杂事蔡齐详定三司蠲纳司应在名物及放天下欠负。应在者名物，虽著之籍而实未尝入官也。时上封事者言真宗初尝遣使江浙蠲放逋欠，因以即位赦恩而命师德等。自是更赦命官除欠负，遂为例"。[①] 仁宗即位赦书中放免的是几年前的欠负，均为已经收缴不上的钱物。在赦书中，往往规定蠲免某年某月的赋税。如绍熙二年（1191年）十一月二十七日南郊赦将"诸路起发金银物帛纲运内有色额低次之类，估剥亏官钱数行下补发，州县见监勒干系等人及元卖铺户均摊，已放至淳熙十三年，可将淳熙十六年终以前见欠钱数，如委无欺弊，并与除放"。[②] 绍熙二年（1191年）放免的亏损纲运钱上限截至淳熙十六年（1189年）年终，其中，淳熙十三年（1186年）以前

① （宋）李焘：《续资治通鉴长编》卷100，天圣元年七月壬午，中华书局2004年版，第2326页。

② （清）徐松辑：《宋会要辑稿》食货44之14，中华书局1957年影印本，第5590页。

的亏欠应该是被淳熙十五年（1188 年）的大赦放免过了，绍熙五年（1194 年）的光宗康复赦又将这部分欠负放至绍熙元年。[①] 绍熙二年（1191 年）大赦将“僧道免丁等钱物，可自今赦到日，仰诸路漕司委官将淳熙十六年终以前，并与日下除放”。[②] 僧道的免丁钱等也是放免至淳熙十六年（1189 年）。从官钱欠负放免年限方面的规定来看，宋代赦书的放免是理性的，只放免历时久远而民户无力偿还的欠负，宋政府的务实使得国家并未因频赦而减少太多的收入，而且还可以通过这种仁政收买人心，同时为百姓留下存活的余地，更好地稳固统治。

蠲免内容对民户的户等也有要求，放免政策更倾向于下等民户。高宗绍兴二年（1132 年）诏书：“可将建康四年应在前残租积欠，除形势及官户州县公人外，余不问有无专法，一切蠲除。又二十九年诏书：诸路人户积年欠负，昨郊祀赦文放至二十五年，今将二十六年二十七年分第四等人户所欠夏秋租税、和买丁产、诸色官物，并与除放。寿皇凡郊恩明堂赦，皆放第五等户欠租。”[③] 宋廷放免政策主要是针对四等、五等下户的欠负，这部分民户的偿还能力本来就很有限，朝廷对此的蠲免也是务实的表现之一。

至南宋时期，赦书的务实精神表现得更为理性，除蠲减赋税的时间界限外，在对赦书中蠲免款项的斟酌方面也很下功夫。我们通过上一章可知，宋代赦书的条目最多可达 90 项，这也说明宋政府对制定赦书内容的重视，并且赦书内容已经理性化。赦书内容并不是一概蠲减赋税，而是通过仔细分析并提出合理化的政策，使得政策方便被执行。宋高宗绍兴五年（1135 年）正月因击败伪齐及金的军队，迫使他们北去，按照惯例，大战争之后会对该地区进行曲赦，辅臣进呈曲赦淮南事目。高宗表明了自己的旨意：“赦文不可夸大，第使实惠加于两淮百姓，乃朕旨也。”[④] 这说明宋代皇帝也是希望赦书能够务实而易被执行。

---

① （清）徐松辑：《宋会要辑稿》食货 44 之 14，中华书局 1957 年影印本，第 5590 页。

② （清）徐松辑：《宋会要辑稿》食货 66 之 18，中华书局 1957 年影印本，第 6216 页。

③ （宋）章如愚：《山堂考索》后集卷 53《蠲租》，影印文渊阁四库全书第 937 册，第 755 页。

④ （宋）吴泳：《鹤林集》卷 15《高宗孝宗降罪已赦诏四事》，影印文渊阁四库全书第 1176 册，第 139 页。

第三，宋代赦书条款多是临时性的推恩，与唐代赦书立法已有明显不同，唐代赦书中多次出现“以为永制”“自今以后”等立法性词语，而宋代赦书内容在尽量避免与法律条文冲突以外，其施恩内容多出于一时特恩，表现在用词方面是条目里经常会出现“特”“权”等字。如太祖即位赦书“其内外马步兵士，各与等第优给。诸军内有请分料钱者，特与加等第添给。”① 这是在恩赦情况下的特殊的赏赐。高宗即位赦书中款项：“人户置买耕牛，权免税钱一年。”② 规定民户置买耕牛仅仅是暂且免一年的税。这表明赦书内容只是暂时放宽了法律法规条文，更显示出了赦书推恩的务实。

二、制定过程

（一）赦书信息的采集

宋代赦书内容是由各个条目的具体赦文组成，每条赦文是一项独立的内容，如宋太祖即位赦书，即由 5 条赦文组成，内容包括对罪犯罪刑的减免、贬降官的恩泽、内外士兵的奖赏、中外官吏的加恩以及对逃亡士兵陈首的规劝等。南宋高宗的即位赦书由 83 条赦文组成，篇幅较长，大致可分为罪刑的减免、贬降官吏的恩泽、百官的加恩、兵士的奖赏、逃亡士兵的处理、举人士子的关照以及对天下弊病的纠正和申严禁令等。这些赦书条目的内容不同，其来源渠道也是不同的，以下分类介绍。

1. 减免刑罚及推恩条目的来源

宋代，赦宥制度有相应的规格和级别，各种级别的赦宥有相应级别的刑罚赦免规定。本书未能见到明确对赦宥内容按照级别分类的条文，但从所收集到的赦书来看，宋代登极赦书赦免规格最高，往往为“常赦所不原者咸除之”。据《宋刑统》引用《唐律疏议》规定：“常赦所不原者，谓虽会大赦，犹处死及流，若除名、免所居官及移乡之类。此等既赦所不原，故虽捕首，亦不合免。”③

---

① （宋）李攸：《宋朝事实》卷 2《登极赦》，中华书局 1955 年版，第 19 页。

② （宋）徐梦莘：《三朝北盟会编》卷 101，建炎元年五月一日庚寅，上海古籍出版社 1987 年版，第 745 页。

③ （宋）窦仪撰，吴翊如点校：《宋刑统》卷 5《名例律》，中华书局 1984 年版，第 76 页。

宋代赦文中的这部分内容是具有继承性的，经常见到前次赦书内容被以后的赦书内容所继承，所以，其条目的来源较为单一，多是按照惯例行事，有时会根据皇帝的旨意临时调整，或比以前的赦恩稍微优厚，或特意做一些赦免限制。

2. 约束性条目的来源

宋代赦书中被称为“约束之辞”的约束性内容逐渐增多，至南宋时成为赦书内容的主要组成部分，其数量庞大，内容具体，反映了该时期的社会状况。如此之多的基层社会问题是如何被反映到赦书中的呢？

（1）访闻、堪会、契勘——赦书条文的习惯用语

在朝廷颁布的赦书中，约束条令常见以“访闻”“堪会”等词语引领赦条，在该词之后摆明社会现状及存在的弊端，在表明问题之后，紧跟的是朝廷对这种现象的治理措施及禁止条贯。其约束模式为：“访闻（堪会）……今……仰……如……当……”“访闻”“勘会”“契勘”逐渐成为赦书条文中的习惯用语，用以表明赦文中反映的弊端已经经过调查。

第一，赦文中的“访闻”“勘会”“契勘”等词语的含义。北宋中后期已出现旨在改变社会弊端的赦文，但当时赦书总体上仍以恩赏内容为主，只有个别赦文出现这种苗头，如庆历元年（1041年）十一月二十日南郊赦书：

> 应三京及诸州军进士诸科曾经殿试及进士实应四举、诸科实曾经六举南省下第者，并昨来开封府本土进士，多闻因郡外举人虚冒户名，妄称乡贡就试，致解送本土举人全少其乡选，特示推恩。昨经本府就试不预解送举人进士曾经两举者，令召命官三人，并本县官吏委保实是本府士人，明有户贯，方得投状，特许更赴南省就试，如将来考试合格，别作一项奏名，今后科场不得为例。其保官并本县官吏如虚妄，并科违制之罪。其外郡举人仍仰有司勘会旧额，特与增添人数，此后须得就本贯请解。开封府将来发解，仰别定条约，严设关防，勿容诈妄。[①]

此条赦文是以“多闻”引领社会中违规执行的事例，即多次听闻。该词与

① （清）徐松辑：《宋会要辑稿》选举15之11，中华书局1957年影印本，第4501页。

“访闻”的含义相近。仁宗时期出现了外州府举人冒名到别处参加乡选，造成其他州府举人机会减少，为纠正这种弊端，朝廷在赦书中规定了举人在参加朝廷科举考试时，必须有本州县三名官员做保，才能参加考试。并且，朝廷还规定保官不能徇私舞弊，如果虚妄要科罪论处。严格关防这项应举措施，已经预示着赦书内容开始变化。

第二，仁宗朝“帝闻天下废田尚多，民罕土著，或弃田流徙为闲民”。由于社会上流民增多，对社会稳定产生不利因素，皇帝“闻”知此事，此后下发的赦令就多涉及这个内容，“至是，每下赦令，辄以招辑流亡、募人耕垦为言”。[①] 依据社会弊病制定赦文的内容，反映了赦书的推恩更加务实与理性。

徽宗时，赦书中的约束内容在模式上和南宋时期赦书相近，逐渐固定以“访闻”“勘会”等词语总领赦文。如政和六年（1116 年）十一月十日冬祀赦：

> 勘会累降指挥及严立法禁，诸路州县不得科配、率敛、差顾、假借什物、制造纽折之类，及租赋和买，不得前期催理，并和买之物须得即时支价钱。访闻州县循习既久，经赦犹未尽革。仰监司点检，速行改正。所有不即支给价钱，仍互相按劾以闻，违者徒三年，许人告，吏人配千里。[②]

此条赦文发布于徽宗郊祀赦书中，其背景是朝廷经常约束州县不许科配、率敛、差顾、假借东西、制造纽折、和买赋税等，但是访闻得州县并没有遵行这些条贯和法律，仍然骚扰民间，即使经过以前赦文的约束仍然未能尽革弊习，在这次赦文中又再次重申政令，并要求监司监督州县执行，又制定了相应的惩处措施。

南宋时期，这种“访闻”“勘会”社会积弊的内容已经成为赦书的主要内容。如高宗绍兴四年（1134 年）九月明堂赦文：

> 勘会福建路保正副、大小保长，唯管缉捕逃亡军人及私贩禁物、

---

① （元）脱脱：《宋史》卷 126《食货上一》，中华书局 1977 年版，第 4164–4165 页。
② （清）徐松辑：《宋会要辑稿》刑法 2 之 67，中华书局 1957 年影印本，第 6529 页。

斗讼、桥路等事，其承受县司追呼公事及催纳二税等物，并系耆户长壮丁承行。今两浙、江南等路诸县并不雇募耆壮户长，却差保正副、大小保长干办，又有责令在县祗候差使者，缘此保正副、大小保长费用不赀，每当一次，往往破荡家业，遂诡名挟户，规免差役，深可矜恤。仰逐路漕臣、宪臣同共相度可与不可，并依福建路见行事理，或量增役钱以充雇募耆壮户长之费，仍自今不得更令保正副、大小保长在县祗候承受差使，如违，仰逐司按劾以闻，当议重行典宪。①

宁宗绍熙五年（1194年）九月明堂赦文：

都茶场昨自乾道六年以后节次给降茶引，赴江西州军出卖，拘钱起赴行在。访闻州军发卖迟细，多是赊卖与铺户等人，今经日久，往往流移贫乏，见今州县偿纳。仰将绍熙元年终以前年分未纳茶引将数，特与除放。仍仰提举司觉察，如有违戾，按治施行。②

以上所举这些赦文都是按照赦书的约束模式制定与表述的，以“访闻”“契勘”表明朝廷已经获知此类现象。

“访闻”一词强调的仅仅是获知后面的社情民意，却往往不注明这些信息是以何种方式从何处访得。“契勘”“勘会”也是唐宋公文中常用词语，“勘”字本身就是调查、审问、核定的意思，与“契”和“会”连用仍然取调查审核的含义。其词义与“访闻”相当，也是表明赦文中的社会积弊是通过调查得知的，但在赦文中它也成为引领被调查的对象及所做的违法事情，而不注明信息的来源渠道及途径。“访闻”这类词语不仅出现在赦书中，宋代其他诏令文书中也经常使用。邓小南先生对“访闻”一词曾做专文研究。她认为：“帝王诏敕中频频出现的‘访闻’，主要是表示了了解下情的姿态；而各类臣僚章奏中的‘访闻’，则反映出种种信息的汇集途径，其内容所及覆盖广泛，牵涉到在‘内’的朝廷政策、人事任免，在‘外’的夷狄动向、边事边将；更多的是官员善恶、社情民意、丰歉灾荒以及民生

① （清）徐松辑：《宋会要辑稿》食货65之80，中华书局1957年影印本，第6196页。
② （清）徐松辑：《宋会要辑稿》食货31之31，中华书局1957年影印本，第5356页。

物价等日常事项。”[①]

通过对“访闻”“勘会”“契勘”等词的分析，我们仍无法得知赦文中的情况是如何被反映出来的，这也是解决赦文信息来源渠道的一个关键问题。

（2）赦文信息被“访闻”与“勘会”的途径

信息是沟通中央与地方联系的纽带，中央政策向地方的传递、地方状况向中央的反映都是以信息的形式交织成网络，国家政令就沿着这个网络运作。信息的运行方向有上行和下行两种，中央政令向地方的传播是信息的下行，地方情况向中央的反馈是信息的上行。本部分考察的赦书信息来源是指宋代地方州县的情况如何被中央所查知，以及赦文是如何被选择的，这涉及地方信息的上行。

首先，赦书中关于地方州县的信息是如何传达到中央的？这是宋代信息传递渠道的问题。中央收集地方治理及官员政绩情况主要有以下几种信息渠道：群臣奏事、诏求直言、台监进言、地方政绩报告、特派专使察访等。[②] 赦书中的约束赦文大多都是反映地方州县违法行政的弊端，中央查知这些情况的渠道也不出乎这几类之外。

皇帝作为最高统治者，有察知民间百事的迫切愿望和需求，但受到接触人员较少和获取信息不足的限制，为防止信息壅蔽，所以宋朝建国伊始，太祖就广开言路、体察民情，要求各级官员指陈政事。臣僚与皇帝面对面交流的方式有多种，如转对、次对、轮对、请对、召对、朝辞朝见等。建隆三年（962年）二月，诏令：“自今每五日内殿起居，百官以次转对，并须指陈时政得失、朝廷急务，或刑狱冤滥、百姓疾苦，咸采访以闻，仍须直书其事，不在广有牵引。”[③]转对沿袭的是前朝旧制，宋代该体制的恢复是在太祖建隆三年（962年），每五日一次内殿起居，由常参官两人轮流奏对指摘朝政。转对制度执行时间不长，后被次对所取代。建隆三年（962

① 邓小南：《“访闻”与“体量”：宋廷考察地方的路径举例》，载邓小南主编《政绩考察与信息渠道：以宋代为重心》，北京大学出版社2008年版，第137页。

② 邓小南主编：《政绩考察与信息渠道：以宋代为重心》，北京大学出版社2008年版，“前言”第8–9页。

③ （宋）李焘：《续资治通鉴长编》卷3，建隆三年二月甲午，中华书局2004年版，第62页。

年）七月，又诏："朝臣出使还日，具所见民间利病以闻。"[①]京朝官出任外职期满回朝，可以与皇帝面对面奏对，奏报辖区以及经过地区的治理情况及基层官员的"为政善恶"，这称为"朝见"。与此相应的还有"朝辞"，指臣子到外赴任之前觐见皇帝。其中，百官对朝廷政务、刑狱冤滥、百姓疾苦的"采访以闻"，成为"访闻"的重要信息来源。

赦书条文也有依据表明是以臣僚"访闻"得到的信息制定的。庆历元年（1041 年）南郊赦，张方平上奏九项赦书条目，均被朝廷采纳。"是岁，赦书录用诸功臣之后、加赉戍边守将、功臣立私庙赐戟，凡九节，皆公建白。"[②]庆历四年（1044 年）南郊赦中一项："益、梓路转运司岁市绫绵、鹿胎万二千，特与减半。"就是听从了益州路转运使袁抗的建言，"先是，益州路转运使袁抗言：三司每岁于两蜀市绫绵、鹿胎，比岁蜀民困甚，愿少宽其力，以备秦中它日之急。赦书盖从抗请也"。[③]嘉祐四年（1059 年），赵抃为转运使之时，"奏以蜀中铁钱甚多，乞罢铸十年，以宽民力。是岁祫享赦文中行之"。[④]以上这些史料都反映了赦书中录用了臣僚的建请。

高宗建炎元年（1127 年）五月的即位赦书，明确要求中外臣僚缴奏或诣阙投进关于"监司、州县违法赋敛，涉于倍克或科配代买物色，实有扰害及应干民间疾苦事件"。[⑤]此时，还恢复了轮对、转对制度。绍兴元年（1031 年），宣抚江湖三路的朱胜非论奏："首访民瘼，皆云正税之外科条繁重，乃令民间陈其色目，税米一斛有输及五六斛，税钱一千有输及七八千者，如所谓和籴米与所输正税等，而未尝支钱，他皆类此。"[⑥]但他的章奏被宰相范宗尹摘除了十分之七八。

---

① （宋）李焘：《续资治通鉴长编》卷 3，建隆三年七月辛巳，中华书局 2004 年版，第 70 页。

② （宋）张方平撰，郑涵点校：《张方平集》附录《行状》，中州古籍出版社 1992 年版，第 787 页。

③ （宋）李焘：《续资治通鉴长编》卷 153，庆历四年十一月壬午，中华书局 2004 年版，第 3721 页。

④ （宋）李心传：《建炎以来系年要录》卷 169，绍兴二十五年七月甲午，中华书局 1988 年版，第 2763 页。

⑤ （宋）徐梦莘：《三朝北盟会编》卷 101，建炎元年五月庚寅，上海古籍出版社 1987 年版，第 746 页。

⑥ （宋）李心传：《建炎以来系年要录》卷 42，绍兴元年二月乙酉，中华书局 1988 年版，第 768 页。

宋代地方的情况因臣僚的上奏而受到中央关注，成为朝廷制定相关政策的依据。就赦书的信息渠道来说，地方臣僚的论奏仍是主要信息来源，地方存在的问题就由此被收集进赦书中加以整理。不仅地方官员的建议对赦书有所帮助，中央官员对于赦书条目的制定也有贡献。

真宗时，右司谏孙何与起居郎耿望论奏五代肆赦，官员均迁转官秩，不合乎唐代“郊祀行庆止进勋阶”的制度，“真宗嘉纳，遂定三年磨勘进秩之法，郊礼止加散官勋爵”。[①]仁宗庆历四年（1044年），谏官余靖上言：“臣访闻荆湖南路，本因蛮贼出就民家居停，其提点刑狱邵饰等，尽令近山人户不得耕种，及烧折屋宇，起遣入城居住，遂致近山人户失业，亡入贼中。及杨畋将不曾作蛮贼人户，尽底驱逐，散入广南东西路，失其巢穴。又京西去岁，被贼人张海等掳掠惊扰。臣欲乞于南郊赦书中特示存抚，应荆湖南、北路人户先因胁从，及投入贼中者，限赦书到后一百日内，经官司首身，并令州县勘会，支与旧来田业，其山猺人户，亦令安抚。转运、提点刑狱等司，多方招诱，如能效顺，并与放罪，务令各归旧住山林，常加存恤。应京西及荆湖北路去年经贼人惊扰县分人户，转运司体量勘会，与免一年科配。其上项事节，乞指挥中书、枢密院商量施行。”皇帝听从该项建议，“赦书多从其言”。[②]

商税是南宋时期财政收入的重要来源，但其违法征收现象比较突出，各地私置税场、违法置吏、滥设税目，在问题严重时，皇帝通过诏书、赦书进行约束。绍兴二十二年（1052年）二月，军器监丞黄然上奏：“沿江一带税务，比年以来额外招收栏头，私置草历，非理邀阻，欺隐作弊，商旅患之，号蕲之蕲阳、江之湖口、池之税务为‘大小法场’，咸谓利归公家十无二三，而为官吏所窃取者过半矣。”[③]然后，同年十一月十八日的南郊赦文就有一项内容：“州县私置税场，节次指挥已令放罢，所有客贩货物自有立定税钱，其税场多缘增置专栏，百色侵渔，过数收税，不上赤历，非理破用，

① （宋）曾巩：《隆平集》卷2《慎名器》，宋史资料粹编，文海出版社1967年版，第94页。

② （宋）李焘：《续资治通鉴长编》卷153，庆历四年十一月，中华书局2004年版，第3720页。

③ （清）徐松辑：《宋会要辑稿》食货17之40–41，中华书局1957年影印本，第5103–5104页。

致物价增长，虽累有约束，尚有未悛去处，可令监司守臣严加检察，将违戾去处按劾施行，务除宿弊。”[①] 这应是考虑了黄然的上奏，结合当时存在的实际情况制定的赦书条目。

淳熙六年（1179 年），翰林学士承旨周必大上奏广西盐政、蠲免赋税二事，并希望在明堂赦书中采纳，第一项：“勘会广西卖盐专以裕民，访闻官司奉行不虔，或抑勒民户过数请买，或拖欠盐丁本钱不支，除已节次行下本路措置施行外，如州县尚敢违戾，即仰监司按劾，监司失于觉察，御史台纠劾以闻。”第二项：“勘会广西州县有曾经盗贼蹂践及经由去处，仰帅臣、监司疾速取见指实开具以闻，当议蠲放税赋。”[②]周必大奏札中的奏请事项与南宋时赦文的格式几乎一样，这不能不让人怀疑赦书在制定过程中是直接汇集条目的。

南宋淳熙十一年（1184 年），时任中书舍人的陈居仁上孝宗奏札论：“上有恩惠而小民不预，名为宽逋负，足以惠顽民耳，名为赦宥罪，足以惠奸民耳。愿因庆赦，尽放天下五等户身丁，四等户一半。”上笑曰：“正合朕意，乃于赦中行之。”[③] 这是中书舍人向皇帝建议赦书内容的例子。

通过以上几则材料可知，赦书条目的信息源头不仅有地方官员的访闻与上奏，也有中央官员如谏官、军器监丞、中书舍人等人的参与。由于宋代特别是南宋赦书中大多数是关于地方政务处分的内容，依据信息传递方向来看，被中央官员捕捉到的信息大多仍是从地方官员的论奏中得知。

（二）赦书信息的汇集与整理

对于赦书条文的选择存在两个层面的问题：一是由谁从众多信息中选取与整理赦书条目。二是选择赦书条目的标准是什么。

宋代赦书制定的过程与程序，真宗天书降临时的德音材料可以提供一个大致脉络。大中祥符元年（1008 年）正月三日乙丑，“天书降。丙寅，上谓宰相王旦等议降德音，改年号。丁卯，王旦以德音条目上进。上曰：

① （清）徐松辑：《宋会要辑稿》食货 17 之 41，中华书局 1957 年影印本，第 5104 页。

② （宋）周必大：《文忠集》卷 142《乞广西二事入赦札子》，影印文渊阁四库全书第 1148 册，第 564 页。

③ （宋）楼钥：《攻媿集》卷 89《华文阁直学士奉政大夫致仕赠金紫光禄大夫陈公行状》，影印文渊阁四库全书第 1153 册，第 375 页。

‘朕再思之，奉承天意，当大赦天下。’冯拯进曰：‘适中书、枢密院共议改元，莫若取神人所告大中祥符之言以为年号。’上悦曰：‘美名也。’”[①]正月乙丑即正月初三，天书降临；丙寅即初四，真宗与宰相等商议改年号、降德音；丁卯为初五日，宰相王旦即以编排好的德音条目进呈皇帝；据《续资治通鉴长编》记载，初六即为戊辰，本月戊辰日，真宗已经降下了大赦天下的赦书。可见，从出现需要颁降赦书的缘由，到赦书的制定及颁降，仅仅只用了四天时间。赦书的制定与宋太祖想见一位边防将领，苦等好几天该官员尚未“过正衙”的办事效率相差甚远。[②]

这个过程中最值得关注的是赦书的决策过程。该次大赦最初由真宗定为发布德音，第二天，宰相就把德音条目呈上，按照宋代文书类别及名称，此时所进条目当为“熟状”，即等待皇帝批准的文书。这时皇帝经过思考，决定发布大赦赦书，后来制定好的德音是如何改为大赦赦书的，史料记载不详，但这个改动是迅速完成的。从材料中也可知，宰执等官员是进呈赦书并与皇帝直接讨论赦书内容的人，赦书的条目是由他们汇集与整理而成。笔者较为关注的问题是宰相进呈的赦书条目是由哪些人参与制定的，宰执制定赦书条文为何如此迅速，皇帝对宰相进呈的熟状是否会有修改。

赦书是宋代多种文书中的一种，它的制定与宋代其他一些较为重要的文书具有相同的过程。陈亮在其《论执要之道》中概括了宋代文书的形成过程。

> 自祖宗以来，军国大事，三省议定，面奏获旨。差除即以熟状进入，获可始下中书造命，门下审读。有未当者，在中书则舍人封驳之，在门下则给事中封驳之，始过尚书奉行。有未当者，侍从论思之，台谏劾举之。此所以立政之大体，总权之大纲。端拱于上而天下自治，用此道也。[③]

文书承载的是政令，宋代文书从行成到颁布都是以谨慎态度认真讨论、层

① （宋）李攸：《宋朝事实》卷2《登极赦》，中华书局1955年版，第27页。

② （宋）江少虞：《宋朝事实类苑》卷28《太祖令文武臣入见谢毕乃得入正衙》，上海古籍出版社1981年版，第353页。

③ （宋）陈亮：《陈亮集》卷2《论执要之道》，中华书局1974年版，第27页。

层审核的。从赦书原文来看，开篇以“门下”二字为始，表明了赦书是在门下审读。在史料中，未见到宋代封驳机构封驳赦书的例子，最常见的情况是赦书颁布之后，有关部门会对赦书的执行提出建议，这估计应与赦书的性质有关，赦书是皇帝对天下的恩赐，是皇权最高化的体现，尽管赦书中出现了约束内容，但它不同于日常政务处理文书，封驳机构是无法也不敢对抗体现皇帝专权的一时恩赐之赦书。

很多史料给我们提供了这样一种思考，赦宥的颁降通常是皇帝根据一定的缘由提出。在宋代，这种缘由很多情况下已经固定化，比如大礼、皇室吉庆、皇室丧葬、灾异、巡行或战争等。在这些情况下，皇帝与宰相就会一起商议实施大赦。这个过程通常是由皇帝决定，或者由宰相提出，经过皇帝批准，当然，也有些特殊情况下，颁降赦宥是由另外一些人提出。嘉祐元年（1056 年）正月“庚申，两府诣内东门小殿门起居，上自禁中大呼而出曰：‘皇后与张茂则谋大逆。’语极纷错。宫人扶侍者皆随上而出，谓宰相曰：‘相公且为天子肆赦消灾。’两府退，始议下赦”。[①] 仁宗皇帝病重时已经犯糊涂，糊话连篇，此时，由宫人提醒宰执为皇帝肆赦消灾。宋代皇帝或太上皇帝、皇太后等有病时，举行大赦以求积福消灾，是从仁宗朝开始的。这时随侍宫人的提醒显然是按照已有惯例行事，而两府大臣也听从了宫人的建议议定大赦。这个过程没有皇帝的参与，但这是偶然事件，并不是宋代大赦议定的常态。

赦书制定中的参与人员通常会有以下几类：“国朝肆眚故事，三省、枢筦诸房吏分陈其应行事，计诸官长，粗以为当，则宰辅于是共议于都堂而可否之，事目已定，始将上进御，乃入熟，降付翰林学士院命词，而宣付于外焉。其约束之辞，大致悉吏文也。独大观戊子元日受八宝大赦，如罢重法，分宗室、升班行、省刑名、宽党锢，凡数十事，以事体既重，方赖朝廷彰明其制，不如吏文，时多出鲁公之手，故独为国朝之盛举。”[②] 文中的“枢筦”即枢密院，鲁公是指蔡京。按照蔡絛所说的故事，赦书的条目是由三省、枢密院各房即各个部门的吏人根据本部门的情况及职责制定好相关条目，由本部门的长官审查，然后送往宰执处，宰执们共同议定这

① （宋）司马光：《涑水记闻》卷 5，中华书局 1997 年版，第 96 页。
② （宋）蔡絛：《铁围山丛谈》卷 1，中华书局 1983 年版，第 19 页。

些条目的可否并予以删增，最后呈与皇帝批准。皇帝批准过的中书熟状由吏人送往学士院命首尾词，“至于赦书、德音，则中书遣吏持送本院，而内侍锁院如除授焉”。[①] 然后由本院吏人抄写或雕印相应数量的赦书，以等待颁降。

关于吏人定赦书条目的论据还见诸其他史料中，元祐元年（1086 年）三月，左司谏王严叟上奏的贴黄称：“臣伏乞陛下暇日阅嘉祐以来逐次大礼赦书，只观文字之少多，以见沾恩之广狭。愿陛下丁宁诏谕执政，早令总集事目，加意修订。要在精详，推大圣泽。前来宰执惟以倍敛民力为功，不以推广上恩为意。每草赦书，不过令本房吏人裁定而已，曾不自留心也。”[②] 王岩叟披露出赦书实际上并没有得到宰执的留心，而是由宰执机构中的吏人裁定。另一则材料是周必大在淳熙六年（1179 年）五月所发的议论：“自来赦令多因诸部条具，而去取之文词虽繁，卓然可行者少。”[③] 也是批评赦书多是由各个部门分条陈述，看似内容繁多而丰富，实际可行者绝少。看来，赦书的条目确实是由中央各个部门的吏人分条陈列完毕，交由宰执汇集成篇，这样也就可以理解宰执为什么能够很快把赦书条目进呈皇帝了。孝宗之时，朱熹说：“近报令台谏、侍从集议赦条，前此未尝有此。”[④] 孝宗时让台谏及侍从官共同参与赦条的决策，朱熹说这是前所未有的情况，可见，以前赦书制定过程中并未有这些人的参与。

宰执汇集赦书条目时，也会因赦条内容的轻重，自己决策一些重大事情。如蔡京就自己起草了数十事加入赦书中。在哲宗元祐年间，也出现这种宰执亲自决策赦书条文的情况，“文靖公之当国也，每搜访四方利害有可以施舍便民者，手笔记录，因大赦而行之，多至数十事”。[⑤] 吕公著也自己留心民事，在大赦中解决的事情多至数十事。但是宰执对赦书的汇集是

---

① （清）徐松辑：《宋会要辑稿》职官 6 之 46，中华书局 1957 年影印本，第 2519 页。

② （宋）李焘：《续资治通鉴长编》卷 372，元祐元年三月癸酉，中华书局 2004 年版，第 9010–9011 页。

③ （宋）周必大：《文忠集》卷 142《论详议明堂赦书》，影印文渊阁四库全书第 1148 册，第 562 页。

④ （宋）朱熹撰，郭齐、尹波点校：《朱熹集》续集卷 3《书》，四川教育出版社 1996 年版，第 5198 页。

⑤ （宋）李焘：《续资治通鉴长编》卷 387，元祐元年九月辛酉，中华书局 2004 年版，第 9419 页。

件严肃的事，其内容的增减与改变都不是很轻率的。司马光评论说："向来执政弄权者，虽潜因喜怒作威福，犹不敢乱资序废赦令。"①孝宗淳熙十四年（1187）十月的太上皇违豫赦也说明了宰执在赦书制定过程中的作用，周必大作为当时右相参与了整个赦书的制定过程。他在文集中写道：

> 右中书赦草三纸，御批六字在焉，并以奏稿附于后。初，太上服王泾凉剂下利不止，是月四日，上宣谕云："太上饮食全减，恐合祈祷，可理会。"既退，密问它医，知疾势颇殆，因语二府故事当肆赦，恐仓卒不能举行，欲拟以进，众犹迟疑，乃独秉笔持草而与左相以下连名封入。时已过午，至申时上批："可并依此施行"，比覆奏下，礼部雕印颁降，已三鼓矣。诘朝奏事，上曰："昨日一面理会赦书甚当。"后四日而德寿晏驾。②

孝宗在高宗身体已经处于危急情况下，让宰执们准备处理后续事宜，时任宰相的周必大与二府其他臣僚商议肆赦之事，在其他宰执尚还迟疑之际，独自草拟赦书内容并与宰执共同署名进呈孝宗。在进呈孝宗之前，周必大交代："今辄一面议定，又虑漏泄，不敢令人缮写，只以稿本缴进，其当用与否及迟速先后，恭俟圣裁。"③此时交与孝宗的赦书内容只有宰执们清楚。赦书在当日午时即中午十一点至一点之间进呈，申时即下午三点至五点之间，孝宗批示了"可并依此施行"六字。然后，赦书急忙交由礼部雕印，雕印完毕已经是三鼓时分，即夜间十一点至一点。宰相周必大在赦书的制定过程中可谓即时果断。从他的叙述中看到此次赦书是由宰执亲自起草的，并且在时间非常紧迫的情况下一天之内仓促完成。从这件事以及前文提到的北宋真宗时天书降临赦书的起草，可以看出，宋代赦书制定的速度和效率是非常高的，通常在几日之内即可完成。

宰执们在选择赦书条目时，是有其原则的，这在本节的第一部分已经罗列过。但是由于每个宰执的施政理念与关注重心不一样，所以赦书的内容也会微有区别，如上述的吕公著，他是较为关心民事的宰相，担任宰执

---

① （宋）司马光：《涑水记闻》卷 16，中华书局 1997 年版，第 309 页。
② （宋）周必大：《文忠集》卷 121《奏札》，影印文渊阁四库全书第 1148 册，第 342 页。
③ （宋）周必大：《文忠集》卷 121《奏札》，影印文渊阁四库全书第 1148 册，第 342 页。

时制定的赦书条文中民事内容比较多，“其后文靖罢，便民事浸益少”。[①] 赦条内容的选择与宰执的关注点密切相关。

（三）皇帝对赦书的审查与修改

赦书由宰执汇集之后，即交由皇帝审批。赦书是以皇帝名义发布的恩惠条文，皇帝理所当然拥有最终决定权，较为用心的皇帝还是会依据自己的想法对赦书做一些修改或补充。

1. 皇帝决定是否实行赦宥以及赦宥的等级

在宋代，皇帝虽然不直接参与制定具体的赦条，但他有权力对任何一项内容做出修改或删订。当然，从现存的文献记载来看，宋代皇帝在审查赦书时并未出现不恰当的过激行为，所以，赦书的制定更像是集体智慧的成果。

大中祥符元年（1008 年）正月，天书降临，真宗最初与宰执议定发布德音，第二天，宰执进呈德音之时，真宗改变主意，又要举行大赦，后来，果然是实行了大赦。[②] 大中祥符元年（1008 年）十月，真宗封禅完成，始议肆赦，上谓宰相曰：“此赦与常赦不同，但常赦所不能行者，卿等并录出条目共议之，务令实惠及民也。”[③] 按真宗要求实行最高级别的赦，知制诰晁迥根据真宗的旨意进所草赦书。皇帝决定大赦的级别和规格，也就相应地决定了大赦的内容。大中祥符八年（1015 年）闰六月，真宗对宰相说：“朕以盛暑之月，属念囚系，欲肆恩宥，何以为名？”王旦说：“今边鄙宁谧，黎庶埠安，风雨以时，疵疠不作，叶此景贶，特覃大庆，固其宜也。”翌日，以条目进呈。[④] 真宗想行恩宥却苦于理由，宰相王旦帮助其寻找颁布赦宥的理由，这也是由皇帝提出赦宥的要求。

当然，皇帝提出的赦宥并不是随意就能实行的，它可能也会受到其他人员的劝阻。熙宁七年（1074 年）三月，旱灾肆虐，从头一年的秋冬即已开始，涉及全国，即便京畿所在的开封府界也被大旱波及。旱灾引发了

---

① （宋）李焘：《续资治通鉴长编》卷 387，元祐元年九月辛酉，中华书局 2004 年版，第 9419 页。

② （宋）李攸：《宋朝事实》卷 2《登极赦》，中华书局 1955 年版，第 27 页。

③ （宋）李焘：《续资治通鉴长编》卷 70，大中祥符元年十月癸丑，中华书局 2004 年版，第 1572–1573 页。

④ （宋）李焘：《续资治通鉴长编》卷 85，大中祥符八年闰六月己卯，中华书局 2004 年版，第 1935 页。

饥荒等社会问题，神宗想以肆赦拯救旱灾，就遭到了王安石的劝诫。他以“汤旱以六事自责，首曰政不节欤，若一岁三赦，即是政不节，非所以弥灾也。”为由，阻止了神宗推行赦宥的决定。①

高宗建炎三年（1129 年）九月，高宗率领百官逃亡至越州。他在晚朝时跟宰执说：“朕自建康至此，不无扰民，欲赦所经州县，朕诚知数赦非良民之幸，但金人榜文要动摇民心，使归怨国家，强使从彼，因赦谕以朕意，谓巡幸非出得已，事定当议蠲除，令词臣深知此意。”②高宗皇帝因受金人追击，经过地区的百姓罹受战乱，生产遭到破坏，为了安抚百姓生活，于是，发布了曲赦越州的德音。

宋代虽然有赦宥颁布的固定缘由，如大礼赦、恩典赦等，但有很多不定时的非次赦多是由皇帝根据事由临时提出的，行使赦宥有很大的自主性，但宋代大多数皇帝在决定是否实行赦宥时，还是持较为谨慎与理性态度的。

2. 皇帝对宰执们上呈的赦书条目有修改权与最终决定权

宰执汇集编排收集到的赦书条目，交由皇帝批准时，皇帝可以根据自己的想法否决或修改。这种修改权表现为或是皇帝直接授意宰执，或是皇帝躬体力行，直接在赦书熟状上增改。

皇帝直接授意宰执的情况有以下事例。宣和七年（1125 年）十二月四日，钦宗即位未改元，恰值李若水奏事。钦宗跟他说：“瑶华一事，日在朕心，多事未及举行，只候开门便当降诏行典礼。”若水答曰：“陛下言及于此，宗庙社稷之福，臣请于（门门）赦书中具载此事，庶使天下速闻。”上曰：“宜于赦书中作第一件，卿可条具来。”③钦宗欲遵哲宗废后孟氏为元祐皇太后，并要求在赦书中作第一件内容。孟氏作为哲宗的皇后，主要活动于北宋中晚期及南宋早期，命运曲折，两度被废，两度复立。她的皇后生涯随着北宋晚期外朝的政治斗争起伏，也是皇帝施政意向的风向标之

① （宋）李焘：《续资治通鉴长编》卷 252，熙宁七年三月己未，中华书局 2004 年版，第 6127 页。

② （宋）李心传：《建炎以来系年要录》卷 28，建炎三年十月壬辰，中华书局 1988 年版，第 563 页。

③ （清）徐松辑：《宋会要辑稿》后妃 1 之 24–25，中华书局 1957 年影印本，第 232–233 页。

一。此次钦宗的大赦恩及孟氏，并等候金人退去举行重封典礼。

北宋晚期曾多次颁诏，要求各地设立居养院、安济坊、漏泽园等机构，收养孤苦无依的老人和孤儿，免费收治贫穷的病人，并为无主尸骨及家贫无葬地者设置官家丛葬，各级社会救济制度逐渐建立和完善。绍兴十六年（1146 年）十一月五日，高宗宣谕辅臣："居养、安济、漏泽，先帝之仁政，居养、安济已行之矣。惟漏泽未曾措置，宜令条具，添入十日南郊赦。"[①] 高宗直接让宰执重新措置徽宗实行过的居养、安济、漏泽等院，并要求写入该年的南郊赦书中，这也是皇帝直接向宰臣提议赦书内容。

乾道九年（1173 年），台州大旱，紧接着发生火灾。孝宗借宰执进呈台州措置事宜之际，告知宰执："台州今岁旱伤，继之以火，小民不易，州郡亦阙乏，除已给降钱米应副赈济支遣外，其被火民户身丁钱可与免纳一年。"[②] 宰执曾怀等以圣恩轸念，就在郊赦中行下此项圣意。有时，皇帝的想法并没有明确要求写入赦书中，但臣僚会因其内容适合赦书的推恩格调而修入赦书中。

皇帝如果认为宰执进呈的赦书条目尚有未尽事宜时，往往还会直接增添内容。熙宁四年（1071 年）三月，降陕西、河东德音："初进入德音本，上批攻战军士宜与运粮诸军异等，及改定数事，皆极当于理，执政皆以为非所及也。"[③] 神宗是一个留心政事、励精图治的皇帝，对宰执所进赦书还是很上心的，时有对赦书进行合理的修改。熙宁六年（1073 年）十一月的奉安中太一神像德音，神宗又在王安石拟的施行条目基础上，"于禁中增入检放一节"。[④]

皇帝决定赦书的颁布时机和等级及对赦书内容的增改是其皇权的体现，但这并不意味皇权在恣意妄为。它还是受到一定制约的。这种制约主要来自宰执的力量。如赦书大多数条目是由宰执汇集，宰执可以劝阻皇帝改变赦宥初衷。这些制约在一定程度上有助于将赦书的制定纳入规范。同

① （清）徐松辑：《宋会要辑稿》食货 60 之 10，中华书局 1957 年影印本，第 5869 页。

② （清）徐松辑：《宋会要辑稿》，食货 66 之 14，中华书局 1957 年影印本，第 6214 页。

③ （宋）李焘：《续资治通鉴长编》卷 221，熙宁四年三月癸卯，中华书局 2004 年版，第 5384–5385 页。

④ （宋）李焘：《续资治通鉴长编》卷 248，熙宁六年十一月癸丑，中华书局 2004 年版，第 6045 页。

时，皇帝对宰执所进熟状的最终审度，表明皇帝掌握赦书内容的最终决策，显示了政令自天子出的政治理念。

（四）宋代翰林学士对赦书首尾词的起草

赦书属于七种“命令之体”中的制书，也是皇帝发布规格较高的“王言”，在书写时对纸张也有要求。颁布赦书要使用规格最高的白麻纸。“凡赦书德音、立后建储、大诛讨、拜免三公宰相、命将……并用白麻。”[①] 宋代赦书德音首、尾词使用的文体为四六体，其特点是讲究语句对偶，长短一致，言简意赅，语言流畅，以便于宣读。“四六施于制、诰、表、奏、文檄，本以便于宣读，多以四字、六字为句。宣和间多用全文长句为对，习尚之久，至今未能全变，前辈无此体也。此起于咸平王相翰苑之作，人多仿之。四六之工在于剪裁，何必以全句对全句为工。”[②]宋代四六之文使用较广，如制、诰、表、奏等文书均应用之。翰林学士和中书舍人召试知制诰时均试以四六文起草章、表、赋、露布、檄书等文书。这些文书不仅要求应试者知识渊博，还要文辞秀逸。宋代类书典籍《玉海》后附四卷《辞学指南》指导士人学习宋朝各类文书的写作。

1. 赦书首尾词对起草者的要求

宋代，一般情况下，翰林学士知制诰与中书舍人知制诰对掌内外制，称为两制官，共同负责起草皇帝的诏书与命令。翰林学士“掌内制，凡制、诰、赦、敕、国书及宫禁所用之文词，凡后妃、亲王、公主、宰相、节度使除拜，则学士草词，授待诏书讫以进。赦降、德音则先进草，大诏命及外国书则具本禀奏，传书亦如之”。[③] 翰林学士所草文书，“名目浸广”，大致包括制书、诰命、敕书等文书，文书的规格比外制官所起草文书高。赦书、德音就由翰林学士草词。

翰林学士知制诰的地位较为重要，为“代王言”之人，必须深得代言之体。张方平曾说：“伏以知制诰之职，所以代王言，为诰令，由此诏入禁林，充学士，非才誉允洽，何以当其选？”[④] 南宋在任命綦崇礼为翰林学士

---

① （宋）赵昇撰：《朝野类要》卷 4《翻黄》，中华书局 2007 年版，第 84 页。

② （宋）谢汲：《四六谈麈》，中华书局 1985 年版，第 1 页。

③ （宋）章如愚：《群书考索》后集卷 7，影印文渊阁四库全书第 937 册，第 94 页。

④ （宋）张方平：《张方平集》卷 24《请慎用两制资序事》，中州古籍出版社 1992 年版，第 364 页。

的制词中说："学士职清地近，极天下文章之选，非深厚尔雅不足以代王言，非直谅多闻不足以备顾问。"[①] 翰林学士作为皇帝亲信顾问之官，是地位很重要的既清要又显贵的官员。

翰林学士知制诰的选任必须经过考试，"皇朝，知制诰召试中书而后除……所以试者观其敏也"。考试内容主要是起草三道制诰。不经考试而任命的翰林学士知制诰寥寥无几，号为"异礼"。[②] 宋代的词科考试也是为了选拔撰写制诰等公文文书的人才，但录取比例非常小，对于被录取者来说，也是入翰苑的一个重要途径。

翰林学士院在接到皇帝御批的赦书熟状之后，要以皇帝的语气来起草的赦书首尾词，这就要受到皇帝态度的限制，赦书的基调一般要由皇上确定。如绍兴三十一年（1161 年）曲赦新复州军赦书，"先是宰执进呈赦书事目，上曰：'向已下哀痛之诏，今日恩宥不必更扬完颜亮过恶，但专罪己而已。'起居舍人权直学士院刘珙草制，略曰：'兹强敌之干诛，幸上天之悔祸，爰整濯征之旅，坐扬耆定之功，元恶就屠，余党悉溃。宜推在宥，咸与惟新。'自江上用兵，珙独在禁林，一时诏檄多出其手，词气激烈，读者感厉"。[③] 高宗绍兴三十一年赦书的具体条目由宰执订立，交与皇帝过目，然后由刘珙起草首尾词，高宗说此次赦宥不要痛责完颜亮，"但专罪己"，刘珙就根据高宗的意思未在赦书中批判完颜亮的侵略行为。因翰林学士起草赦书首尾词在大赦之前完成，无法预知大赦当日的信息，有时就需要根据新情况修改首尾词。孝宗乾道元年（1165 年）正月郊祀赦，在郊祀之前日尚大雪纷飞，天气恶劣，而郊祀当日，天气突然转好，幸得晴霁。翰林学士认为是皇帝的诚意感动上天，希望把这一现象添入赦书中，宣告天下。孝宗批旨不准，宰执只好把这件事情付史馆写入史书中。[④] 孝宗不准许此事添入赦书内容，说明皇帝对赦书首尾词的内容起决定作用。

一般情况下，翰林学士起草赦书德音前，并未与皇帝见面，而是由吏

---

① （宋）綦崇礼：《北海集》附录上《给事中可除翰林院学士制》，影印文渊阁四库全书第 1134 册，第 810 页。

② （宋）王应麟辑：《玉海》卷 202《辞学指南》，影印文渊阁四库全书第 948 册，第 282 页。

③ （宋）李心传：《建炎以来系年要录》卷 195，绍兴三十一年十二月壬戌，中华书局 1988 年版，第 3301 页。

④ （清）徐松辑：《宋会要辑稿》礼 28 之 30，中华书局 1957 年影印本，第 1034 页。

人持送赦书德音条目入学士院，能当面接受皇帝教谕的机会不多。在这种情况下起草文书，就要求翰林学士有相当丰富的知识储备和政治经验，能够清楚文书起草要求和洞悉皇帝的态度。两制词臣既是显要之职，同时也有“代王言”而不合皇帝想法的潜在危险。神宗熙宁四年（1071 年）九月，知制诰、直学士院陈襄遣出知陈州，“襄既忤王安石，尝草河北诏，言‘水不润下’，中书改之。又明堂赦书，有‘奉祠紫宫’，语犯俗嫌，故出”。[①] 高宗时，中书舍人兼直学士院席益所起草的赦书夸大其词，高宗就很厌恶。后来他又起草了吕颐浩复相制书，又为高宗所不喜，就让席益出知温州。[②] 另外，词臣起草的赦书、德音是要播告天下或者某一地区的，起草者自身也有担心出错的忧虑。如上文所引汪藻起草的建炎三年（1129）德音，南宋人评论说：“其词云：‘八世祖宗之泽，岂汝能忘？一时社稷之忧，非予获已。’最为精当，人以比陆宣公兴元赦书。然议者谓自太祖至哲宗方七世，若并道君数之，又不应曰祖宗。彦章亦悔之。信乎文之难也。”[③] 汪澡起草德音首尾词文采为时人称道，但稍一疏忽，也出现了纰漏，把历任皇帝的辈分搞错了。可见，词臣草制之难。

2. 赦书首尾词的起草要求

赦书首、尾词的语调是由皇帝按照赦宥缘由所定，然后由翰林学士代拟。作为“王言之制”，赦书首、尾词在写作时要准确得体，典雅温润，切中事理，符合形势及最大限度地贴近皇帝的旨意。赦书首词以皇帝的语言表明赦书的背景及施行赦宥的缘由，尾词一般是叮咛告诫官吏要深刻体会皇帝的恩旨和美意，广泛宣传并认真执行赦书内容。

宋代即位赦书往往奠定施政基调，强调遵守先帝成训，代表一种施政纲领与政治风向。太祖和高宗作为北宋和南宋的开创者，其即位具有历史特殊性。他们的即位赦书都以较大篇幅叙述朝代建立的背景。太祖即位赦书记载了周帝主动禅让和太祖被迫即位的事迹[④]；高宗即位赦书描述了高

---

① （宋）李焘：《续资治通鉴长编》卷 226，熙宁四年九月丙申，中华书局 2004 年版，第 5513 页。

② （宋）李心传：《建炎以来系年要录》卷 47，绍兴元年九月甲寅，中华书局 1988 年版，第 847 页。

③ （宋）陆游撰，李剑雄、刘德权点校：《老学庵笔记》卷 4，中华书局 1979 年版，第 52 页。

④ 《宋大诏令集》卷 1《太祖即位赦天下制》，中华书局 1962 年版，第 1 页。

宗的父兄被迫远涉沙漠，但国家不可一日无君，所以他勉强听从群臣的建议登上宝位的背景。[①] 在后来皇位顺利过渡的情况下，新皇即位赦书往往会歌颂先帝的功德并表达新帝继承先志的决心。如宋太宗的即位赦书明确提出："先皇帝创业垂二十年，事为之防，曲为之制，纪律已定，物有其常。谨当遵承，不敢逾越。"[②] 这和《宋大诏令集》《宋朝事实》中的太宗皇帝即位赦书内容有所出入，但基调是一致的，"恭维先皇帝推诚损己，焦思劳神，念将士之忠勤，知战伐之辛苦……凡开（《宋朝事实》作"关"）物务，尽立规绳。予小子缵绍丕基，恭禀遗训，仰承法度，不敢逾越。更赖将相公卿，左右前后，恭遵先旨，同守成规"。[③]《续资治通鉴长编》把太祖时的"尽立绳规"的含义解释为"事为之防，曲为之制"。[④] 真宗即位赦书："先朝庶政，尽有成规，谨守奉行，不敢失坠。"[⑤] 强烈表达了继承祖宗之制的意愿。宋代以后的皇帝在即位赦书中同样也都表达了这种奉行祖宗成规的语调。

国家发生灾异时，皇帝所降赦书往往是先叙述灾异发生的情况，然后表达皇帝的忧惧和自省，并希望通过降赦这一方式弥补自己的过失，以至诚之心感动天地，消弭灾异。如徽宗大观四年（1110年）五月彗星见而大赦天下的制书：

> 门下：朕祇膺骏命，寅奉丕图，忧勤万微，靡敢怠豫。恐德弗类，以干三光。今星出东方，为异甚大。朕念往岁之垂象，聿新善政以应天。岂谓期年，悉加兴易。永思厥咎，时予之辜。是用损膳避朝，宣恩肆宥，觊导迎于和气，以敷祐于庶民。可大赦天下……於戏！惟至诚

① （宋）徐梦莘：《三朝北盟会编》卷101，建炎元年五月一日庚寅，上海古籍出版社1987年版，第741–742页。

② （宋）李焘：《续资治通鉴长编》卷17，开宝九年十月乙卯，中华书局2004年版，第382页。

③ 《宋大诏令集》卷1《太宗即位赦天下制》，中华书局1962年版，第1页。（宋）李攸：《宋朝事实》卷2《登极赦》："恭维先皇帝推诚损己，焦思劳神，念将士之忠勤，知战伐之辛苦……凡关物务，尽立规绳。予小子缵绍丕基，恭禀遗训，仰承法度，岂敢越违。更赖将相公卿，左右前后，共遵先志，同守成规。"中华书局1955年版，第20–21页。

④ 邓广铭先生的文章《试破宋太宗即位大赦诏之谜》与邓小南先生的著作《祖宗之法——北宋前期政治述略》（第262页）均认为：《续资治通鉴长编》与《统类》所载，措意较为周全，文辞较为赡雅，应该是经过深思熟虑后改写的定本。

⑤ 《宋大诏令集》卷1《真宗即位赦天下制》，中华书局1962年版，第2页。

可以动天，惟正德可以格物，尚赖交修之助，咸臻销弭之祥。咨尔多方，咸体朕意。[1]

宋代，传统的天人合一观念仍然根深蒂固，天象与国家人事、政治相附会，天上的某颗星发生了星变，相应的就是人间统治系统某个部门或者环节出问题了。当出现星变时，皇帝就会修明政治，约束自己，颁降赦书，安抚百姓。因大观四年的星变，徽宗皇帝大赦天下，同时修改年号，希望为国家消弭灾难。

在举行南郊、明堂、夏祭等大礼后，皇帝所降赦书又有不同的语言风格。从篇幅上说，大礼赦首尾词比其他缘由的赦书长，使用典故也颇多。如元祐四年（1089年）九月明堂赦书首尾词：

门下：治人莫急于重祭，严父莫大于配天。昔者周公，祀明堂而致孝，鸿惟仁祖，抚路寝以尊亲。参合古今之宜，兹谓情文之尽。肆我昭考，称朕彝祠。周爰群策之长，专崇一帝之配。圣作明述，事并功偕。稽吕令之文，则飨以秋季。案鲁经之载，则日用吉辛。允协灵心，奉为常宪。朕纂图宸极，承训慈闱，事举于中，礼循其旧。向讲亲祠之制，一遵先圣之谟。对越上神，翕受纯，五韪来备，三稔于兹。属方隅之底宁，嘉河流之顺复，物无疵疠，民用平康。荷穹昊之降休，致函生之蒙祉。复会一郊之岁，前询七数之谋。而乾象垂文，辰集房心之次，朝仪取法，是为政教之宫。适及其时，兹用展采。陈千乘万骑之仪卫，极四海九州之贡羞，盖欲有以致其严，犹惧无以称其德。前期戒众，各扬职以尽恭，先甲端诚，集中虚而思道。始钦柴于真馆，旋备物于大庭，作主有神，席与亲而并飨，奠铇及瓒，荐曁祼以交行。一纯罄而高明歆，四气和而诸福应。有司已事，祝既告以孝慈，与物惟新，风霆爰布于号令。式均惠泽，溥被敷天。可大赦天下……於戏！合内朝之祀事，既因锡羡以推仁，得万国之欢心，又将使民而致孝。盖布德行惠者，非贤罔乂。任大守重者，惟后克艰。尚赖文武荩臣，股肱硕辅，共底缉熙之治，庶几忠厚之风。兹尔群伦，其体朕意。[2]

---

① 《宋大诏令集》卷155《彗星见赦天下制》，中华书局1962年版，第581页。

② 《宋大诏令集》卷125《元祐四年明堂赦天下制》，中华书局1962年版，第433页。

该首尾词的篇幅相对较长，也引用了很多古籍并使用了很多典故，显示了作者较为渊博的知识储备。如文中所用“严父莫大于配天”是《孝经》中经常推崇的话语，在很多先秦经典中均有原话。将父辈配于上帝祭祀，这是孝道的极致表现，这句话点明了该次大赦是祭天配祖的大礼赦，与此次大赦的缘由很是般配。接下来两句“昔者周公，祀明堂而致孝；鸿惟仁祖，抚路寝以尊亲”。指出了周公建明堂的来历，并引出了本朝仁祖皇帝皇祐年间复设明堂的事迹。仁祖皇祐年间，“以大庆殿为明堂，分五室于内”。[①]并且亲自篆写“明堂”二字于匾上，“每行礼则旋揭之，事已复去”。[②]文中所用典故像“五韪”一词，就是出自《尚书·洪范》的“五者来备，各以其叙”。指雨、旸、燠、寒、风五种气候。其余的典故还有“吕令”“鲁经”“七数”“房心”等词语。该首尾词的撰写者对明堂的渊源及功能都很熟知，对典故及经典信手拈来。

宋代赦书的内容与赦宥的规格相关，赦书的首尾词又与赦宥的原因相一致，不同种类的赦宥其首尾词风格也不同。这就要求起草赦书首尾词的翰林学士具有相当多的知识储备。有时，赦书的首尾词并不因典雅而留传，以朴实的语言、诚挚的感情起草的首尾词同样为人称道。如高宗建炎三年（1129年）十一月三日赦书，它的起草者是汪澡。汪澡撰写的四六文历来被学者称赞，现摘引建炎三年赦书首尾词原文以便分析。

> 御敌者莫如自治，动民者当以至诚。朕自缵丕图，即罹多故。昧绥怀之远略，贻播越之深忧，虽眷我中原汉祚必期于再复，而迫于强敌商人几至于五迁。兹缘仗卫之行，尤历江山之阻。老弱扶携于道路，饥疲蒙犯于风霜。徒从或苦绎骚，程顿不无烦费。所幸天人协相，川陆无虞。仿治古之时巡，即奥区而安处。言念连年之纷扰，坐令率土之流离。乡闾遭焚劫之灾，财力困供输之役。肆夙宵而轸虑，如冰炭之交怀。嗟汝何辜，由吾不德。故每畏天而警戒，誓专克已以焦劳。欲睦邻休战，则卑辞厚礼以请和；欲省费恤民，则贬食损衣而从俭。苟可坐销于氛祲，殆将无爱于发肤。然边陲岁骇，而师徒不免于屡兴，馈饷日滋，而征敛未遑于全复。惟八世祖宗之泽，岂汝能忘，顾

① （元）脱脱：《宋史》卷101《礼四》，中华书局1977年版，第2465页。
② （宋）叶梦得撰，侯忠义点校：《石林燕语》卷1，中华书局1984年版，第83页。

一时社稷之忧，非予获已，少俟寇攘之息，首图蠲省之宜。况昨来蒙蔽之俗成，致今日凌夷之祸亟。虽朕意日求于民瘼，而人情终壅于上闻。主威非特于万钧，堂下自遥于千里。既真伪有难凭之患，则遐迩衔无告之冤。已敕辅臣相与虚怀而听纳，亦令在位各须忘势以咨询。直言者勿遣危疑，忠告者靡拘微隐，所期尔众，咸体朕怀。尚虑四民兴失职之嗟，百姓有夺时之怨。科需苛急，人心难俟于小康，犴狱繁滋，邦法有稽于末减。乃用迎长之节，特颁在宥之恩。於戏！王者宅中，夫岂甘心于远狩，皇天助顺，其将悔祸于交侵。惟我二三之臣，与夫亿兆之众，亟攘外侮，协济中兴。[①]

该德音首尾词之所以为宋人推崇，是因为它情感真挚、语言朴实、行文流畅。该赦书的首尾词表述了整个赦文的时代背景，总结了北宋末南宋初国家面临的内外形势，皇室辗转经受万千磨难，百姓惨遭战火蹂躏，为保一方国土和黎民，卑微厚礼求和，真诚地表达了皇帝的信心与决心，有很强的号召性与感染力，读之很容易激起人神共愤的情感。当我们读这则赦书时，感受到的不是例行公事的写作，改变了宋代词臣起草文字“多颂美形容之辞，而少爱人恻怛之意”的弊病，而是作者把深深的情感融入赦书中，蕴含的悲愤意识使饱经忧患的宋人斗志昂扬。[②] 同时，它还语句平实易懂，很容易传递皇帝的旨意。这也是赦书首尾词最基本的要求。

3. 赦书首尾词的起草程序

宋初，学士院起草赦书德音是不锁院的，从真宗大中祥符三年（1010年）开始，除起草南郊赦书因车驾在外，皇帝回宫城南门肆赦时，需要有提前准备好的赦书，所以翰林学士起草完之后可以不锁院，其他赦书德音锁院起草。“学士院旧例，赦书、德音不锁院。及是，宰相召晁迥等问之，迥等言：‘除南郊赦书，缘车驾在外，并合预先进入，降付中书，难以锁院外，自余赦书、德音，请自今以降麻例锁院。’”[③] 起草赦书是重大的事情，

① （宋）汪藻：《浮溪集》卷13《建炎三年十一月三日德音》，影印文渊阁四库全书第1128册，第117–118页。

② （宋）吴泳：《鹤林集》卷22《缴进明堂御札奏状》，影印文渊阁四库全书第1176册，第211页。

③ （宋）李焘：《续资治通鉴长编》卷73，大中祥符三年二月甲戌，中华书局2004年版，第1658页。

在条件允许时，翰林学士必须锁院起草。

宋赦书的具体起草过程在司马光和周必大的文集中都有记载。他们分别起草的是德音与大礼赦书，因二者的规格不同，二者的起草程序也不同。北宋熙宁二年（1069 年）五月，降德音于西京，司马光被锁院起草德音。“《司马文正公日记》云：熙宁二年五月癸巳锁院，以奉安二御容礼成，德音降西京囚，杖以下放。是日，丞相出中书，提点魏李先以下入院，授以参政赵抃所封御前札，茶汤馆于虚阁。御药刘有方来，茶汤馆于门塾，复谒御厨，翰林设食致酒果。黄昏进首尾词，内批依此修写，四鼓起读点句，攒点进入。明日丞相退朝，宣讫开院。”[①]

南宋周必大起草淳熙三年（1176 年）十一月郊祀赦书时，“三年十一月八日，某被宣草十二日冬祀赦，黄昏方至院，御药持御封中书门下省【熟】状来，系鞵迎于中门，内侍一员俱升厅，御药先以【熟】状授监门，共茶汤讫，先送御药出院，复与监门升厅，受【熟】状付吏，又点汤，送监门下阶馆之门塾，而不报谒。既熟状自内出，非参政所封，故提点官不来，惟中书【门】下省刑房录事、尚书省刑房主事各一人穿【秉】同至，仍旧系鞵见之，不迎不送，不设茶汤而退。守当四人、贴房十数人旅揖阶下。与文正公所记多不同。至六年九月十二日复被宣草明堂赦，御药张安中、监门梁襄相见如仪，惟录事沈椟、主事李师文茶而不汤，院吏云前不设茶误也，守当官等不复廷揖，所谓酒馔之赐，今皆无之。诘朝奏知先出，而吏卒辈皆俟三日后宣赦讫乃得归”。[②]

北宋司马光起草德音和南宋周必大起草赦书有以下几点不同。

第一，入学士院的时间不同。司马光是在宣布德音前一日白天入院，黄昏时写好首尾词进呈皇帝，得到批示后依此书写。第二天四鼓，即一点至三点时进书写完毕的德音，包括德音的具体内容及首尾词。至天明德音在朝堂宣读之后，宰相退朝后宣布开院，起草学士可以出院。周必大起草的郊祀赦书要在十一月十二日宣读，而周必大需要在十一月八日黄昏锁院起草首尾词，之前，赦书的具体内容条目已经由宰执和皇帝商讨确立，

---

① （明）陶宗仪编：《说郛》卷 45 上《玉堂杂记》，影印文渊阁四库全书第 878 册，第 440 页。

② （宋）周必大：《文忠集》卷 174，影印文渊阁四库全书第 1149 册，第 2 页。原文中缺少上述黑框中字，本书从《玉堂杂记》及《说郛》中补入。

形成熟状。周必大起草的只是赦书的首尾词，夜里要完成起草。“诘朝”即第二天早晨，翰林学士可以出院，而吏卒需要宣赦完毕才能出院。

第二，参与人员不同。因北宋司马光起草德音时记载简单，我们未能见到全部参与这一过程的人员的记载，只见到提点官和御药的记载。其中参政所封御前札是由提点官授予司马光。南宋时，提点官不设，御封中书门下熟状由御药直接授予周必大，还有一套繁杂的官员迎送礼仪，参与到的官员有监门官、中书门下省刑房录事、尚书省刑房主事以及守当、贴房等吏人。

第三，通过周必大起草郊祀赦书时间，我们可以推知学士出院之后，留有守当和贴房至少十几名吏人。他们的职责应是在三天之内誊录模印赦书。只需登楼宣赦完毕，已经准备好的赦书完全可以立即发往诸州各地。北宋司马光起草的德音只需在第二天宣布之后发往西京洛阳，应该不需要模印时间，所以不用提前进院准备德音。

上述司马光与周必大所草德音、赦书的程序之所以不同，在于二者所属规格不同，其颁布范围大小也不同。司马光起草的德音只需面对西京洛阳，所需德音数量很少，准备时间也就相应短些。周必大起草的是规格较高的大礼赦书，面向的是全国百姓，宋代大赦要举行盛大颁布仪式，在大典结束以后，需要相当多的赦书向地方传递。在南宋庆元以后，赦书的颁降地点甚至扩展到县级官府。[①] 所以，这就需要相当长的准备时间，模印赦书的吏人就需要三天后赦书宣赦完毕，才能出院。另外，起草大礼赦书的翰林学士可以出院，应该也和大礼赦的可预见性有关，南郊和明堂大礼在宋代形成了三年举行一次的惯例，所以并不需要太严格的锁院保密程序。

关于赦书德音的誊录，从北宋到南宋有一个变化过程。北宋时，赦书是由吏人亲笔抄写，然后专人审查纠错。景德二年（1005 年）判刑部慎从吉建议：“自今遇有赦文颁下，请差三司、馆阁、官告院吏笔札精熟者书写，每本著其姓名，集审刑详议、大理详断官校读，错误者罪之，仍请令

① （宋）赵昇撰，王瑞来点校：《朝野类要》卷 4《翻黄》，中华书局 2007 年版，第 84 页。

中使监莅。”皇帝同意。[1]这种由吏人书写赦书德音的匆忙场面可以从下面这段材料中看到。咸平二年（999年）九月十四日，真宗诏：“刑部每遇颁行赦令，并画时分明誊写勘读，三司每部差五十人，以职员一人管押赴省，及尽取三馆秘阁楷书、官告院书吏分写，仍于发赦半月前，预牒抽差，人写两道，于第一幅背写姓名，如稽缓卤莽，有误颁行，具名闻奏。”[2]从前文赦书内容的确定过程来看，赦文内容基本是在短期两天内确定。每遇赦书颁行，留于吏人的书写时间较短，所需人数较多，在发赦半月前就需要临时抽差很多部门的书写吏人做准备。不同吏人书写字迹会存在不清晰，或者书写、审核不严格，出现疑问或错误，地方州县拿到赦书之后要反复核实。后来，寇准曾经建议赦书“模印以颁四方”，当时受到众人的阻碍，没有得以实施。[3]天圣二年（1024），判刑部燕肃针对“集书吏分录，字多舛误，四方覆奏，或致稽违”。建议镂版印刷，一些人以“版本一误，则误益甚矣”为理由反对，王曾坚决支持燕肃的建议，说：“勿使一字有误可也。”自此，“赦书令刑部摹印颁行”。[4]这样一来，不仅节省了时间，还大量节省了朝廷费用，“旧每岁募书写人，所费三百千，今模印则三十千”。[5]

我们尝试把赦书的形成梳理为几个过程，臣僚奏请——宰相共议——皇帝决策——翰林学士起草，这个过程中流动着的信息是赦书制定的基础，信息的流向是自下而上的。从赦书的制定过程来看，赦书中的内容通常是采集自民间或地方官员，他们的上奏是赦书条目的重要来源；在赦书条目汇集过程中，宰执向皇帝进呈的赦书熟状多被时人称为由各房吏人条具而成，这与宋代赦书条目越来越具体的发展趋势是一致的；在赦书制定过程中，皇帝对赦书内容起着审查与增减的权力，但宋代皇权对

---

① （宋）李焘：《续资治通鉴长编》卷61，景德二年九月戊午，中华书局2004年版，第1366页。

② （清）徐松辑：《宋会要辑稿》职官15之2，中华书局1957年影印本，第2698页。

③ （宋）李焘：《续资治通鉴长编》卷61，景德二年九月戊午，中华书局2004年版，第1366页，小字注文。

④ （宋）李焘：《续资治通鉴长编》卷102，天圣二年十月辛巳，中华书局2004年版，第2368页。

⑤ （宋）李焘：《续资治通鉴长编》卷61，景德二年九月戊午，中华书局2004年版，第1366页，小字注文。

赦书内容的干涉多为皇帝的理性行为。经过翰林学士起草首尾词以后，赦书就可雕版印刷，之后，只等皇帝宣行颁布。

第二节　宋代赦书的颁布

本节选取的研究对象为遍及全国范围的大赦赦书，这类赦书又以明堂赦及南郊赦为代表。因为这些大赦与国家祭奠相结合，宣布范围广、影响深度大，一旦国家发布此类赦书，就会得到全国上下的关注。曲赦赦书或德音因赦免区域或赦免力度较小，所以没有见到宣赦的浩大场面。

宋代大赦颁布场面隆重，宣传的阵势浩大。京城的官员和百姓可以通过宣德楼前的宣赦仪式即时获知赦宥的信息。由于宋代信息传递方式及速度的限制，地方路、州府、县的官员及百姓对这种信息的获取会稍晚于京城。赦书到达州级官府以后，尚要对赦书进行翻黄下发往县镇乡村。在这种情况下，赦书执行中的生效日期就显得至关重要。元丰以前，很多赦书以其在京师的宣布日期为开始生效时间，这就为全国范围的赦书执行造成时间上的不便。元丰六年（1083 年）以后，赦书的生效日期是“以赦到日为限”，[①] 所以朝廷对赦书的传播速度要求很高。

除需要皇帝登楼肆赦的大赦赦书以外，其他赦书、德音的发布场所有所变化。北宋前期，赦书德音在何殿宣布有些争议，见诸《续资治通鉴长编》的多是在乾元殿，而《宋史》多处记载是在文德殿。“若德音赦书自内出者，并如文德殿宣制之仪。”[②]“文德殿，降赦则御焉”。[③] 徽宗时“初建明堂，礼制局列上七议……七曰赦书德音旧制宣于文德殿，自今非御楼肆赦，并于明堂宣读。”[④] 太宗雍熙元年（984 年）七月，曾改乾元殿为朝元殿，改文明殿为文德殿，之后，乾元殿之名应已不复存在，但是《续资治通鉴长编》中在景德四年（1007 年）尚有御朝元殿受朝并发布德音的记

① （宋）李焘：《续资治通鉴长编》卷 334，元丰六年四月癸亥，中华书局 2004 年版，第 8050 页。

② （元）脱脱：《宋史》卷 117《礼二十》，中华书局 1977 年版，第 2774 页。

③ （元）脱脱：《宋史》卷 154《舆服六》，中华书局 1977 年版，第 3598 页。

④ （元）脱脱：《宋史》卷 117《礼二十》，中华书局 1977 年版，第 2772 页。

载。[①]《续资治通鉴长编》中未见文德殿宣赦的记载，不知文德殿宣赦始于何时。徽宗政和七年（1117年），明堂建成以后，因礼制局的建请，不需登楼肆赦的赦书德音就于明堂宣读。南宋高宗绍兴十二年（1142年），前殿修改完毕，“百官听赦书德音麻制，依仪集官于文德殿立班。将来每遇告集百官听宣赦书德音麻制，欲乞将崇政殿权充文德殿立班”。[②]南宋对于一般赦书德音的宣读，是将崇政殿权充文德殿使用，在崇政殿宣布。

宋代大赦赦书的颁布过程主要分为以下几个环节：京师宣赦、赦书向地方州府传递、州府承接赦书、州府向民间传播赦书，以下分别介绍。

一、京城宣赦地点与仪式

（一）京城宣赦地点

北宋皇宫分内朝和外朝两部分，其分界线是一条横穿东西的横街。“文德殿正衙，与大庆殿排行，殿后即是横街。”[③]横街是在大庆殿殿后。宣德楼是宫城南正门，“大内正门宣德楼”，门楼前是约阔200步的御街，属于外朝空间。宣德楼内正殿大庆殿前可容数万人，“每遇大礼，车驾斋宿，及正朔朝会于此殿”。[④]宣德楼是宋代联结皇帝与百姓的标志性建筑，一些场面较大的节日或礼仪活动就在此举行。元宵节前，宣德楼前灯如山海，正月十四日皇帝车驾幸五岳观，晚上在官员、仪仗队、军队的陪同下，浩浩荡荡回宫。“驾登宣德楼，游人奔赴露台下”。[⑤]宣德门前不仅皇帝可以观灯，百姓同样可以观灯，并可在此一睹圣容。因其特殊的礼仪功效，宣德门具有承接宫内宫外的政治功效，具有公众性和开放性。南宋时期，临安府因宫殿前没有较大的空地，“礼毕，就常御殿外宣赦书，以行宫门前地峻狭故也”。[⑥]南宋因为行宫门前空间狭小，没有大广场容纳规模庞

---

① （宋）李焘：《续资治通鉴长编》卷65，景德四年春正月己亥，中华书局2004年版，第1442页。

② （清）徐松辑：《宋会要辑稿》礼8之5，中华书局1957年影印本，第520页。

③ （宋）张舜民：《画墁录》1卷，影印文渊阁四库全书第1037册，第159页。

④ （宋）孟元老撰，伊永文笺注：《东京梦华录笺注》卷1《大内》，中华书局2006年版，第40页。

⑤ （宋）孟元老撰，伊永文笺注：《东京梦华录笺注》卷6《十四日车驾幸五岳观》，中华书局2006年版，第584页。

⑥ （宋）李心传：《建炎以来系年要录》卷47，绍兴元年九月辛酉，中华书局1988年版，第846页。

大的仪卫，也就没有了北宋时期“楼前宣赦万人看”的浩大场面。[①]

北宋京城的宣赦地点就选在了宫城南门——宣德门。宣德门的名称在北宋是不断变化的，因其称为宣德门的时间较长，所以本节在叙述时采用宣德门这一名称。太祖时期，沿用五代名称，仍称五凤楼，后来改称明德门。太宗太平兴国三年（978年）改名丹凤门，九年（983年），改为乾元门。真宗大中祥符八年（1015年）六月，改正阳门。仁宗景祐元年（1034年）正月，改为宣德门。徽宗政和八年（1118年）十月六日，改为太极之楼，重和元年（1118年）正月，复改为宣德门。

我们在史料中看到的不同名称的宣赦地点其实都是宣德门这个位置。太祖乾德四年（966年），“四月三日，合祭天地于圜丘还，御五凤楼肆赦”。[②]太宗端拱二年（989年），以彗星出，“仍令所司择日御丹凤楼肆赦”。[③]真宗“天禧元年正月十日辛亥，有事南郊，行恭谢礼，御乾元门肆赦改元”。[④]仁宗“明道元年十一月六日甲戌，天安殿上设昊天上帝皇地祇位，奉太祖太宗配祭……礼毕辇还，御正阳门肆赦改元”。[⑤]仁宗嘉祐元年（1056年）九月七日诏：“将来（明堂）恭谢……御宣德门肆赦改元”。[⑥]在北宋各个时期，宣德门的称呼不同，所以出现了宣赦地点名称看似混乱的情况，其实际上是在同一个地点。

宣德门在太祖时曾经扩建，“因旧谋新，庀徒僝工。台卑者丰，栋易而隆，椽斫而砻，去地百丈，在天半空”。[⑦]从上述梁周翰所作的《五凤楼赋》中，可以想象宣德楼（时称五凤楼）的高度和气派。到了北宋末，徽宗以古为制，变更法度，重新修建了宣德门，并把以前宣德楼的三个门洞改为五个门洞。“宣德门……祖宗时始增大之，然亦不过三门而已。蔡京本无学术，辄曰：‘天子五门，今三门，非古也。’……因得以借口，穷极土木

---

① （宋）周紫芝：《太仓稊米集》卷32《郊祀纪事十首》，影印文渊阁四库全书第1141册，第222页。

② （清）徐松辑：《宋会要辑稿》礼28之3，中华书局1957年影印本，第1020页。

③ （清）徐松辑：《宋会要辑稿》礼17之11，中华书局1957年影印本，第692页。

④ （清）徐松辑：《宋会要辑稿》礼25之52，中华书局1957年影印本，第980页。

⑤ （清）徐松辑：《宋会要辑稿》礼25之53，中华书局1957年影印本，第981页。

⑥ （清）徐松辑：《宋会要辑稿》礼25之54，中华书局1957年影印本，第981页。

⑦ （明）李濂：《汴京遗迹志》卷19《五凤楼赋》，影印文渊阁四库全书第587册，第751页。

之功，改门名曰‘太极楼’，或谓太极非美名，乃复曰‘宣德门’。”[①]《东京梦华录》所载“大内正门宣德楼，列五门”即是徽宗时的情况。

南宋初年，政局不稳，皇帝居无定所，皇宫未修，面向京城百姓的宣赦仪式就听从给事中唐辉的建议，“行宫南门外地狭，不可布仪卫，望诏有司止于常御殿宣赦”。因地势条件所迫，京城宣赦就只在皇帝常御殿举行。直到绍兴十三年（1143年）十月，“礼部奉常修立行宫门肆赦仪注，其仪大略如前”。[②]南宋皇帝才开始御丽正门肆赦，其仪注和北宋大致相仿。

南宋临安府的宫城正门为丽正门，“大内正门曰丽正”，[③]“今行在内南门名曰丽正，本取重离丽正之义”。[④]南宋临安城的布局有些独特，其宫城位于整座城市的最南端，宫门在宫城的南部，但官员的办公地点却在宫城北部，呈现为“倒龙”结构，其原因是宫城向南即是钱塘江边，没有发展空间，宫门前地势狭长，缺少较大的广场，由于这些客观条件的限制，估计宣赦仪式也没有北宋时浩大。绍兴十二年（1142年）十二月，临安修建宫殿，“百官听赦书德音麻制，依仪集官于文德殿立班，将来每遇告集百官听宣赦书德音麻制，欲乞将崇政殿权充文德殿立班”。[⑤]一般的赦书德音只在权充文德殿的崇政殿集百官宣读。

（二）京城宣赦的礼仪过程

皇祐二年（1050年）九月，仁宗御宣德门颁布明堂赦书，“帝常服御宣德门肆赦，文武内外官递进官有差，宣制毕，宰臣文武贺楼下，帝降座放仗，复命从臣升楼，临阅诸军马队，赐酒五行，罢，帝还宫”。[⑥]皇帝亲临宣德门肆赦的过程在宣读肆赦制书以外，尚包括与朝廷要员一起检阅诸军马队和赐酒等程序，整个礼仪过程一般下午三点到五点结束。以下是各种史籍记载的宣赦具体过程。

《东京梦华录笺注》卷十《下赦》：

---

① （宋）陆游撰，孔凡礼点校：《家世旧闻》，中华书局1993年版，第219–220页。

② （宋）王应麟辑：《玉海》卷67《绍兴肆赦仪注》，影印文渊阁四库全书第944册。第736页。

③ （宋）吴自牧：《梦粱录》卷8《大内》，浙江人民出版社1980年版，第62页。

④ （宋）戴埴：《鼠璞》卷上《丽正门名》，中华书局1985年版，第14页。

⑤ （清）徐松辑：《宋会要辑稿》礼8之5，中华书局1957年影印本，第520页。

⑥ （清）徐松辑：《宋会要辑稿》礼24之29，中华书局1957年影印本，第914页。

车驾登宣德楼，楼前立大旗数口，内一口大者，与宣德楼齐，谓之“盖天旗”。旗立御路中心不动，次一口稍小，随驾立，谓之“次黄龙”。青城、太庙随逐立之，俗亦呼为“盖天旗”。亦设宫架，乐作，须臾击柝之声，旋立鸡竿，约高十数丈，竿尖有一大木盘，上有金鸡，口衔红幡子，书“皇帝万岁”字，盘底有彩索四条垂下，有四红巾者争先缘索而上，捷得金鸡红幡，则山呼谢恩讫。楼上以红绵索通门下一彩楼，上有金凤衔赦而下，至彩楼上，而通事舍人得赦宣读。开封府、大理寺排列罪人在楼前，罪人皆绯缝黄布衫，狱吏皆簪花鲜洁，闻鼓声，疏枷放去，各山呼谢恩讫，楼下钧容直乐作，杂剧舞旋，御龙直装神鬼，斫真刀倬刀，楼上百官赐茶酒，诸班直呈拽马队，六军归营，至日晡时，礼毕。①

《武林旧事》卷一《登门肆赦》：

其日，驾自文德殿诣丽正门御楼，教坊作乐迎导，参军色念致语，杂剧色念口号。至御幄降辇门下，阁门进“中严外办”牌讫，御药喝唱：“卷帘”，上出幄临轩，门下鸣鞭，宫架奏曲，帘卷扇开，乐止，撞右五钟，黄伞才出门下，宰臣以下两拜，分班立。门上中书令称：“有敕立金鸡”，门下侍郎应诺，宣奉敕立金鸡。鸡竿一起，门上仙鹤童子捧赦书降下，阁门接置案上。太常寺击鼓，鼓止捧案至楼前中心，知阁称：“宣付三省”，参政跪受，捧制书出班，跪奏请付外施行，门上中书令承旨宣曰：“制可。”门下参政称：“宣付三省”，遂以制书授宰臣，跪受讫，阁门提点开拆，授宣赦。舍人捧诣宣制位，起居舍人一员摘句读。舍人称：“有制”，宰臣以下再拜，俟读至“咸赦除之”，狱级奏脱枷讫，罪囚应喏，三呼万岁，歌呼而出。候宣赦讫，门上舍人赞，枢密及中书令曲贺两拜，门下宣制舍人捧赦制书授宰臣，宰臣授刑部尚书，尚书授刑房录事讫，归班两拜，致词，三舞蹈，三叩头。知阁称：“有制”，宰臣以下再拜。知阁宣答云：“若是大庆，与卿等同之。”又拜舞如前。门上中书令奏礼毕，扇合，宫架乐作，帘

① （宋）孟元老撰，伊永文笺注：《东京梦华录笺注》卷10《下赦》，中华书局2006年版，第936页。

降，乐止，撞左五钟，门下礼部郎中奏解严。上还幄次，门下鸣鞭，舍人喝："奉敕放仗"，宰臣已下再拜退。次宣劳将士讫，乘辇归内。至南宫门，教坊迎驾，念致语口号如前。至文德殿降辇，舞毕退。弁阳翁诗云："换辇登门卷御帘，侍中承制舍人宣。凤书乍脱金鸡口，一派欢声下九天。"金鸡竿长五丈五尺，四面各百戏，一人缘索而上，谓之"抢金鸡"，先到者得利物，呼万岁。缬罗袄子一领，绢十匹，银碗一只重三两。诸州进奏各院有递铺腰铃黄旗者数人，俟宣赦讫，即先发太平州、万州、寿春府，取"太平万寿"之语，以次俱发，铃声满道，都人竞观。①

宋代宣赦所用金鸡作为一种礼仪工具，往往成为宋代降赦的象征。宋代很多诗都以金鸡指代赦书。如：

《乐章集校注》：

鹤书飞下，鸡竿高耸，恩霈均寰宇。②

《增补武林旧事》卷一《弁阳翁诗》：

换辇登门卷御帘，侍中承制舍人宣。凤书乍脱金鸡口，一派欢声下九天。③

《清献集》卷四《武林冬至日即事》：

况是东吴大有年，晨兴佳气满平川，鲁台纪瑞光诸史，汉殿称觞庆九天，銮辂肃还禋礼毕，鸡竿高揭赦书传，勾萌竞达人知否，占得群阳一日先。④

《江湖小集》卷二十七《端门观习肆赦仪》：

---

① （宋）周密撰：《武林旧事》卷1《登门肆赦》，中华书局2007年版，第13–14页。

② （宋）柳永撰，薛瑞生校注：《乐章集校注》卷上《御街行》，中华书局1994年版，第69页。

③ （明）朱廷焕补：《增补武林旧事》卷1《弁阳翁诗》，影印文渊阁四库全书第590册，第311页。

④ （宋）赵抃：《清献集》卷4《武林冬至日即事》，影印文渊阁四库全书第1094册，第793页。

百官常服拱端门，丹凤衔书下九阍，宰相近前宣授了，齐班舞蹈谢君恩，两边黄幕护朱檐，中贵当头候卷帘，扶起金鸡争抢取，要教天表庶民瞻。[①]

《陆游集》卷四《迎赦呈王志夫、李德孺、师伯浑》：

平明置骑传诏函，帝意欲与东皇参。青城回仗国人喜，金鸡衔赦天恩覃。吾君爱民靡不到，黄纸字密如吴蚕。纪元故事极用九，圣政尽美方登三。嗟余久已去魏阙，梦想豹尾犹毵毵。过郊一月方拜赦，始知身落天西南。欢呼已怪衰病愈，蹈舞更觉春风酣。何当与子归共载，二月起柁江如蓝。[②]

这些诗歌在涉及宣赦时均出现了“金鸡”的字眼。大赦树金鸡起源很早，“《关东风俗传》曰：‘宋孝王问司马膺之后魏、北齐赦日立金鸡事。’膺之曰：‘按海中星占云天鸡星动为有赦。’盖王者以天鸡为度。”[③] 关于金鸡能够成为大赦象征的原因，台湾学者陈俊强曾指出：天鸡是候时机变化的，而且它还是一种阳鸟。“人君治国德刑兼用，阴阳相济，刑杀属阴，赦恩属阳，因此，天鸡星以及赦日树金鸡，应当都是为配合大赦这种阳德之故。”[④] 南宋宣赦时，还有些杂技表演活动，如“百戏踢弄家，每于明堂郊祀年分，丽正门宣赦时用此等人。立金鸡竿，承应上竿抢金鸡，兼之百戏，能打筋斗、踢拳、踏跷、上索、打交辊、脱索、索上担水、索上走、装神鬼、舞判官、斫刀蛮牌、过刀门、过圈子等。”[⑤] 这些活动渲染了大赦时的热闹气氛。

（三）京城宣赦参加人员

皇帝登门宣赦是朝廷较大典礼，所以参加人员较多。我们以太祖朝肆

① （宋）陈起：《江湖小集》卷27《端门观习肆赦仪》，影印文渊阁四库全书1357册，第222页。

② 《陆游集》卷4《迎赦呈王志夫、李德孺、师伯浑》，中华书局1976年版，第121页。

③ （宋）高承撰，金圆、许沛藻点校：《事物纪原》卷3《鸡竿》，中华书局1989年版，第133页。

④ 陈俊强：《皇权的另一面——北朝隋唐恩赦制度研究》第2章“恩赦与礼制”，第113页。

⑤ （宋）吴自牧：《梦粱录》卷20《百戏伎艺》，浙江人民出版社1980年版，第193–194页。

赦为例分析。太祖朝此次大赦对参与宣赦的人员记载较为详细。

首先，“前一日有司设文武百官、皇亲及蕃国、诸州朝贡使、僧道、耆老位于明德门外”。[①]从这句话可以知道：京城文武百官、皇亲、蕃国和诸州的朝贡使、僧人道士以及京城年老之人，他们都是有固定位置的，当然，像皇亲、僧道、耆老应该只能选取一部分具有代表性的人物。

其次，“刑部录御史台、开封府京城系囚以俟”。[②]刑部此时仍是参与大礼的重要部门，“大礼肆赦，则侍郎授赦书付有司宣读，承旨释囚”。[③]刑部官员不能缺少，配合皇帝肆赦礼仪释放的犯人也不能缺少，这些犯人主要是关押在京城御史台及开封府的。宣赦当日，“罪人皆绯绛黄布衫，狱吏皆簪花鲜洁”。[④]有史料显示，唐代京城颁降大赦时，参与到放免仪式的还有地方州县犯人，“凡有赦，则先建金鸡，兼置鼓于宫城门之右。视大理及府、县囚徒至，则挝其鼓”。[⑤]不仅有大理寺的囚犯，还有地方府县囚徒。宋代，只见大理寺、开封府排列罪人于楼前，未知是否有地方州县犯人的代表，此时宣布放免罪人只是一种象征恩典的仪式，他们参与大赦是为了更好地配合礼仪过程。

在肆赦过程中，还有一些陪伴在皇帝周围的官员及掌握整个礼仪过程的人。侍立于皇帝身边的都是级别较高的人，如枢密使副、宣徽使，淳化四年（993年），以苏易简的建请，翰林学士承旨也得以侍立御榻之侧。[⑥]参与并推进整个活动的如仗卫、取鸡口所衔绛幡的竿木伎人、通事舍人、侍臣、太常寺官员、少府监官员、阁门使等。“阁门宣赦书、白麻，旧制则皆为吟哦之声，政和间诏除去，但直道勿吟焉，至今遵用之。”[⑦]阁门使在整个过程中负责宣读赦书，宣读时有其独特语言。真宗在一次肆赦过程

---

① （宋）李攸：《宋朝事实》卷4《郊赦一》，中华书局1955年版，第51页。

② （宋）李攸：《宋朝事实》卷4《郊赦一》，中华书局1955年版，第51页。

③ （元）脱脱：《宋史》卷163《职官三》，中华书局1977年版，第3859页。

④ （宋）孟元老撰，伊永文笺注：《东京梦华录笺注》卷10《下赦》，中华书局2006年版，第936页。

⑤ （唐）李林甫等撰，陈仲夫点校：《唐六典》卷16《卫尉寺》，中华书局1992年版，第464页。

⑥ （宋）李焘：《续资治通鉴长编》卷34，淳化四年十一月丁卯，中华书局2004年版，第759页。

⑦ （宋）蔡絛撰，冯惠民、沈锡麟点校：《铁围山丛谈》卷1，中华书局1983年版，第16页。

中，仅仅仪仗就动用了四千人。[①]

《武林旧事》里保存有南宋时登丽正门肆赦的排位次第，如下：

> 青龙白虎旗各一　　信旗二
> 方圆　　罘罳二　　方扇二
> 旛四　　剑二
> 将军二　　僧众居左
> 道众居右　　玉辂居中
> 太常宫架乐　　宣赦台
> 招拜红旗　　击鼓
> 三院罪囚狱级居左　　御马六匹居右
> 宣制位居中　　横门
> 快行　　承旨
> 三省官已下[②]

据此可知，南宋时宣赦的参加人员有僧道、三院罪犯（此处三院所指不太确定，可能是指临安府三院罪犯，包括临安府院、左司理院、右司理院三院）。狱中管理人员，及三省以下官员等。另外，京城宣赦地点在宫城南门，前面也有交代，宫城南门是皇宫与京城百姓的连结点，宣赦的参加对象也应包括京城百姓。宁宗庆元二年（1196 年）十一月，右丞相京镗上奏说："御楼宣赦，霜日流辉，万姓观瞻，无不欢悦。"[③] 在皇帝宣赦时，京城百姓纷纷来楼前观看，也都参与了这一活动。

二、赦书的传递过程

（一）传递机构

宋代赦书的传递是由进奏院负责的。进奏院是唐朝时期地方藩镇设立于中央的驻京机构，负责探听朝廷信息、接待本地进京人员等，其人员管理和经费支出均由地方藩镇负责。宋朝时期纳入朝廷系统，负责信息的

---

① （元）脱脱：《宋史》卷 117《礼二十》，中华书局 1977 年版，第 2774 页。

② （宋）周密撰，李小龙、赵锐评注：《武林旧事》卷 1《登门肆赦》，中华书局 2007 年版，第 15–16 页。

③ （清）徐松辑：《宋会要辑稿》礼 28 之 38，中华书局 1957 年影印本，第 1038 页。

上传和下达，更多的是负责中央信息的下达。“国朝置都进奏院，总天下之邮递，隶门下后省。凡朝廷政事施设、号令赏罚、书诏章表、辞见朝谢、差除注拟等合播告四方令通知者，皆有令格条目，具合报事件誊报。”[①]宋朝设置有监司机构，负责监察州县，最初很多信息可以从中央下发到监司，再由监司发布到州府，但是速度没有进奏院快。元祐元年（1086 年），京西提刑司奏：“省部条贯，除直下外，有诸州条贯，付转运司押牒入递，分送诸州，率多迟滞。欲乞应颁降新法，以所下转运司印本移送进奏院，令本院坐省符连牒，发送诸州、诸路。”[②]中央发布的法律条贯经由转运司至诸州这条途径经常迟缓，而进奏院的传播速度比较快。凡是朝廷下发的文书均汇集于进奏院，由进奏院向州县发布。人们在官员的谢赦表中可经常见他们所提到“准进奏院递至赦书”。绍兴九年（1139 年）三月十三日，监进奏院罗万、杨適各降一官，因进奏院递发的正月五日赦书有所差漏，“进奏院递发正月五日赦书内，河南新复去处并合交付王伦赍行，不合一面便行入递故也”。[③]此时，因南宋派王伦与金国和谈，谈判取得重大进展，金国同意了归还宋徽宗灵柩、放还宋高宗生母韦太后以及将河南、陕西之地归还南宋等条件，但尚未办理各项交割手续。而进奏院在递发赦书时考虑不周到，将赦书按照普通传递要求发送至河南新收复等地盘。绍兴十七年（1147 年）十月二十八日，监进奏院朱柔嘉言：“祖宗旧制，进奏院除承六部取会承发事务供报外，余并不许侵紊。检准大观进奏院令，除刑部许勾唤进奏官承发非次赦降，及上下半年颁降条册，即时遣赴，并学士院、客省、四方馆许勾唤进奏官整会文字，暂赴外，即无六部许勾唤供报及直送所司断遣条法，乞依旧制施行。”高宗听从之。[④]除了刑部、学士院、客省、四方馆等机构可以随时传唤进奏院传发文书条册以外，其他机构均无权随时传唤进奏院官员。

我们可以很清楚中央发布赦书由进奏院传递，可为什么有的材料里显示地方赦书来自于枢密院呢？并且这种史料并不是孤例。如“臣某言今

---

① （清）徐松辑：《宋会要辑稿》职官 2 之 51，中华书局 1957 年影印本，第 2397 页。

② （宋）李焘：《续资治通鉴长编》卷 374，元祐元年四月己丑，中华书局 2004 年版，第 9058 页。

③ （清）徐松辑：《宋会要辑稿》职官 2 之 49，中华书局 1957 年影印本，第 2396 页。

④ （清）徐松辑：《宋会要辑稿》职官 2 之 49，中华书局 1957 年影印本，第 2396 页。

月十六日，准枢密院递到祫享礼毕大赦一道，当时集官吏、军民宣示施行讫”。[①] 余靖承接到的就是枢密院递到的赦书。按宋代规定，进奏院颁发一般的文书是需要经过枢密院审查的，可大礼赦书从枢密院递发，尚存疑问。

中央登楼肆赦在进行宣赦礼仪活动时，等候向地方发布赦书的人就已经到位。因各地距离京师的路程长短不一，北宋景德元年（1004 年）正月真宗下诏：“今后每发赦书德音，……内川、广、福建、荆湖七路，并先以发遣。”[②] 路程较远的七路先行发遣。南宋周密更为我们描述了这种向地方传布赦书的热闹场面。“诸州进奏院各有递铺腰铃黄旗者数人，俟宣赦讫，即先发太平州、万州、寿春府，取‘太平万寿’之语，以次俱发，铃声满道，都人竞观。”[③] 传递赦书的人属于递铺所管，他们腰中系有铃铛，配上黄色的旗帜，很是引人注目，朝廷故意渲染了这种浩浩荡荡的气氛，以衬托出皇恩浩荡。在传送途中，递铺的士卒“不得（疑为以）昼夜鸣铃走递，前铺闻铃，预备人出铺就道交接，不得时刻住滞”。[④] 其铃声不仅可以渲染气氛，还可以作为一种信号召唤接替者出铺，传递途中不得有任何耽搁。我们可以从时人的一些诗中感受到这种喜庆气氛。

《司马光集》卷七《庆历七年祀南郊礼毕贺赦》：

> 雷鼓千通破大幽，天开狱钥纵累囚。驿书散出先飞鸟，一日恩流四百州。[⑤]

张舜民《画墁集》卷二《宣赦》：

> 击鼓填街道，传声过水滨。国严三岁祀，恩洗万方春。
> 舟楫随南斗，衣冠拱北辰。岭南并岭北，多少望归人。[⑥]

---

① （宋）余靖：《武溪集》卷 16《贺祫享赦表》，影印文渊阁四库全书第 1089 册，第 160 页。

② （清）徐松辑：《宋会要辑稿》职官 15 之 1，中华书局 1957 年影印本，第 2698 页。

③ （宋）周密撰，李小龙、赵锐评注：《武林旧事》卷 1《登门肆赦》，中华书局 2007 年版，第 14 页。

④ 《永乐大典》卷 14575《金玉新书》，中华书局 1986 年版。

⑤ 《司马光集》卷 7《庆历七年祀南郊礼毕贺赦》，四川大学出版社 2010 年版，第 231 页。

⑥ （宋）张舜民：《画墁集》卷 2《宣赦》，影印文渊阁四库全书第 1117 册，第 13 页。

司马光的贺赦诗写出了赦书散布速度之快，“一日恩流四百州”。《宣赦》诗中“击鼓填街道，传声过水滨”。给我们传播了一种浩大的声势，其传播声势足以使赦恩传散到每个角落。

（二）传递速度

京城大赦一结束，等候的进奏院兵卒就马上开始传递赦书。赦书的传递速度关系着地方许多罪犯的赦免，“岭南并岭北，多少望归人”。被朝廷发配于边远州军的罪犯对赦书的期盼难以言表，多少人仰首以望赦书的到达。南宋官员刘克庄因言事得罪，被贬往闽地，在贬所发出了“金鸡何日赦累臣”的感慨，当赦书到达之后，他又作了一首诗：“春信分明到草庐，呼儿沽酒买溪鱼。从前弄月嘲风罪，即日金鸡已赦除。”[①] 描述了他看到赦书的喜悦之情，赶快召唤孩子去买酒买鱼准备庆祝一番。晁补之写道：“山犹故险水犹奔，无复前年溅泪痕，自是人心随境别，橹声帆色尽君恩。”[②] 也同样表达了贬降官员遇赦之后对皇恩的感激。

宋代递铺承担了传递官方文书、军事命令、收集信息情报等任务，其传递方式有三种：步递、马递、急脚递。北宋沈括记载：“驿传旧有三等：曰步递、马递、急脚递。急脚送最遽，日行四百里，惟军兴则用之。熙宁中，又有金字牌急脚递，如古之羽檄也。以木牌朱漆黄金字，光明眩目，过如飞电，望之者无不避路，日行五百余里。有军前机速处分，则自御前发下，三省枢密院莫得与也。”[③]不同级别的文书传递速度是不一样的，赦书是以最快速度传递的。皇祐元年（1049 年），规定“马铺以昼夜行四百里，急脚递五百里”。[④] 据曹家齐先生考证，急脚递是铺兵脚走传递和骑马传递两种方式并存，赦书按照最快速度传递，此时赦书应是入急脚递日行五百里。[⑤] 熙宁年间，赦书划归新创设的金字牌递中，金字牌递属于急脚递中传

① （宋）刘克庄：《后村集》卷 10《病后访梅九绝》，影印文渊阁四库全书第 1180 册，第 106 页。

② （宋）晁补之：《鸡肋集》卷 21《遇赦北归》，影印文渊阁四库全书第 1118 册，第 548 页。

③ （宋）沈括著，胡道静校证：《梦溪笔谈校证》卷 11《官政一》，上海古籍出版社 1987 年版，第 416 页。

④ （宋）李焘：《续资治通鉴长编》卷 167，皇祐元年十月壬午，中华书局 2004 年版，第 4019 页。

⑤ 曹家齐：《宋代急脚递考》，《中国史研究》2001 年第 1 期。

递最快的一种，日行五百里，中途不得入铺，只用来传递赦书及军机要务。金字牌的形状“长尺余”[①]，“如古之羽檄也，以木牌朱漆黄金字”，其传递时“光明眩目，过如飞电，望之者无不避路。日行五百余里”，速度极快。

宋代不仅从传递方式上加快赦书的传递，同时还用法律约束赦书按时到达。根据邮传管理规定，三种递送形式计算路上行程，根据延误的天数制定不同的刑罚，并明确了长官的监督责任。元祐六年（1091年），规定“赦降入马递，日行五百里。”“违不满时者笞五十，一时杖八十，一日杖一百，二日加一等，罪止徒三年。”[②]政和七年（1117年）九月二十一日，诏：“应颁朔布政诏书入急脚递，依赦降法。”[③]也表明赦书是入急脚递。南宋时期，重建文书邮传系统，“建炎三年……又制金字牌，凡赦书及军机要切则用之，自内侍省遣焉，日行五百里”。[④]赦书仍用金字牌日行500里传递。

事实上，从个别例子分析，我们可以推测出宋代赦书的传递速度并未达到制度上的规定。因赦书一到地方是马上就要对民众宣布的，所以通过地方接收到赦书的时间考察赦书的传递速度是可行的。宋代地理志类书籍中只有《元丰九域志》记载了各个州府至京师开封的距离，本书就依照《元丰九域志》记载的距离为准，考察赦书的传递速度。另外，本书选取的案例均在北宋中期，采取《元丰九域志》为证据是可靠的。

《司马光集》卷四十八《乞不贷强盗白札子》：

（曹州）今年三月六日赦，七日到州。[⑤]

曹州距离东京240里，[⑥]以赦书日行500里的速度，确实是一天即能传到。

《曾巩集》卷二十七《贺熙宁四年明堂礼毕大赦表》：

---

①（宋）李焘：《续资治通鉴长编》卷339，元丰六年九月丁卯，中华书局2004年版，第8172页。

②（宋）李焘：《续资治通鉴长编》卷457，元祐六年四月丁酉，中华书局2004年版，第10939页。

③（清）徐松辑：《宋会要辑稿》礼24之82，中华书局1957年影印本，第940页。

④（元）马端临：《文献通考》卷115《圭璧符节玺印》，中华书局1986年版，考1042。

⑤《司马光集》卷48《乞不贷强盗白札子》，四川大学出版社2010年版，第1025页。

⑥（宋）王存等编著，王文楚、魏嵩山点校：《元丰九域志》卷1，中华书局1984年版，第18页。

> 今月十三日枢密院递到赦书一道，以宗祀明堂礼毕大赦天下。臣已实时集军州官吏、将校等宣布讫。①

熙宁四年（1071年）明堂大赦，《续资治通鉴长编》记载为九月辛卯，查陈垣《二十史朔闰表》可知，该日为九月初十。初十日赦书从京城发出，十三日到州。曾巩熙宁四年（1071年）出知齐州，他是在齐州接到赦书的。②齐州属于京东东路，与京城开封相距九百里，③日行500里的话应该两天到达，最迟应于十二日到达，实际上赦书十三日到州，此次赦书传递了3天。

《曾巩集》卷二十七《贺熙宁十年南郊礼毕大赦表》：

> 今月初七日递到赦书一道，以十一月二十七日南郊礼毕大赦天下者。臣已集军州官吏、将校、军民等宣读讫。④

熙宁十年（1077年），曾巩知洪州军州事，⑤洪州属江南西路，“地里东京两千三百里”，⑥按照赦书要求的传递速度应为5天到达，事实上，这次赦书传递了10天。

《曾巩集》卷二十七《贺元丰三年明堂礼毕大赦表》：

> 今月二十日枢密院递到赦书一道，以明堂礼毕大赦天下者，已实时集军州官吏、军民宣读讫。⑦

元丰三年（1080年）明堂大赦是在九月二十二日，⑧曾巩在元丰二年（1079年）五月三十日受命徙知亳州，七月十六日到任。元丰三年秋，诏令移往

---

① 《曾巩集》卷27《贺熙宁四年明堂礼毕大赦表》，中华书局1984年版，第418页。

② 王琦珍：《曾巩评传》附录“曾巩年谱”，江西高校出版社1990年版，第261页。

③ （宋）乐史撰，王文楚等点校：《太平寰宇记》卷19《齐州》，中华书局2007年版，第382页。

④ 《曾巩集》卷27《贺熙宁十年南郊礼毕大赦表》，中华书局1984年版，第418页。

⑤ 王琦珍：《曾巩评传》附录“曾巩年谱”，江西高校出版社1990年版，第264页。

⑥ （宋）王存等编著，魏嵩山、王文楚点校：《元丰九域志》卷6，中华书局1984年版，第249页。

⑦ 《曾巩集》卷27《贺元丰三年明堂礼毕大赦表》，中华书局1984年版，第419页。

⑧ （宋）李焘：《续资治通鉴长编》《宋会要辑稿》及《宋大诏令集》均记载此次大赦在9月22日。

河北东路知沧州，具体日期未见，只见十月二十六日，赐对延和殿，可见他在卸任亳州到上任沧州之间，来到了京师开封。[①] 亳州距离京师405里，[②] 其起身赴京时期应在十月份，而且，他在贺赦表中也明确交代了已经召集本州官吏军民宣读，元丰三年九月明堂礼毕大赦表应为他在亳州时所上。以此推断，他上贺赦表一定是在十月份，可亳州离开封仅有405里的距离，赦书不应该传递20多天才到达，这则史料的时间实在有点令人匪夷所思。

余靖《武溪集》卷十六《贺南郊赦表》：

> 臣某言今月十六日马递赦书一道至邕州，以十一月十四日南郊礼毕大赦天下者。当时集本州官吏、军民等对众宣示，依例施行讫。[③]

余靖所在的邕州在广南西路，"地里东京四千六百里"，[④] 赦书如果按照最高速度到达的话，需要10天，那么皇祐五年（1053年）十一月十四日的赦书至少在十一月二十四日才可以到达，余靖所说的十六日我们可以肯定不是在十一月份，非常有可能是十二月十六日，也就是说赦书晚到20多天。结合广南西路地处北宋的西南边陲，这一年邕州刚平定持续近一年的侬智高叛乱，赦书到达时间比规定要晚半个月左右。

《武溪集》卷十六《贺曲赦表》：

> 臣某言今月初一日马递赦书一道至安抚司，以杀获蛮寇收复邕州曲赦广南东西路者。登时同官吏集众宣示军民，依例施行讫。[⑤]

曲赦广南东西路是在皇祐五年（1053年）二月甲申。查《二十四史朔闰表》，该日为二月十四日，二月十四日的曲赦赦书于三月初一到达广南西路安抚

---

① 王琦珍：《曾巩评传》附录"曾巩年谱"，江西高校出版社1990年版，第265–266页。

② （宋）王存等编著，魏嵩山、王文楚点校：《元丰九域志》卷5，中华书局1984年版，第192页。

③ （宋）余靖：《武溪集》卷16《贺南郊赦表》，影印文渊阁四库全书第1089册，第160页。

④ （宋）王存等编著，魏嵩山、王文楚点校：《元丰九域志》卷9，中华书局1984年版，第422页。

⑤ （宋）余靖：《武溪集》卷16《贺曲赦表》，影印文渊阁四库全书第1089册，第159页。

司，据《岭外代答》：“本朝皇祐中，置安抚经略使于桂州。”[①]其安抚使司治所应在桂州，桂州“地里东京三千六百八十一里”。[②]赦书传递经过了15天。按赦书传递速度规定，应该是8天到达，这次赦书又晚到了7天。

另外还有一个赦书传递的具体案例，元祐元年（1086年）三月哲宗即位赦书中有一项规定不让缘边州郡守臣骚扰外界生事。吕惠卿当时在太原，他于四月十七日让折克行部下数万人出兵西夏进行讨荡，御史中丞刘挚弹劾吕惠卿公然违背赦书，并计算了三月六日即位赦书到达太原的大概日期，“盖三月六日赦计程到太原，当在中旬间”。[③]太原府“地里东京一千二百里”，[④]按照赦书传递速度要求，到达太原应该需要不到3天时间，那么应该在三月上旬到太原。时人刘挚认为赦书三月中旬，这也说明赦书日行500里并没有实现。

南宋时，赦书传递的速度也未能达到日行500里的要求。“近岁邮置之最速者，莫若金字牌递，凡赦书及军机要务则用之，仍自内侍省遣拨，自行在至成都率十八日而至，盖日行四百余里。”[⑤]建炎时期的金字牌递最快日行400里，仍没有达到500里的速度。彭龟年在《论淮东浙西递角违期奏》中说：“据本军申，近日诸递违滞不特此尔。登极赦至本军迟两日十一时，金字牌至本军迟三日一时。夫二者期限比寻常文书最急者也，赦书字牌尚且违之，则他可知矣。”从作者另外一句话：“初三日得泗州牒报，即时入粉牌递申朝廷，粉牌递日行三百五十里，合以三日至进奏院，今乃用六日，是违滞三日也。”[⑥]可知盱眙军距离临安1000里左右，可见，南宋的邮传系统一样经常雍滞违期，粉牌和金牌传递均多花费了一倍的

① （宋）周去非著，杨武泉校注：《岭外代答校注》卷1《地理门》，中华书局1999年版，第1页。

② （宋）王存等编著，魏嵩山、王文楚点校：《元丰九域志》卷9，中华书局1984年版，第419页。

③ （宋）李焘：《续资治通鉴长编》卷379，元祐元年六月甲午，中华书局2004年版，第9203页。

④ （宋）王存等编著，魏嵩山、王文楚点校：《元丰九域志》卷4，中华书局1984年版，第161页。

⑤ （宋）李心传撰，徐规点校：《建炎以来朝野杂记》乙集卷9《金字牌》，中华书局2000年版，第650页。

⑥ （宋）彭龟年：《止堂集》卷5《论淮东浙西递角违期奏》，中华书局1985年版，第70页。

时间，甚至出现了“过郊一月方拜赦”的情况。[①]

通过以上例子可以看出，宋代赦书在近距离内的传递是基本上可以保证时限的，而到达距离京师较远的州往往不准时。虽然宋代赦书的传递速度达不到法令要求，但较之其他诏令仍然是比较快速并能到达目的地。如南宋高宗即位于战火纷飞之时，朝廷政局不稳，政令传递受阻，建炎元年（1127 年）九月，臣僚上言：“有司失职，邮传不通。陛下即位以来诏令多矣，而浙东州军所被受者惟两赦及四五御札，其他片纸不传。浙东距行在止二千余里，而命令阻绝如此，彼川、广、福建可知矣。”[②]

宋代对赦书的延迟采取了相应的补救措施，“诸赦降计程过三日未到者，牒比州即时誊写，委官校勘毕报，州得报准赦降行。仍以违制下所属纠治及申尚书刑部”。[③] 即如果赦书超过应到日期 3 天，州府就要行牒相邻州府，牒是平行官司之间文书来往的称呼，委派官员去邻州抄写，校勘之后准赦施行。然后，地方州府还要纠察赦书未到的原因，并且把此事上报于尚书刑部。

三、州府对赦书的承接

在赦书到达地方之前，有时会有赦降消息到达地方，还有些赦书是官员根据宋代赦降惯例推测而知的。

朱熹在潭州斩大囚的事例就是依据一些征兆推测会有大赦，“晦翁帅潭，一日得赵丞相简密报，已立嘉王为今上，当首以经筵召公。晦翁藏简袖中，竟入狱取大囚十八人立斩之，才毕而登极赦至”。[④] 按照宋代惯例，登极为朝廷大事，新皇帝即位必有大赦。朱熹就根据丞相赵汝愚透露的信息断定大赦赦书即将到来，在大赦前斩杀罪犯。当时，对处决死囚是有严格的时间限制的，需要“待时”而决。“诸立春以后、秋分以前决死刑者，徒一年。其所犯虽不待时，若于断屠月及禁杀日而决者，各杖六十待时而

---

① （宋）陆游：《剑南诗稿》卷 4《迎赦呈王志夫、李德孺、师伯浑》，影印文渊阁四库全书第 1162 册，第 72 页。

② （清）徐松辑：《宋会要辑稿》方域 10 之 42，中华书局 1957 年影印本，第 7494 页。

③ （宋）谢深甫监修：《庆元条法事类》卷 16《赦降》，黑龙江人民出版社 2002 年版，第 340–341 页。

④ （明）陶宗仪编：《说郛》卷 22 上《晦翁斩大囚》，影印文渊阁四库全书第 877 册，第 261 页。

违者，加二等。”[①] 断屠月是指正月、五月、九月。禁杀日指每月十直日，月一日、八日、十四日、十五日、十八日、二十三日、二十四日、二十八日、二十九日、三十日。一年之中死刑一般应该在秋后执行，如此方符合自然界的生死循环规律。嘉王即宋宁宗即位是在当年七月二十四日，赦书最迟应在七月底八月初到达潭州，朱熹提前处决死刑犯人应该未过秋分节气。另一则例子，建炎三年（1129年），苗傅、刘正彦发动“苗刘之变”，逼迫高宗禅位于三岁小皇帝，之后，颁发了即位赦书。“是日，赦书至平江府，礼部侍郎、节制军马张浚闻有赦，虑时方艰危，事变莫测，谕守臣秘阁修撰汤东野遣亲官至前路发封以告。少顷，东野驰来曰：‘事变矣’，袖以视浚。时府中军民已知有赦。浚谓东野苐登谯门（城门上的望楼）宣有旨，犒设诸军一次，内外乃定。”[②] 赦书到达之前，地方可能会得到即将大赦的消息，但是无法获知具体内容。如苗刘之变时的赦书到达平江府，张浚颇为怀疑，就令汤东野派人前往半路截取赦书，看到了是朝廷中发生变故。他不愿发布该消息，但是军民此时都已经知道有赦书到达，按照惯例会有赏赐，所以张浚就让平江知府汤东野假传圣旨犒劳全军。从这个事件可以看出，赦书到达之前会有人提前知会州府，使州府做好承接赦书的准备，具体由谁来通知州府，则未见记载。

宋代未见州府接收赦书礼仪的直接记载，唐代是有这方面的记载的。日本僧人圆仁在《入唐求法巡礼行记校注》中写道：“州判官、录事等，县令、主簿等，兵马使、军将、军中、行官、百姓、僧尼、道士各依职类，列在庭东边，向西而立。……令衙官披诏书。其二人着绿衫。更有衙官两人互替读，声大似本国申政之声。诏书四五纸许。读申稍久，诸人不坐。读诏书了，使君以下诸人再拜。……军将唱：‘好去。’一时唱诺。官人、诸军、僧道、百姓于此散去。”[③] 又如“应集文官以次入，就位立定。持案者进使者前，使者取赦书，持案者退复位。使者称有制，刺史以下皆再拜，

---

① （宋）窦仪等撰集：《宋刑统》卷30《决死罪》，中华书局1984年版，第485页。

② （宋）李心传：《建炎以来系年要录》卷21，建炎三年三月丙戌，中华书局1988年版，第423页。

③ ［日］圆仁撰，白化文等校注：《入唐求法巡礼行记校注》卷3，花山文艺出版社1992年版，第403页。

宣赦讫，又再拜，舞蹈，又再拜。本司释囚”。[①]

按照宋代礼仪，地方官员在接到皇帝的赦书之后，要向皇帝上谢赦表，并在谢赦表里对皇帝汇报赦书的宣布与执行情况。谢赦表可以由官员自己拟写，或是请属官代写，表达的信息是可靠的。根据宋人文集里的谢赦表，能够寻找向地方宣赦时的蛛丝马迹。

（一）州府拜赦的参与者

赦书承载的是皇帝的恩典，下达到地方以后，要求地方官进行广泛宣传，扩大知情人员和参与人员的范围。张舜民的《宣赦》诗写道：“击鼓填街道，传声过水滨。”推想应该是地方长官接到赦书之后，通过击鼓声向民众传递消息，集合大家拜赦。石介《徂徕石先生文集》：“去年经春频肆赦，拜赦人忙走如马。”[②]石介的诗批评了宋代频繁宣赦对民间正常生活秩序的扰乱，拜赦的参与者应该是人数不少，接到肆赦消息后，匆匆忙忙地赶往宣赦地点。欧阳修《拜赦》一诗描绘了向地方民众宣赦的场面，“拜赦古州南，山火明烈烈。州人共喧喧，两丱扶白发。丁宁天语深，旷荡皇恩阔。乃知天地施，幽远无间别。欣欣草木意，喜气消残雪。”[③]通过州人声音的“共喧喧”描述宣赦前集合的人数之多，其中还包括梳着羊角辫的儿童和白发老人。程俱的《北山集》写道：“宣赦之日，百姓闻之皆稽首感忭，欢颂之声如出一口。”[④]在宣赦时，参与的百姓和官员“稽首”拜赦，即跪着听赦，并要表达出欢颂之声。

参加州府宣赦的人员具体来说，一般包括官员、民众、僧人、道士、军人等。如蔡襄提到：“臣某言今月二十三日马递到赦书一道，以南郊礼毕，大赦天下者。臣当时集本州官吏及僧、民、军、道等宣布，并行下管属十县讫。”[⑤]州府长官在召集百姓宣赦之后，还要向所属县级官府继续传

---

① （唐）《大唐开元礼》卷130《皇帝遣使诣诸州宣赦书》，影印文渊阁四库全书第646册，第762页。

② （宋）石介著，陈植锷点校：《徂徕石先生文集》卷2《麦熟有感》，中华书局1984年版，第11页。

③ 《欧阳修全集》卷4《拜赦》，中华书局2001年版，第60页。

④ （宋）程俱：《北山集》卷35《吴江县申乞准赦放秋苗议状》，影印文渊阁四库全书第1130册，第342页。

⑤ （宋）蔡襄著，吴以宁点校：《蔡襄集》卷24《贺赦表》，上海古籍出版社1996年版，第414页。

达。张咏说："臣某言：今月日密院递到祀后土礼毕赦书一道，臣当时集军州官吏、僧道、百姓宣谕讫。"[①] 州县参加宣赦的人员有军人、官吏、僧道及百姓。其中，僧道在宣赦之时往往会被单独列出，京城宣赦之时，会为他们设专门的席位；地方宣赦时，也会召集他们听赦。他们应该是参与到宣赦活动中有特殊意义的一个群体。

（二）州府宣赦的地点及礼仪

一般情况下，赦书到达州府之后的宣布地点是在州的南门，"赦到吏民会听于州南门"。[②] 上述欧阳修所作拜赦诗，也点明了地点是在"古州南"。这些和《通典》所记唐代州县宣赦时的场所一样都在州城的南门，想必州府的南门应该是地方上一个比较重要的礼仪场合。

宋代未见向州府宣布赦书、州府接收赦书的礼仪的具体记载。天章阁待制知同州唐重上疏："臣于今月十七日恭奉初一日皇帝登宝位赦书，望阙宣读"。[③] 又如"今月十二日准进奏院递到赦书一道，臣已即躬率统制、统领、将佐、官属等望阙宣读"。[④] 以上两则均提到"望阙宣读"，即面对皇帝所处地。绍兴九年（1139 年），李显忠在延安接到宋金讲和赦书时，"即率所部南望拜赦"，[⑤] 即面向皇帝居所临安方向拜赦。官员见赦如见皇帝，面向京城拜赦以示对皇帝诏令的尊重。

（三）赦书的宣读

唐代，赦书是由中央的使者宣读。宋代，赦书应该是由地方长官宣读的，知府、州、军、监的职责之一就是"有赦宥，则以时宣读而班告于治境"。[⑥] 在宋人的谢赦表里经常看到州府长官集合参加人员宣赦，但未说明是由谁来宣读。像上文唐重的上表"恭捧……赦书，望阙宣读"，推想应为

---

① （宋）张咏，《张乖崖集》卷 10《贺祀后土礼毕大赦表》，中华书局 2000 年版，第 114 页。

② （宋）邹浩：《道乡集》卷 27《送靖检法序》，影印文渊阁四库全书第 1121 册，第 403 页。

③ （明）黄淮、杨士奇：《历代名臣奏议》卷 84《经国》，影印文渊阁四库全书第 435 册，第 375 页。

④ （宋）岳珂编，王曾瑜校注：《鄂国金佗粹编续编校注》卷 10《谢讲和赦表》，中华书局 1989 年版，第 831 页。

⑤ （宋）李心传：《建炎以来系年要录》卷 129，绍兴九年六月壬申，中华书局 1988 年版，第 2090 页。

⑥ （元）脱脱：《宋史》卷 167《职官七》，中华书局 1977 年版，第 3973 页。

州府长官宣读。元符元年（1098 年），哲宗命令“自今宣赦书德音，轮小两省官一员往宣读处指摘句读”。[①] 这小两省官是指门下省的起居郎和中书省的中书舍人，合称“小两省官”。这则材料没有说清楚该小两省官员是指导中央还是地方州府宣赦。上文所说的“浚谓东野茀登谯门（城门上的望楼）宣有旨”，朝廷旨意应是由平江府守臣所宣，那么赦书应该也由州府的长官宣布。有时，地方长官的素养也关系到对赦书的理解，《说郛》记载了这样一件事：“蕲州一日有赦书至，乃绍圣五年五月朔受传国宝赦也，郡官未知赦因，请问太守。其守妄人也，曰：‘此赦以近修大庆殿成耳’，乃是赦文中有一句云‘告成大庆’。”[②] 盖此知州未能明了赦书中首词的含义。

北宋时赦书德音有独特的宣读语调，《铁围山丛谈》记载：“阁门宣赦书白麻，旧制则皆为吟哦之声。政和间诏除去，但直道勿吟焉，至今遵用之。”[③] 又如“京师凡卖一物，必有声韵，其吟哦俱不同。故市人采其声调，间以词章，以为戏乐也。今盛于世，又谓之吟叫也”。[④] 吟哦是宋人话语的一种语调，其具体情形是：“苏子由诗云：‘明日白麻传好语，曼声微绕殿中央。’盖昔时宣制皆曼延其声，如歌咏之状。”[⑤] 直到徽宗政和年间才取消了这种宣读方式，改吟为道。中央在宣读赦书时的“如歌咏之状”，是否也是对地方官员的宣读要求，哲宗时所派遣的小两省官指摘句读是指导断句还是指导宣读语调，我们未能找到史料记载。

四、州府对赦书的宣行

宋代中央对赦书的传递延伸到州府一级，继续向县镇传递赦书则是州府的职责。州府宣读赦书后，首先要翻黄赦书多份。一是赦书要入库，以备做档案保存；二是赦书要张贴于县乡村，继续向民众传递信息。

宋初，地方州县广建敕书楼，用以存放中央和地方的制敕文书，北宋末期，赦书转入架阁库管理。监司、郡守宣布赦书之后首先要准备放入架

① （宋）李焘：《续资治通鉴长编》卷 504，元符元年十二月乙亥，中华书局 2004 年版，第 12003 页。

② （明）陶宗仪编：《说郛》卷 43 下，影印文渊阁四库全书第 878 册，第 371 页。

③ （宋）蔡絛撰，冯惠民、沈锡麟点校：《铁围山丛谈》卷 1，中华书局 1983 年版，第 16 页。

④ （宋）高承：《事物记原》卷 9《吟叫》，中华书局 1989 年版，第 496 页。

⑤ （宋）陆游：《老学庵笔记》卷 10，中华书局 1979 年版，第 127 页。

阁库的赦书。北宋初，太宗淳化三年（992 年）诏令："自今诸道州府军监县等，应前后所受诏敕，并藏于敕书楼，咸注于籍，受代日，交以相付，仍于印纸、南历子内批书，违者论其罪。"① 把对敕书楼里档案文书的管理纳入对官员考课的项目，敕书楼里应有架阁库，用以登记并存放中央和地方文书。宋代地方对文书的管理是相当严格的，北宋官员李元弼所作《作邑自箴》，对管理州县架阁库的建议是"诸案架阁文字，外封上题写架阁人吏姓名，花字押。应点数敕书，逐一以案卷勘对，遂无漏落"。② 此处存放的估计应该是敕书的原版，也就是朝廷所下发的文书。"诸赦降，发运、监司及州县并置库，余官司于本厅封锁，法司掌之。无法司者，选吏兼掌，替日对簿交受。"③ 地方监司与州县都有专人负责掌管接收到的朝廷赦降。

州县行下乡村的赦书为地方官府"翻黄"的赦书。"翻黄：监司、郡守备录赦文而行下所部也。"④ 监司和州郡负责誊录赦文，然后翻黄行下所辖地区。翻黄之名估计是取自文书颜色，《庆元条法事类》卷十六《赦降》规定："诸翻录制敕、赦书、德音，其纸用黄。（须无粉药者。）"⑤ 即用黄色的纸张誊写赦书。"其赦书、德音，州以黄纸印给县镇寨乡村晓示。"⑥ 也有材料显示南宋时期地方赦书的散发是由监司印版发下的，《庆元条法事类》卷十六："诸被受赦降应誊报者，誊讫，当职官校读，仍具颁降、被受月日。行下民间通知者，所属监司印给，榜要会处，仍每季检举。"⑦ 庆元以后，中央直接把赦书下发到县级官府，"自庆元末诸县亦降黄赦，盖从臣僚请也"。⑧ 地方官府翻黄赦书是有时间限制的，文书《程限令》规定："诸受制敕应翻录行者，给书写程，急速限当日，满百纸一日，二百纸以上

---

① （清）徐松辑：《宋会要辑稿》方域 4 之 11，中华书局 1957 年影印本，第 7376 页。

② （宋）李元弼：《作邑自箴》卷 2《处事》，四部丛刊本，第 16 页。

③ （宋）谢深甫监修：《庆元条法事类》卷 16《赦降》，黑龙江人民出版社 2002 年版，第 341 页。

④ （宋）赵昇撰，王瑞来点校：《朝野类要》卷 4《翻黄》，中华书局 2007 年版，第 84 页。

⑤ （宋）谢深甫监修：《庆元条法事类》卷 16《赦降》，黑龙江人民出版社 2002 年版，第 340 页。

⑥ （宋）谢深甫监修：《庆元条法事类》卷 16《赦降》，黑龙江人民出版社 2002 年版，第 341 页。

⑦ （宋）谢深甫监修：《庆元条法事类》卷 16《赦降》，黑龙江人民出版社 2002 年版，第 341 页。

⑧ （宋）赵昇撰，王瑞来点校：《朝野类要》卷 4《翻黄》，中华书局 2007 年版，第 84 页。

二日，每二百纸加一日。……即军务急速，不以纸数皆限当日发出。”[①]赦书应属于朝廷急速文字，书写程限应按照急速规定。不过考虑到南宋时期赦书内容急速膨胀，其书写时间也应有所放宽。

“诸大礼御札已到，提点刑狱司具录于法不以大礼赦原事，（谓翻论公事不实及强盗之类。）遍下州县乡村榜谕。”[②]提点刑狱司参与宣布的赦书内容是“不以大礼赦原事”，把这些内容翻录“榜谕”州县乡村。涉及刑狱方面的事件有提点刑狱负责，是否涉及民事的就有转运使负责？这也是本书关注的问题，在赦书的实施部分当有所考察。

朝廷官府的诏敕政令颁布于州县，多于治所之地粉壁宣传。粉壁即类似于今日之黑板，是经过粉刷处理过的墙壁，多设置于衙门、集市、城门、交通要道等人流量比较大的地方。[③]朝廷政令还要走出城门向乡村传布，从宋代史料来看，其传播方式主要以张挂于民间为主，辅助以士人乡贤在市井坊间、乡间村落的口口相传。

绍兴二年（1132年）十一月，高宗下诏江、湖、闽、浙、广南路州县官吏：“虽诏书宽恤、赦令蠲除以时而下，尚虑奉行之吏便文自营，徒挂墙壁。”[④]周必大在淳熙六年（1179年）议论明堂赦书时说：“去取之文词虽繁，卓然可行者少，故州县亦视为常程，未免徒挂墙壁。”[⑤]均指出宋代赦书由张挂于墙壁的途径传播。周紫芝在《拟廷试策一道》对策中说：“赦令宽恤之书，与天下更始，四方之所取信在此也。今有天子诏旨犹挂壁墙，而催科之吏已遍墟落，则陛下之号令，可谓不一矣。”[⑥]作者在批判赦书不被执行时，也向我们传递了另外一个信息：赦书“挂壁墙”，赦书传递到民间时，采用的是张挂在村落墙上的方式。程俱《北山集》卷35提及：“宣

① （宋）谢深甫监修：《庆元条法事类》卷16《程限》，黑龙江人民出版社2002年版，第351–352页。

② （宋）谢深甫监修：《庆元条法事类》卷16《赦降》，黑龙江人民出版社2002年版，第340页。

③ 高柯立：《宋代的粉壁与榜谕：以州县官府的政令传布为中心》，《文史》2004年第1辑。

④ （宋）李心传：《建炎以来系年要录》卷60，绍兴二年十一月乙丑，中华书局1988年版，第1030页。

⑤ （明）黄淮、杨士奇：《历代名臣奏议》卷218《赦宥》，影印文渊阁四库全书第439册，第262页。

⑥ （宋）周紫芝：《太仓稊米集》卷47《拟廷试策一道》，影印文渊阁四库全书第1141册，第328页。

赦之日，百姓闻之皆稽首感忭，欢颂之声如出一口。寻已翻黄张挂及行下乡村晓示人户。”[①] 也是采取张挂赦书的方式。

王十朋在写给邵提刑的书信中指出：“伏睹主上躬断以来，宽恤之诏，下无虚日。然而实惠未孚于民者，盖由守令不能奉行之弊。昔人谓徒挂墙壁，今则初未尝挂。凡遇诏下，事有便于民，而不便于吏者，或宣毕而遂匿，或略挂而遽收。故上虽有良法美意，下不得而知者多矣。”[②] 王十朋揭露了宋代朝廷所下的恩诏实惠未及于民，其原因就在于州县长官不能奉行政令。皇帝下发的诏令被官吏操作，他们暗自缩小该信息在民间的传播范围，或者缩短张榜公布的时间。赦书也是皇帝诏书的一种，其传播范围与诏书相差无几。南宋廖刚也说：“大抵赦书多只略行张挂，随即收藏，盖奸贪之吏尚欲取之于民，故不乐使之通知。”[③] 赦书下达到民间后确实也张挂宣传了，只是官吏为了自己的利益，选择性地张挂一些时间，马上又收藏起来了，其目的仍然是不想让民众周知赦书内容。

《朱熹集》卷100《约束榜》：“照应本州近于七月十七日准登宝位赦书，内一项应官司房廊白地赁钱并放至绍熙四年终，已出榜都市，晓示去讫。”[④] 赦文也是以出榜的方式宣示。从上则材料来看，朱熹特意交代了登极赦书中放免官司房廊白地赁钱一项已出榜晓示。我们的疑惑是赦书的其他内容是否也被晓示，因赦书内容庞杂，宋代州府在向民间传播赦书信息时，采取全文翻黄张挂还是摘录内容分处张挂呢？

从唐朝中后期开始，赦书内容已经开始膨胀。唐懿宗咸通七年（866年）十一月大赦赦书内容对赦书下达民间后的宣传做了规定：“赦书到后，各委本道全写录于县门榜示。但缘事理繁细，纸数颇多，减放矜蠲，头项埋没，乡村百姓，无因得知。宜令所在长吏，细详各据本处百姓合得免科

---

① （宋）程俱：《北山集》卷35《吴江县申乞准赦放秋苗议状》，影印文渊阁四库全书第1130册，第342页。

② （宋）王十朋：《王十朋全集》文集卷21《与邵提刑》，上海古籍出版社1998年版，第924页。

③ （宋）廖刚：《高峰文集》卷5《转对言州县废格德音奏状》，影印文渊阁四库全书第1142册，第359页。

④ 《朱熹集》卷100《约束榜》，四川教育出版社1996年版，第5121页。

段，一一竖项作小牓，于要路晓谕，令百姓知悉。”[①] 懿宗咸通七年（866年）的大赦赦书交代了向民众传递的方式，赦书本应全文抄写于县衙门口，因其篇幅较长，如果全部张贴，就会显得毫无头绪，所以要求地方官员摘录跟本地百姓利益相关的内容，竖刻在木板上，立在人户出入较多的交通要道通知百姓。

我们以南宋宁宗绍熙五年（1194年）九月（时已即位未改元）明堂赦为例分析，该次大赦发生在南宋时期，此时赦书篇幅均较长，但赦文中明确要求张榜通知百姓的仅有以下4条内容。

> 在法，病人无缌麻以上亲同居者，厢耆报所属，官为医治，访闻店舍寺观，避免看视，更不闻官，往往赶逐出外，及不令安泊，风雨暴露，因而致毙，可令州县多方措置存恤，依条医治，仍出榜乡村晓谕。（自后郊祀、明堂赦亦如之。）
>
> 在法，盗耕官田给予首者。访闻两淮州军民户见耕种田土，往往多被流移人户告首，冒占顷亩，意要规图得业，以致词讼不绝，淮民不得安业。今后若实有宽剩地段，仰州县分明出榜，限三月许令人户自有就佃。（自后郊祀、明堂赦亦如之。）
>
> 人户夏税和买绸绢，内绸合纳本色二分，折帛钱八分，绢合纳本色七分，折帛三分，访闻州县却侵本色分数，多敷折帛价钱，又不许人户依已降指挥以钱会中半输纳，间有折纳银两，重困民力，委转运司多出文榜晓示，如有违戾，即行按劾，仍许人户越诉。
>
> 访闻湖、广等处州县杀人祭鬼及略赏人口，并贫乏下户往往生子不举，条法禁约非不严切，习以为常，人不知畏。可令守令检举见行条法，镂板于乡村道店、关津渡口晓谕，许诸色人告捉，依条施行。仍仰监司严行觉察，毋致违戾。

本书从《宋会要辑稿》中辑出该明堂赦书共53条，其中只有4条明确要求监司和州县镂版出榜晓示，赦书中明确要求出榜晓示的无近亲病人的医治问题、和买绸绢的支付问题、两淮居民的耕田问题以及湖广等地的杀

---

① （宋）宋敏求编：《唐大诏令集》卷86《咸通七年大赦》，商务印书馆1959年版，第490页。

子问题，这些具体内容均与民众相关而又分布范围较广。诸如此类明确提出出榜晓示的赦文尚有绍兴七年（1137 年）九月二十二日明堂赦文：“访闻虔、吉等州专有家学，教习词诉，积久成风，胁持州县，伤害善良。仰监司、守令遍出文榜，常切禁止，犯者重置以法。”① 这条赦文是约束民间的好讼之风。北宋中期，民间兴讼之风开始蔓延，特别是江南西路有些州县向来以好讼著称，家庭成员之间、家族之间的争讼现象时有发生。官府在分析这一问题时，把主要原因归结于代人写诉状甚至是讼师的挑拨，于是，赦书明确要求地方官府出榜约束这些人。乾道元年（1165 年）正月一日大礼赦文：“勘会宰杀耕牛罪赏非不严备，因州县失于检察，使愚民多有违犯。仰具指挥于乡村要闹处分明出榜晓示，仍督责合捕官司严行觉察。”② 对于宰杀重要生产工具耕牛问题，也明确要求出榜乡村告知百姓。以上是赦文明确要求出榜公示的内容，此类内容肯定会被地方官府按照要求公示。问题是那些未注明出榜的赦文是否也会被张榜，篇幅那么长的赦书采取何种方式出榜呢？笔者未见具体史料，不敢妄下结论。

如果赦降内容涉及保密，就另当别论，要秘密地宣布。“非外界所宜闻而在缘边者，并密行下。”③

赦书的颁布按照其流转过程主要经历了以下几个环节：中央朝堂宣出或皇帝登楼肆赦——传递赦书到路州府（庆元以后到达县）——州县宣读张贴赦书——民众获知赦书内容，沟通了朝廷政令与基层民众的联系。在这个程序中，涉及的内容还有皇帝颁降赦书的隆重仪式、赦书传递的速度、州县对赦书继续传递的方式、民众是否能够准确及完整地获知赦书内容等方面。

---

① （清）徐松辑：《宋会要辑稿》刑法 2 之 150，中华书局 1957 年影印本，第 6570 页。

② （清）徐松辑：《宋会要辑稿》刑法 2 之 157，中华书局 1957 年影印本，第 6574 页。

③ （宋）谢深甫监修：《庆元条法事类》卷 16《赦降》，黑龙江人民出版社 2002 年版，第 341 页。

第四章　宋代赦书的执行

学者们均已提到在研究制度史时要注意“官民互视”，不仅从官方而且也从民间两个方面考察制度的执行效果；[①]强调走向“活”的制度史，从过程、关系、行为视角关注制度运作的路径和流程。[②]赦书的执行就是将赦书内容与理念转化为社会实际效果的过程，它是衡量政策好坏的最重要标准。相比而言，对后者的捕捉更为不易。赦书内容庞大，不同类型的内容执行效果并不相同。原因是多方面的。这首先要看政策是否合理，其次执行主体与执行对象的态度也是影响效果的重要原因。

第一节　宋代赦书的执行状况

赦书的执行效果是评价赦书好坏的一个重要标准，研究宋代赦书，不能仅仅停留在其内容规定的条文之上，更要考察其执行情况，赦书的执行过程体现了中央政令与基层官员的互动，是静态的政策规定与动态的实施相结合。那么宋代赦书的实际执行过程又是怎样的呢？赦书作为一种承载信息的静态文书，其实际执行是否与内容存在脱节呢？

一、罪刑减免及推恩内容的执行

宋代赦书的实施是一个复杂过程，各个群体在其中追逐利益，进而影响赦书的社会效果。但这并不是说赦书所有内容的执行效果都是一样的，

---

① 王日根：《制度史研究应强调“官民互视”》，《史学月刊》2007年第7期。

② 邓小南：《走向“活”的制度史——以宋代官僚政治制度史研究为例的点滴思考》，《浙江学刊》2003年第3期。

本书在第二章讨论宋代赦书内容变化时已经对赦书内容进行分类，每种类型的赦书的执行效果也不一样。赦书中有些内容较为简单，涉及面小，如对百官及军人的恩赏以及对罪犯罪刑的减免，执行起来相对容易；有些内容涉及面广，社会关联性大，执行难度及受到的阻力就相对较大。如赦书中约束内容及欠负的蠲免内容。

（一）对百官及军人恩赏的执行

对百官的恩赏是赦书中的重要内容，主要有两种形式：赏赐钱物与晋升官职。其中赏赐钱物的对象经常是官员及军人，赏官职包括对官员的晋升以及延伸至对官员亲属的封赠。这部分内容虽然有时受到一些大臣的论谏，但其执行效果往往是最好的。

对百官及军人进行钱物及官职的恩赏是大赦庆典的一部分，经常见诸赦书中。如真宗大中祥符八年（1015年）《申告上圣号赦文》的奖赏内容为：

> 天书仪卫使已下并加锡赐，天书仪仗兵士并与特支，迎奉天书道官、行事官，第与支赐，马步军将士并特支。在京职任京朝官，迁秩及三年，应景德四年七月四日敕命磨勘者，并令审官院考课引见。其外任未经磨勘者，具历任申审官院奏裁。得替幕职州县官，及殁王事亲属，授司士参军。白衣选人年及格者，并放选。贬降授官，等第涉升，量移叙用。除名、追官、停职任、放逐便人，许于刑部投状。冲替未得与官，诸色违碍选人，许于南曹投状。[①]

在《宋史》传记部分可以查知很多恩赏官员的案例。如宋初普通官员孔承恭，以门荫入仕，在主簿任上被王审琦奏摄寿春节度推官，后升为大理寺丞，因献宫词托意求进不当，被免职放归故里。后“太宗即位，以赦复授旧官”。[②] 北宋任伯甫经赦叙复的经历，“诸公凡十有三人同时得罪，公独远徙昌化，又逮捕其子下吏，三年入党籍，四年以星赦内徙道州。大观之明年，又以赦自便，乃归通州”。[③] 任伯甫因获罪被放逐，经两次大赦量移

① 《宋大诏令集》卷136《申告上圣号赦文》，中华书局1962年版，第478页。
② （元）脱脱：《宋史》卷276《孔承恭传》，中华书局1977年版，第9390页。
③ （宋）魏了翁：《鹤山集》卷60《跋任谏议伯甫帖》，影印文渊阁四库全书第1173册，第17页。

到通州。南宋绍兴九年（1139 年）宋金讲和，“诏韩世忠、张俊、岳飞所部统制、统领将官八百十三员，各进秩一等，用讲和赦书推恩也”。[①] 光宗即位时，周必大等宰执还限定了诸军赏给钱物的执行期限，外路限定半月执行，在京师诸军：“不曾立日限，见户部长贰说恐品搭钱、银、会子须费三两日，已于赦文添入在内限三日。”[②]

宋人对此的议论也反映了这部分内容的实行情况。太宗至道三年（997 年），左正言、直史馆孙何议论：“每躬祀圜丘，诞敷霈泽，无贤不肖，并许叙迁，至使评事、寺丞，才数载而通闺籍，赞善、洗马，不十年而登台郎。窃计今之班簿，台省、宫寺凡八百员，玉石混淆，名器猥滥。”[③] 宋代官制复杂，常见的有官、职、差遣等。官名用于表示官位、俸禄高低，故又称寄禄官。官员的实际职务是由差遣体现的。经由大赦，官员加官进阶，主要是指寄禄官阶的升迁。宋初每次郊赦之后，官员例皆迁升，导致了官员升迁过快、太滥。治平四年（1067 年）正月，三司使韩绛、翰林学士承旨张方平奏疏曰：“自康定、庆历以来，发诸宿藏以助兴发，百年之积，惟存空簿。窃见赦书，其诸军将校赏给已行支散外，至于文武百官，既迁官加职，其诸赐赉，若更循嘉祐近例，窃虑国家财力不堪供给。”[④] 北宋中期开始，大礼赦赏赐对中央和地方造成的财政压力逐渐增大，官员的议论也开始增多。

在史料中也经常能见到有关部门在执行这些内容过程中陈请的情况，例子很多。但是，在实际执行中，有些赦书内容是会出现一些变动的。孝宗即位赦书中有项内容是“应文臣承务郎、武臣承信郎以上并内臣及致仕官，并与转官，合磨勘者，仍不隔磨勘”。然而吏部在执行时，因“朝请大夫以上陈乞覃恩之人数多，未敢拟转”，所以“只作减四年磨勘出给公钱”，李若川等人对此反对并奏知了朝廷。隆兴元年（1163 年）三月二十

---

① （宋）李心传：《建炎以来系年要录》卷 126，绍兴九年二月己巳，中华书局 1988 年版，第 2053 页。

② （宋）周必大：《文忠集》卷 152《光宗即位论赦条赏给期限》，影印文渊阁四库全书第 1148 册，第 647 页。

③ （宋）李焘：《续资治通鉴长编》卷 42，至道三年九月壬午，中华书局 2004 年版，第 882–883 页。

④ （宋）李焘：《续资治通鉴长编》卷 209，治平四年正月庚申，中华书局 2004 年版，第 5074 页。

八日，孝宗下诏："应朝请大夫以上至中奉大夫该遇去年六月十三日赦未碍止法人，并特与转行。"[①] 在赦文行使过程中，有不便事宜，有关部门可能会做出部分调整，上件事情是在遭到反对后，孝宗责令有关部门以赦行事。

另外，赦书对官员推恩的延伸包括对父母、妻子的封赠及对子孙的恩荫。如"年十九而归于我，绍兴十六年封孺人；二十三年封安人；二十八年封宜人；乾道三年封恭人；淳熙九年十二月先君捐馆，十二年钥该郊祀恩封太令人；十三年高宗庆霈封太硕人；绍熙（原作兴，有误改。）五年寿圣皇太后庆寿恩封太淑人；庆元五年光宗圣体清安，天子行庆于下，封信安郡太夫人；六年明堂恩进封大宁郡；嘉泰三年郊礼进封安康郡。"[②] 以上是楼钥母亲的封号迁升过程。从封号迁转时间上看，均与皇室典礼发布的大赦相关，这也说明了大赦这部分内容的执行情况。宋人文集中还保留有因赦恩赏官员的制书。如《陈傅良文集》卷15《外制》中存有陈傅良所撰周必大因登极赦恩封赠三代制书，李彦颖、王蔺、黄洽、朱熹、梁总等人转官制书，宰执、侍从封赠父、母、妻等制书。[③]

与恩赏官员相近的还有赦宥对宗室的奖赏，这属于对皇室特殊人群的特恩。赦书中此部分内容执行得也较好。如"寿皇圣帝登极赦恩，凡宗子不以服属远近人数多少，其曾获文解两次者，并直赴殿试，略通文墨者，所在州量试即补承信郎，由是入仕者过千人以上。淳熙十六年二月、绍熙五年七月二赦皆然，故皇族得官，不可以数计"。[④] 这是南宋孝宗、光宗、宁宗三皇帝即位赦书中对宗室恩赏的例子。仅孝宗一次登极赦书就造成了宗室入仕千人以上。

每次举行郊祀大礼后，赦书中对全体文武百官和军人的赏赐耗资巨大，给国家财政带来了沉重的负担。据《泊宅编》记载，因郊祀大礼，"熙

① （清）徐松辑：《宋会要辑稿》职官8之28，中华书局1957年影印本，第2571页。

② （宋）楼钥：《攻媿集》卷85《亡妣安康郡太夫人行状》，影印文渊阁四库全书第1153册，第270页。

③ （宋）陈傅良著，周梦江点校：《陈傅良文集》卷15《外制》，浙江大学出版社1999年版，第200–207页。

④ （宋）洪迈撰，孔凡礼点校：《容斋随笔》三笔卷7《宗室补官》，中华书局2005年版，第492–493页。

宁末（赏赐百官）八百万二千六百八十九贯匹斤两条段”，[①] 而熙宁十年（1077 年），中央和地方官料钱总额是二百七十八万六千八百二十四贯，因数量单位不同，难以计算出确切的比例，但此次郊祀赏赐总额要远远超过当时官员一年俸禄的总和。早在真宗时期，就大礼赦的赏赐支出太多问题，就有官员建议减少或者取消大礼赦的赏赐，但未被皇帝采纳。一直到熙宁年间，才开始逐渐削减各种赏赐数额。

大赦除了对官员的赏赐，对士兵的恩赏也成为常制。真宗大中祥符元年（1008 年）十月，迎天书改元大赦天下：“内外诸军将士，比南郊例特与加给。”[②] 哲宗时期宰相吕大防讲：“国朝以来，大率三岁一亲郊，并祭天地宗庙，因行赦宥于天下，及赐诸军赏给，遂以为常。”[③]

（二）对罪犯罪刑的减免

赦免罪犯罪刑是每种赦书都包含的内容，也是宋人较为关注的问题。宋代文献较多关注于官员这一群体的犯罪及赦免，对平民百姓犯罪遇赦得以减免的事例记载不多。经历大赦，犯罪官员可减免选举差注、磨勘、冲替、推赏等方面的处罚，甚至可以官复原职。例如：

> 石叔献南城巨室也，娶濮王宫诸孙女得官。干仆吴荣者，为之掌钱谷出纳。积为欺弊，诉于军。军守赵不流子和其妇近族也，穷治其罪，杖而编隶泉州。淳熙六年，叔献卒于家，荣弗知之，尝出行廛次，遇一白袍商客，宛然主翁也。趋拱揖问：“何日至此？”曰：“偶以事亟来，未暇与汝款语。”遂分手去，荣诣旅舍访之，遍城皆不见。后荣因赦恩得还乡，诣石氏，始闻其亡，方在泉相值时去世已久矣，未几荣亦死。[④]
>
> 赣州石城县丰义里小民何百九，强悍亡赖，以屠牛为业，尝坐事编隶南安，遇大赦得归，不改故态。绍熙四年春，主簿郑绾因审究公事到

① （宋）方勺：《泊宅编》卷 10，中华书局 1997 年版，第 58 页。

② （宋）李焘：《续资治通鉴长编》卷 70，大中祥符元年十月癸丑，中华书局 2004 年版，第 1572。

③ （宋）李焘：《续资治通鉴长编》卷 477，元祐七年九月壬辰，中华书局 2004 年版，第 11365 页。

④ （宋）洪迈撰，何卓点校：《夷坚志》支甲卷 5《石叔献》，中华书局 1981 年版，第 752–753 页。

彼里，适见何鼓刀解牛，有粗皮小片仅三寸割而掷之，其子五孜适从旁过，正着其右肩上，揭之不落，实时生合不可脱，黑毛森然，才为指误伤，则痛楚异常。此子盖与父同恶者，人以为业报。[①]

这两例中均为犯人遇赦减免罪刑，得以还乡。罪犯对赦宥的期盼就如同黄庭坚诗中所说："病人多梦医，囚人多梦赦。"[②] 囚人梦赦是因为遇赦即可获得罪刑减免。

在宋代的判案中，也有赦宥影响判决结果的例子。蔡久轩断"竞渡死者十三人"一案。因赤龙舟与白龙船竞渡时，船上人发生争执，"刃石交下"，最后导致赤龙舟翻船，死十三人。此案在判决过程中，遇到恩赦，对责任较大的二人判决结果为：

张万二、余万一不合以刃伤及詹百廿八、詹万十四、李千十，虽非致命痕，然因此溺水身死，照减降赦恩，张万二所伤两人，决脊杖二十，刺配三千里岭南恶州军，拘锁土牢，月具存亡申。余万一所伤一人，决脊杖二十，刺配三千里，拘锁土牢，永不放还。[③]

对罪犯罪刑的减免是赦书中最受争议的内容，反对者往往从法令的公平性出发，反对赦宥。景祐中，有官员上疏说："有罪者宥之未必自新，被害者抑之未必无怨，不能自新将复为恶，不能无怨将悔为善，一赦而使民悔善长恶，政教之大患也。"[④] 北宋太宗时期，饶州有一豪民白氏因掌握了州吏的把柄而横行乡里，曾经杀人因赦豁免，越发蛮横，后被知州马亮处死。这种人就是屡教不改，虽然经由赦免而不知悔改。[⑤]

在实际执行中，也确实存在这类问题。《青琐高议》也记载了王寂率领一群恶少做尽坏事，"民拱手垂头，莫敢出气，白昼杀人，官吏引避。视

---

① （宋）洪迈撰，何卓点校：《夷坚志》支景卷3《何百九》，中华书局1981年版，第899页。

② （宋）洪迈撰，孔凡礼点校：《容斋随笔》卷1《黄鲁直诗》，中华书局2005年版，第4页。

③ （宋）《名公书判清明集》卷14《竞渡死者十三人》，中华书局2002年版，第552页。

④ （元）马端临：《文献通考》卷173《赦宥》，中华书局1986年版，考1496。

⑤ （元）脱脱：《宋史》卷298《马亮传》，中华书局1977年版，第9996页。

州县若无有，观诏条如等闲”。结果也因大赦得以自新。[①] 但也并不是所有罪犯都能完全按照赦书执行，真宗时期马知节说：“今所至州县，罪囚充斥，监司巡历，恩赦疏决，则移寄他所，上下相蒙非一日矣。”[②] 赦书在减免罪刑的执行中也出现上下相蒙的情况。

对罪犯罪刑的减免还包括对已经判决之人的量移。量移对象不仅有贬责的官员，还包括普通的罪犯。被列入奸臣的变法派邓绾，在神宗时期从御史中丞的职位上外放为地方官，“后来累经赦有牵复”，从知荆南、陈州、陕州，徙永兴军，改青州。[③] 戴建国先生对宋代的量移研究较深入。他在《宋代刑法史研究》中专辟一节研究了宋代的量移制度，在此就不再赘述。宋代赦书对罪刑减免的规定多作赦书中第一条，可见朝廷对此内容的重视。尽管赦书中此项内容较为详细，但仍有一些罪刑是大赦无法赦免的，在下章专辟一节论及。

二、赦书中约束内容的执行

如前文指出，赦书中的约束内容是宋代赦书中新出现的内容，在赦书中所占比例较大，并且在多次大赦中重复出现相同的内容。赦书中存在较多争议的内容主要有一些政务处理、约束内容及蠲免内容。

（一）政务处分内容

宋代赦书中存在的政务处分内容并不多，最具有代表性的是高宗时赦书中裁减吏额的执行。建炎三年（1129 年）四月赦书中一项内容：“应残破去处人吏并减半，不经残破去处裁减三分之一。”[④] 绍兴二十六年（1156 年），御史中丞汤鹏举论及裁减吏额时说：“欲固邦本，在宽民力，在省人吏……比年以来，朝廷屡行告戒，赦文累有约束，或减省吏额，或禁止冒役，丁宁备至，率皆巧作名目……伏睹建炎三年赦文内一项具载减罢人吏最详，而一时奉行不虔，至今徒为空文。”[⑤] 到绍兴三十二年（1162

---

① （宋）刘斧：《青琐高议》前集卷 4《王寂传》，上海古籍出版社 1983 年版，第 41 页。

② （宋）俞文豹：《吹剑录外集》1 卷，影印文渊阁四库全书第 865 册，第 494 页。

③ （宋）李焘：《续资治通鉴长编》卷 375，元祐元年四月乙巳，中华书局 2004 年版，第 9004 页。

④ （清）徐松辑：《宋会要辑稿》职官 48 之 100，中华书局 1957 年影印本，第 3505 页。

⑤ （清）徐松辑：《宋会要辑稿》职官 48 之 102，中华书局 1957 年影印本，第 3506 页。

年）八月，仍有大理评事蔡洸批判说："契勘昨缘州县监司公吏猥冗，已降指挥裁减及犯罪停罢之人，访闻往往循习积弊，别作名目收系，既无吏禄，则取给百姓。"[①]所以皇帝又下诏令户部申严行下昨降指挥，令诸路监司参照裁定吏额，并且规定了执行时间，在一月之内执行完毕。这是宋代士大夫批判赦书中裁减吏额之事未能很好执行的情况。

宋代从中央到地方，胥吏是官府事务运行的基础。作为地方官府与民众沟通联系的重要媒介，胥吏成为地方政治中相对独立的新力量。官府的行政运转很大程度上依赖于胥吏的作用，因此上至皇帝，下至士大夫和百姓，都发出了"吏强官弱"的呼声。特别是北宋中期以后，改革了胥吏的补充方式，胥吏逐渐专职化。他们凭借着熟悉官府事务、条法，不仅掌控着官方的文书运行，同时还影响着朝廷、官府政令的传布。朝廷于是削减胥吏数量。按《淳熙三山志》记载福州的吏额情况，建炎初，福州应有吏人一百八十余人，"建炎元年减三之一，择无心力及罪过多者罢，州减六十人。三年赦诸不径残破处减三之一，遂再减四十人，存八十一人"。在建炎三年赦之后，福州确实执行了赦书的内容，裁减三分之一的吏员，即四十名。但是不久，"寻以差使不足请于朝，乞将已减人数五分增一，乃增十九人"。又以人员不足之名义增加了十九人，之后至淳熙年间，福州吏人未再有增减。[②]从福州裁减吏员的例子来看，赦书中的行政处分款项并不被地方视为具文，州府也执行了这些规定，但是之后又会在一定范围内对赦文进行冲改，这在事实上是对赦文执行的阳奉阴违。

（二）约束与蠲免内容

宋代的蠲减是指朝廷在某些特殊情况下，对民间所欠的赋税及官钱采取减免征收的措施。它的主要形式有灾荒蠲减与赦书蠲减。灾荒蠲减是朝廷应对自然灾害时经常采取的救荒赈恤措施，赦书蠲减是朝廷借助于赦书颁布的蠲减赋税及欠负的内容。宋代赦宥颁降次数较为频繁，特别是在北宋中期三年一次的大礼赦固定以后，赦书蠲减具有了时间上的规律性。另外，作为恩及天下的大赦赦书，其蠲减区域又较为广阔。宋代赦书

① （清）徐松辑：《宋会要辑稿》职官48之103，中华书局1957年影印本，第3507页。

② 李勇先等点校：《淳熙三山志》卷13《吏人一百人》，四川大学出版社2007年版，第365–366页。日本学者梅原郁在《宋代官僚制度研究》中统计了福州的胥吏人数，胥吏数最高达466人，这还仅仅是福州州衙的胥吏人数。

蠲减内容的规定较为完善，但是遭遇了不尽如人意的执行效果。从中央与地方在蠲减欠负政策中的博弈，进而窥探中央经济政策在地方的实施效果。

北宋中后期赦书中开始出现约束内容。南宋时期赦书约束内容的重复出现，特别是在大礼赦书中的重复出现，表明中央的治理已经无能为力了。约束内容与蠲免内容有很多相关联点，最重要的是二者均与地方财政相关。

赦书的蠲免内容是惠民之策，但其实际执行在宋代一直受到质疑。北宋真宗时，刑部员外郎马亮上疏说："州县逋负至多，赦书为蠲除，而有司趣责如故，非所以布宣恩泽也。"[①]哲宗元祐二年（1087年），臣僚上言："伏睹陛下即位以来，数降赦令减放民间夏秋二税积欠及坊场败阙课利及公人元非侵欺盗用失陷之类，所在州县观望监司意旨，不肯依准赦令直行放免。"[②]这种情况不仅存在于北宋，南宋时更是有过之而无不及。廖刚在转对奏状中说："州县官吏废格德音，尚仍旧态，或追积欠，谓非今赦所捐。"[③]王十朋除知湖州时上奏说："臣在夔门，每见蜀之士夫往来，咸言西州诸郡困于虚额，盖是积年拖欠，催科不停，虽屡经赦恩，有司不与放免。"[④]孝宗即位赦书蠲免了绍兴三十年以前所有的积欠，殿中侍御史张震言："朝廷虽累遣使命俾诸路计臣蠲减以裕民，而终未能尽去也。近年以来督责之令既少宽矣，顾其名犹有存者，盖州县各据本年分所收钱物具钞赴总领所送纳，而总领所即据其以前年分所欠之数批改钞旁，作理旧欠。彼州县既竭其所有以充本年之数，安得更有额外偿积欠乎，则旧欠乎足而新欠仍在也。所以累经赦命放债积欠，而州县并不霑被惠泽者，盖缘新钱既已补，旧当放者不能免，而见存者不当放，实害不去，虚名徒存故

① （宋）李焘：《续资治通鉴长编》卷42，至道三年九月壬午，中华书局2004年版，第882页。

② （宋）李焘：《续资治通鉴长编》卷406，元祐二年十月甲申，中华书局2004年版，第9880页。

③ （宋）廖刚：《高峰文集》卷5《转对言州县废格德音奏状》，影印文渊阁四库全书第1142册，第359页。

④ （宋）王十朋：《王十朋全集》文集卷4《除知湖州上殿劄子三首》，上海古籍出版社1998年版，第640-641页。

也。”[①]这些臣僚的奏议均反映了赦书中蠲免内容的执行情况，但是也并非所有的政策都未得到执行。

赦书蠲减政策的执行不力，执行部门与官员难逃其咎。从以上官员的论奏可知，州县是赦书的基层执行者，州县官员对待赦书蠲减内容的态度直接影响赦书的执行。在州县执行者的背后，“有司”也是被经常提及的阻挠者。它具体又是指什么机构呢？宋代监司是由中央派出监察州县行为的监督机构，其中转运司经度一路财赋之收支，实为地方理财机构，蠲减欠负政策的执行首先要经由转运司同意。北宋中期的嘉祐二年（1057年），知谏院陈升之论及转运使时说：“今居职者非其人，专以办财赋为职业，故郡县之职业不修，独掊敛刻暴之令行，而民受其弊。”[②]元祐七年（1092年），苏轼上奏议论“监司以催欠为职业”。[③]转运司对州县蠲减欠负的阻挠在北宋末及南宋时期更为严重，转运司对朝廷放免欠负的追纳更急，高宗即位赦书特意提出这些情况诫谕监司，并强调以提刑司约束转运司的行为：“访闻转运司将所减分数敷入旧税，抑令人户输纳，重困民力，可限赦书到，令与蠲减，所有违法敷入旧税去处，悉行改正，仰提刑司觉察，仍许越诉。”[④]南宋君臣均已看到赦书的推行受到了转运司的阻碍。绍兴二年（1132年）四月，因平定范汝为叛乱，朝廷发布曲赦福建路德音，放免经战火焚毁之家的田税，州军不执行赦书，高宗又直接下御笔重申了赦书规定，“御笔：福建州县盗贼焚劫之家，悉捐其田税。先是德音蠲减，而有司以为著令不过三分。上欲实惠及民，由是申命。”[⑤]孝宗淳熙四年（1177年），有臣僚上言：“屡赦蠲积欠以苏疲民，州县不能仰体圣意，至变易名色以取之。宜下诸路漕司，如合该除放，无得更取之于州，

① （清）徐松辑：《宋会要辑稿》食货63之20，中华书局1957年影印本，第5996页。

② （宋）赵汝愚：《宋朝诸臣奏议》卷67《上仁宗论转运使选用责任考课三法》，上海古籍出版社1999年版，第741页。

③ （宋）苏轼撰，孔凡礼点校：《苏轼文集》卷34《论积欠六事并乞检会应诏所论四事一处行下状》，中华书局1986年版，第958页。

④ （宋）徐梦莘：《三朝北盟会编》卷101，建炎元年五月一日庚寅，上海古籍出版社1987年版，第744页。

⑤ （宋）李心传：《建炎以来系年要录》卷56，绍兴二年七月辛酉，中华书局1988年版，第977页。

州无得更取之于县，仍督逐县销豁欠簿书，其名数榜民通知。”① 孝宗同意。虽然皇帝为了改变州县不执行赦书规定的弊端而采取了对应措施，但仍无法改变赦书的总体执行状况。

中央对赦书的执行是有法律限制的，执行程序也是有法可依。“诸欠，遇赦应放而转运司承省曹行下名数体式者，限一季勘会，放讫申尚书本部，不该放者准此申”。②《庆元条法事类》中保存有《遇赦保明放欠状》的文书格式。有时，赦书对执行程序也有规定，宁宗绍熙五年（1194年）明堂赦书中明确要求监司督促州县推行赦书的宽恤内容，并要在一季之内如实上报赦书执行情况，“今来赦文宽恤事件，仰监司督责郡县，自赦到限一季，将遵行过名件结罪申奏，或故违隐而不举，令御史台弹劾闻奏”。③ 朝廷赦书蠲减的规定详细完备，并且对州县官府等直接执行者进行了约束，还有转运司等监司的监督，甚至中央监督机构有时也参与其中。可赦书中的蠲减内容为什么仍然难以推行呢？

第二节　宋代赦书蠲放内容未被很好执行的原因

宋代赦书的执行存在两个无法解决的矛盾：一是中央采取阶层性集权的财政政策，加大对地方财政征收与地方日渐困窘的矛盾；二是中央纠正地方财政征收积弊的赦书禁令与地方无视赦书对民众巧取豪夺的矛盾。

一、赦书内容的不完善

赦书内容的不完善是赦书不被很好执行的直接原因。南宋以来赦书内容急剧膨胀，从表面上看，政府宽政惠民的政策增多，民间弊病事无巨细均被中央体察，其改善措施行诸赦书。但实际上，赦书内容仍然存在不完善性，主要表现在以下三个方面：赦书内容繁多而无理性、赦书执行程

① （元）马端临：《文献通考》卷27《蠲贷》，中华书局1986年版，考261。《宋史》卷174《食货志二》略同。

② （宋）谢深甫监修：《庆元条法事类》卷32《理欠》，黑龙江人民出版社2002年版，第516页。

③ （清）徐松辑：《宋会要辑稿》职官79之9，中华书局1957年影印本，第4214页。

序复杂、赦书内容与法令抵牾。

（一）赦书内容繁多而缺乏合理性

随着内容的膨胀化，赦书也面临着执行难度增加的问题，特别是在南宋时期，赦书条目罗列了各种时弊及政府的禁令，但实际上赦书并没有成为解决时弊的最佳途径。南宋初肇，高宗发布了的即位赦书内容有八十多条，同州知州唐重上疏议论该赦书："所施行皆非国家大利害，生民大休戚。"① 南宋周必大在论及南宋以来赦书时说："惟是自来赦令多因诸部条具而去取之，文词虽繁，卓然可行者少，故州县亦视为常程，未免徒挂墙壁。"② 也是说赦书内容虽繁，但"卓然可行者少"。

有些赦文制定时就有悖于常理，发布之后经过臣僚论列，皇帝又下发诏令改正，也是导致赦书不行的原因之一。如绍兴三十二年（1162 年）孝宗即位赦内容："应承务郎以上服绿服绯及十五年，并与改转服色。"③ 然而，这条赦文在执行时遇到了殿中侍御史张震的论奏。

> 今日之弊，在于人有侥倖之心，能革其俗，而后天下可治。且改转服色，常赦自升朝官已上服绿、大夫以上服绯莅事及二十年，方得改赐。今赦自承务郎以上服绿服绯及十五年，便与改转，比之常赦，不惟年限已减，而又官品相绝，盖已为异恩矣。今窃闻省部欲自补官日便理岁月，即是婴孙授命年才十五者，今遂服绯，而贵近之子，或初年赐绯，年才及冠者，今遂赐紫，朱紫纷然，不亦滥乎。窃闻靖康建炎恩赦，亦不曾以补官日为始，若始于出官之日，颇为折衷，盖比之莅事所减已多，而比之初补粗为有节。乞下吏、礼部参酌施行，礼部看详奏闻。④

二十九日，孝宗又重新纠正了该条赦文，"诏今后无出身人，自年二十依今出官服绿日起理，服绯人亦自年二十服绯日起理。有出身人，自赐

① （宋）李心传：《建炎以来系年要录》卷 5，建炎元年五月丙午，中华书局 1988 年版，第 133 页。

② （宋）周必大：《文忠集》卷 142《论详议明堂赦书》，影印文渊阁四库全书第 1148 册，第 562 页。

③ （清）徐松辑：《宋会要辑稿》舆服 4 之 28，中华书局 1957 年影印本，第 1807 页。

④ （清）徐松辑：《宋会要辑稿》舆服 4 之 28–29，中华书局 1957 年影印本，第 1807–1808 页。

出身人起理，内除豁丁忧年月日不理外，历任无赃滥私罪至徒过犯，至赦前及十五年，依赦改转施行”。[①]

有时，赦书中会有些隐晦或模棱两可的语言，容易被州县执行者作为回避赦书蠲免内容的依据。如元祐赦书规定“民负官钱无奸者，悉免之”，其“无奸者”作为限定性词语很容易造成执行中的复杂化。吉州通判摄守事者“乃悉下负者于狱，将鞫其奸”，幸得军事推官潘昌言的极力反对，“民乃得免”。[②]

有些赦文条款本身就具有不合理性，在制定的过程中缺乏理性的思考，高宗建炎元年（1127年）十二月十五日，中书省言：“昨降赦文，许诸路监司、郡守辟官。今辟过员数已多，有妨吏部差注。”皇帝只好下诏纠正这一不妥做法，诏：“除陕西、河东路帅臣许依元得指挥及依条令举辟外，诸路监司、郡守依赦辟官并罢，其诸路合使窠阙除四川外，权归吏部。”[③]南宋赦书中还出现以赦书干涉民间私债，扰乱民间的自有借贷信用秩序。如宋光宗淳熙十六年（1189年）的即位赦：“凡民间所欠债负，不以久近多少，一切除放。”[④]该条目就缺乏思考，以赦书冲击民间经济行为，干涉了民间自愿的契约式借贷关系，有些人刚借出钱数日，尚未得到利息，连本钱都被蠲免了。对民间经济秩序侵害如此严重，债务契约条款如何能够执行呢？后来，谏议大夫何澹上言此事，朝廷遂令只还本钱。这又造成了民间的喧嚣。洪迈在论及此事时说：“比之区区五代，翻有所不若也。”[⑤]五代大赦也有放免民间私债的行为，如后晋高祖天福六年（941年）的大赦：“私下债负征利及一倍者并放。”[⑥]放免的只是那些取息过多的债负。洪迈认为“此为最得”。

（二）赦书执行程序复杂

北宋时期，欧阳修就对赦书执行中存在的问题进行披露。欧阳修有多年地方为官的经历，所以对赦书的执行情况有所了解。他在《乞一面除放

---

① （清）徐松辑：《宋会要辑稿》舆服4之28，中华书局1957年影印本，第1807页。
② （宋）张耒：《张耒集》卷60《潘奉议墓志铭》，中华书局1990年版，第895页。
③ （清）徐松辑：《宋会要辑稿》选举31之1，中华书局1957年影印本，第4724页。
④ （宋）洪迈：《容斋随笔》三笔卷9《赦放债负》，中华书局2005年版，第515–516页。
⑤ （宋）洪迈：《容斋随笔》三笔卷9《赦放债负》，中华书局2005年版，第515–516页。
⑥ （宋）薛居正监修：《旧五代史》卷80《晋高祖纪》，中华书局1976年版，第1053页。

欠负》奏折中说："臣窃见自来每遇南郊赦敕，除放天下欠负，朝廷虽示恩恤，而有司未尝奉行。是致天下常有积年欠负，累经赦宥，除放不得。使破败逃亡之人，传子至孙，摊在亲戚干系人等，追扰陪填，不胜其苦。臣究其弊，盖为先降《天圣编敕》内，欠负官物该恩除放者，须得诸州军及转运司节次保明申奏，送三司并理欠司定夺。经历官司既多，则往复问难，拖延日月。故每一次赦恩除放，则未能了当者，盖由关防太密，经历处多，使赦宥之恩拥隔，不能及下，而官司胥吏反为骚扰之资。臣伏睹今年赦书节文，内所该欠负官物特与除放者若干项，内若干项并特与除放，内一项即令本属及转运司保明闻奏。切缘虽申奏下三司、理欠司，即不免往复问难，拖延日月，使除放赦恩不时及下。"[①]民间的积欠虽然累经朝廷除放，但因其关防太密，执行环节复杂，需要经过州军、转运司、三司并理欠司多个部门的审查，又由于胥吏的骚扰，所以很难得到贯彻。

苏轼在元祐元年（1086 年）上奏论及赦书除放市易钱时说："臣今看详元祐元年九月六日《明堂赦书》止言：'应内外欠市易务钱二百贯以下，并与除放。'赦文简易明白，元不分别人户，于官司请领或径于勾当人名下分请，亦不拘限。官司依条赊卖，或违法俵散，及有无抵当结保搭息不搭息之类，但系欠市易务钱二百贯以下者，便合依赦除放，更无疑虑，……曾未半年已有刻薄臣僚强生支节，析文破敕，妄作申请，致有上项续降圣旨及都省批状指挥，应官司违法赊借者，止放二十贯以下，其于差出勾当人名下赊请者，并不除放一文。使宗祀赦文反为虚语，非独失信于民，亦为失信于上帝矣。"[②]苏轼所上《论积欠六事并乞检会应诏四事一处行下状》奏折是在元祐七年（1092 年）五月，此时距元祐元年（1086 年）九月已经将近六年，在赦书颁布以后不到半年的时间里，皇帝及尚书省又相继下发了限制赦书内容的政策，而这些改变赦书内容的政策使得赦文"反为虚语"。

赦书中不仅蠲免款项有此问题，关于其他条目也是如此。南宋高宗即位后的三次赦书均有叙复元祐党人及因上疏停废人官职的条令，但仍有

---

① 《欧阳修全集》卷 117《乞一面除放欠负》，中华书局 2001 年版，第 1793–1794 页。
② 《苏轼文集》卷 34《论积欠六事并乞检会应诏四事一处行下状》，中华书局 1986 年版，第 964 页。

包括吕公著、范纯仁在内的很多人并未能追复与改正，时人归结原因时说："盖朝廷尝令有司条具而不限以月日，故至于迁延。"[1] 即赦书中只是有此条目，但并没有完善的规定执行时间。

（三）赦书内容与法令抵牾

如前章所述，赦书的制定原则中有尽量避免与法令冲突一项，但由于赦书条目繁杂，而皇帝又欲抗衡法令以显示其宽仁之政，有时也会不顾法律条令，制定出让执行机构无所适从的赦文，这就为执行者上下其手提供了方便。

宋人非议最多的就是赦书中的蠲免内容，法令规定放免的数额是有限制的，而赦书为显示其政策的宽厚，又经常是全放欠负，所以就造成了冲突，使民众得不到赦书的实惠。宋人对此也有议论。"数年以来，民不堪命，虽诏书出于上，而虐令阻于下，诳以出力自保，则调发其丁夫，恐以犒设赡军，则厚裒其钱谷，弓材弩料、竹箭皮革，日日征求，物物取办，夤缘奸弊，下不聊生，乃复宽下赦文，放其租负，而律文又以分数为限，实不能免，苟以欺之，则是恤民诚有所未至，此实惠所以未孚也。"[2]

宋代法令周全，不仅有适应于全国各机构的海行法，各个部门还有一司一务的部门法，各地有一路一州一县的地方法，这些法令形成网状笼罩宋代社会各个方面，赦书在这种网状结构中动辄就触及法令条文，而宋代又多是把赦书当作海行法，要求它为这些专法让道，这也是赦书不被执行的原因之一。绍兴三年（1133 年），高宗下诏："私贩茶盐再遇大礼赦亦不合原免。"在这之前，浙西提举官夏之文曾建议："茶盐系一司专法，虑不应引用海行条。"大理卿张宗臣、权刑部侍郎章谊都认为夏之文所说甚当，所以就以一司专法冲改了大赦赦文，阻止了赦书中该项政策的实施。[3] 这些专条在南宋初一直在起着作用，绍兴十四年（1144 年），"近制，犯私茶盐及擅支常平钱之类，皆不许引海行法原赦"。这些因犯茶盐及擅支常平钱物等经济罪不许用赦原减，大理评事孙敏修建请："罪人不以赦

---

① （宋）李心传：《建炎以来系年要录》卷 35，建炎四年七月丁巳，中华书局 1988 年版，第 677 页。

② （宋）汪应辰：《文定集》卷 7《廷试策》，学林出版社 2009 年版，第 60 页。

③ （宋）李心传：《建炎以来系年要录》卷 62，绍兴三年正月辛未，中华书局 1988 年版，第 1062 页。

降原者，遇非次赦或再遇大礼赦，虽有专条亦听原免。”[①]高宗听从了他的建议，这些专法才失去了与赦书抗衡的效力。

赦书中最为常见的蠲免内容在执行时也受到法令的阻碍。南宋初官员王洋上奏《蠲逋欠札子》说：“某窃观江南东西、湖南北数路，以连年盗贼之余，或弥阡亘陌，举为丘墟，而复业之人，未尝尽归，以至江西之田贱价与人，人不敢售者，以其欠负未尽故也。每遇肆赦有除放之文，德泽非不加也，然于条称放者，止放三分，余七分尚存也。”[②]宋代赦书为笼一时之恩，不顾法令所行，尽放民间所欠官府之赋税，然而最终未能向民众兑现。早在仁宗时期，就在赦文中立法规定：“自今须纳七分以上者，方为残欠，仍著为定制。”[③]朝廷对残欠标准的限定使得很大部分的欠负并不能因赦而蠲免。而绍兴令也有规定：“诸赦降放及倚阁税租者，各不得过三分。”但官府全放免的赋税“行下州县依旧催纳七分”。[④]既然法律对欠负放免有规定，赦书就不应该全放以致最后徒为文具，或者赦书既然属于一时特恩，就不应该拘泥于法令，有关部门就应该认真执行赦书放免政策，使民众得到实惠，以免失信于民。但是朝廷一方面希望以法令限制赦书，另一方面又不愿在赦书中舍弃蠲免内容。马端临对宋代赦书蠲免内容的评价是：“百姓负租，或以旱，或以贫，或以已纳而不为之除籍，或为官司所抑代人而输，其事非一，每下赦令，未尝不蠲也。而百姓有黄纸放白纸催之言，自古如此，则以著于甲令者曰：‘凡蠲旱税不得过若干分。’而赦令则曰：‘岁大旱其尽蠲之。’百姓喜于尽蠲之文，而不知令甲之有限也，则相与怨其上曰：‘黄纸之放，特给我耳。’此又偏枯之甚者也。”[⑤]宋代由于没有处理妥当赦书与法令的冲突问题，所以本来为了收取民心的蠲免内容，最终收到的是民怨。

宋代赦书因与法令抵牾而形同文具的例子还有很多。皇祐年间，滑州黄河边石堰、州西、天台、迎阳四埽（修护堤坝的麦秸、芦苇、树皮等），

① （宋）李心传：《建炎以来系年要录》卷151，绍兴十四年五月丁卯，中华书局1988年版，第2436–2437页。

② （宋）王洋：《东牟集》卷9《蠲逋欠札子》，影印文渊阁四库全书1132册，第448页。

③ （清）徐松辑：《宋会要辑稿》食货70之9，中华书局1957年影印本，第6375页。

④ （宋）杨时：《龟山集》卷20《答胡康侯其十五》，影印文渊阁四库全书第1125册，第309页。

⑤ （元）马端临：《文献通考》卷171下《赦宥》，中华书局1986年版，考1488。

因少欠供奉护堤物料，在皇祐四年（1052 年）官中点检时，勒令当事人赔纳，这些物料并不是侵欺盗用，而且当事人又因家贫无力赔偿，本来赦书中已经下令放免，“虽经赦书德音，又缘文有拘碍，致州司不敢除放”。[①] 绍圣元年（1094 年）十二月五日，尚书省言：“元祐七年南郊赦书节文：今后户绝之家，近亲不为依条立继者，官为施行。今户绝家许近亲尊长命继，已有著令，即不当官为施行。”从之。[②] 这也是赦文与著令不符，因官僚上请遵守法令，而导致赦书内容没有被推行。

宋代地方法中也有抗衡赦书效力的法令规定。哲宗元祐六年（1091 年），河北路转运司言：“一路等条有不以去官赦降原减太重者，如黄河诸堤修护堤道不得侵掘民田等罪，虽该德音降虑，并不原减。黄河堤案不至危急，妄有勾集人夫，并科违制罪，不以赦降去官原减、原免。其虽该德音降虑并不原减、不以赦降去官原免之文，乞删去。”从之。[③] 在元祐六年（1091 年）之前，黄河修护堤道侵占民田之罪是不以去官赦降减免的。这仅仅是地方法令抗衡赦书的一个例子。

因赦书与法令有相互抵牾之处，实际执行是从赦还是从法也是一个疑难问题。元祐元年（1086 年）九月明堂赦书在罗列一系列宽恤条文后，特意强调：“以上或有专条遇赦及指定许放分数，并依今来赦书指挥施行。”[④] 界定了该次赦文执行中从赦的原则。绍兴二年（1132 年）四月，因平定范汝为叛乱，朝廷发布曲赦福建路德音，放免经战火焚毁之家的田税，因受法令放免不得过三分的限定，州军不执行赦书，高宗又直接下御笔重申了赦书规定。“御笔：福建州县盗贼焚劫之家，悉捐其田税。先是德音蠲免，而有司以为著令不过三分。上欲实惠及民，由是申命。”[⑤] 绍熙二年（1191 年），殿中侍御史张釜针对赦文与法令冲突问题

---

① （宋）张方平：《张方平集》卷 25《乞免枷锢退背埽分物事人》，中州古籍出版社 1992 年版，第 390 页。

② （清）徐松辑：《宋会要辑稿》礼 36 之 16，中华书局 1957 年影印本，第 1316 页。

③ （宋）李焘：《续资治通鉴长编》卷 464，元祐六年八月甲辰，中华书局 2004 年版，第 11084 页。

④ （宋）李焘：《续资治通鉴长编》卷 387，元祐元年九月辛酉，中华书局 2004 年版，第 9419 页。

⑤ （宋）李心传：《建炎以来系年要录》卷 56，绍兴二年七月辛酉，中华书局 1988 年版，第 977 页。

提出建议："赦文与令甲抵牾者，有失参考。乞预饬省部，令将各按具到赦文内合行事件，逐一比照见行条法，法意宽而条或从窄，则改定赦文，令舍窄而就宽，赦文本宽，而法或从窄，则明载赦书，令舍法而从赦，毋令引法以沮赦，毋令因赦以伤恩，如此则国家旷荡之泽，不为虚文。"① 他提出的"舍窄而就宽"的执行原则得到了光宗的批准。

这种抵牾也为地方执行者灵活执法提供了便利。赵抃景祐年间在武安军节度推官任上，"民有伪造印者，吏皆以为当死。公独曰：'造在赦前，而用在赦后，赦前不用，赦后不造，法皆不死。'遂以疑谳之，卒免死，一府皆服。阅岁，举监潭之粮料。岁满，改著作佐郎，知建州崇安县，徙通判宜州。卒有杀人当死者，方系狱，病痈未溃，公使医疗之，得不瘐死，会赦以免。"② 赵抃因灵活运用赦宥使两个死犯得存活，苏轼在为其做神道碑时发出了"公爱人之周类如此"的感慨。

赦书内容的合理性、合法性与可行性是检验赦书质量的重要标准，这三个方面也是判断赦书执行效果的关键要素。

二、地方路州县的财政困窘

宋代地方的财政困窘成为赦书不被执行的根本原因，而地方财政窘迫的根本原因在于中央财政的"阶层性集权"。包伟民老师就宋代地方财政已做了深入探讨，以"阶层性集权"概括出宋代地方财政征收的基本特征。正是这种财政集权造成宋代州县财政困难，地方所留财赋无力供养地方运作，只能依靠增加额外之敛，这在第二章已经有所论述。本部分只是以宋人对赦书无法实施的议论考察赦书不被实行的原因。

绍兴九年（1139 年），宋金议和，南宋大赦所收复地区，右迪功郎监明州比较务杨炜上书反对议和的大臣李光说："……伏读赦文，所复州县减免租赋三年，蠲放差徭五年，兵官各令按月支给衣粮请给，或加犒设，或令存恤，不知空空之地，孱老孤寡既不可赋税，按月所支，一切调度，何从出乎？诸公殆将举所谓燕山免夫钱复行之乎，不特此尔，将见数月之后，众使还来纷纷归报。且曰陵寝当修，宗庙当葺，官府当治，城郭当

① （元）马端临：《文献通考》卷 173《赦宥》，中华书局 1986 年版，考 1498。
② 《苏轼文集》卷 16《赵清献公神道碑》，中华书局 1986 年版，第 517 页。

筑，库藏当实，老幼当赈，百役纷然，将猬毛而起，不知东南数十州所有几何？”[①]朝廷减免地方的赋税之后，地方的财政开支无从调度，而朝廷财政的紧张又无法对地方进行补助，这只能为地方财政徒增困难。

从北宋到南宋，中央对地方征调的不断增加，造成了州县的贫乏。特别是南宋时期，在领土缩小、收入减少的情况下，军事开支及宗室、官员的俸禄等开支并未减少，王十朋在《御试策》中议论说：“赋不及祖宗全盛之日，而用度不减祖宗全盛之时。”[②]朝廷财政的匮乏无疑会转嫁与州县来承担，“自中兴以来，朝廷之经费日夥，则不免于上供之外，别立名色以取之州郡”。[③]州郡之费又转嫁于百姓，民众成为财政恶化的最终受害者。

我们可以通过以下史料了解一下宋代州县的财政状况：

> 臣伏睹近降赦书一项，访问诸路州军常税斛斗，转运使尽将支拨应副别用，无以充本处军粮，却于受纳税斛之时，大量出剩准作军粮指使。仰今后措置桩出本处军粮，即不得别将他用。窃详朝廷之意，惟恐敛之于民，德意宽厚，黎元欣戴。臣今略计江西一路十一州军，秋苗旧额一百六十余万石，上供年额一百二十六万余石，起发之外，有三十余万石以为州县岁计支用。自经兵火以来，人民凋散，田亩荒芜，诸县各有倚阁税赋，所纳苗米仅能了足上供，无复少有赢余，经常之费，惟仰加耗。绍兴七年闰十月十四日指挥，江东西受纳人户税租，收纳耗米，每斛加一升，旧例不同处依旧。一路收耗通不及一万石。州县军兵张口待哺，官吏仰禄不可欠阙，是其所入顿减而所费仍在，仓廪空匮，何所从出，所用之数复取于民，不过巧为名目，阴肆箕敛，名虽蠲减而实未尝减也。缘本路苗米桩办上供尚惧不足，亦何暇支拨别将他用，欲乞特降指挥下转运使，将江西诸州军逐年养赡官兵经常之费，会计实数，于当年苗米内支拨应副，其上供岁额对数除豁，如敢加数支破，重置典宪，庶几实惠及民，以称陛下至诚恻怛之

① （宋）徐梦莘：《三朝北盟会编》卷191，绍兴九年正月十四日乙未，上海古籍出版社1987年版，第1378–1379页。

② （宋）王十朋：《王十朋全集》文集卷1《廷试策》，上海古籍出版社1998年版，第582页。

③ （元）马端临：《文献通考》卷24《历代国用》，中华书局1986年版，考238。

意，所加赦恩不为文具。[①]

这是举例说明江西一路州县的财政收支状况。该路州县每岁所入原来尚能紧张的应对上供及州县开支，由于战争造成民众的困顿，所收租税仅能支撑上供之数，所有州县经费开支只能依赖于其他杂敛之税，更何况推行朝廷的蠲免内容而减少收入。这也是赦书徒为文具的原因之一，赦书只是减免民间税赋，却没有减少州县上供数额，州县贫乏，无以应副支出，只能征收于民。

对这种情形，朝廷亦有认识。高宗建炎元年（1127年）即位赦书明言："访闻自来赦书所放逋欠，转运使及州县迫于调度，依旧催纳，至民间有黄纸放白纸催之语，甚失朝廷宽恤之意。"[②]地方调度不足是朝廷认识到的问题，但朝廷需要地方上供的钱物，它对此也无计可施，只有重申督促地方，表明自己的态度而已。如宋高宗绍兴二十六年（1156年），右承议郎鲁冲上书论郡邑之弊，以致发出"今之为令者，苟以宽恤为意，而拙于催科，旋踵以不职获罪而去；颇能迎合上司，一以惨刻聚敛为务，则以称职闻，是使为令者终日惴惴惟财赋是念"。并列举税外之税目，"其发纳之数有大军钱、上供钱、籴本钱、打舡钱、军器物料钱、天申节银绢钱之类，岁支不啻三万四千余缗。又有见任寄居官请受、过往官兵批券，与非泛州郡督索拖欠，略无虚日"。[③]吏部侍郎许兴古也发出官员不愿任职的感叹："今铨曹有知县、令二百余阙，无愿就者，正缘财赋督迫被罪，所以畏避如此。若罢献羡余，蠲民积欠，谨择守臣，戒饬监司，则吏称民安矣。"[④]由上可知，正是下级官员对上级官员希风顺旨的行为使税赋征收之弊愈演愈烈。

另外，宋代赦宥次数频繁，所发布赦书较多，特别是北宋中期以后，朝廷遍及全国的大赦平均一年多即举行一次，北宋末期的徽宗时期，大赦

① （宋）张守：《毘陵集》卷6《乞除豁上供充军粮札子》，影印文渊阁四库全书第1140册，第739–740页。

② （宋）徐梦莘：《三朝北盟会编》卷101，建炎元年五月一日庚寅，上海古籍出版社1987年版，第746页。

③ （宋）李心传：《建炎以来系年要录》卷171，绍兴二十六年二月甲戌，中华书局1988年版，第2812–2813页。

④ （元）脱脱：《宋史》卷174《食货志上二》，中华书局1977年版，第4216页。

频率为平均每年一次，通过赦书所蠲减的财赋是一笔不小的数目。对于本来就匮乏的州县财政，这些财赋对地方行政起着重要作用，所以，地方州县千方百计地保留这笔财赋以缓解财政压力，出现了“屡赦蠲积欠以苏疲民，乃州县官吏不能仰体圣意，至变易名色以征取之”的现象。[①]

三、上级部门及基层胥吏对赦书的阻挠

州县官府执行赦书时面对着上和下两方面压力，上有直接发号使令的三司、监司，特别是监司，下有直接执行赦书的胥吏，两方面势力的压力及上下其手使得州县长官无所适从。州县官府对政策执行过程中利益得失的思考形成了一种利益博弈，博弈的结果是赦书的实行只能流于内容形式。

（一）上级部门对州县实施赦书的阻挠

朝廷已经考虑到了对州县执行赦书的监督机制，在内容上增加了监司的监督作用，赦书中几乎每条赦文后都注有委监司按劾及受理民户越诉的内容。朝廷设立监司的本意是监督、牵制、纠正州县的违法行为，然而实际上，监司反而成了阻碍赦书执行的权力机构，这在北宋中后期至南宋时期成为普遍现象，臣僚们对此议论不已。州县官员事重权轻，虽由中央统一任命，但直接受监司领导，接收监司的考核，监司的考察结果又反过来影响其仕途，这就在一定程度上造成了州县官员一经上任，唯监司利益是从的恶性循环。监司直接受制于中央，中央对其考核也有正文规定，但在宋代财政困难之时，朝廷的考核就侧重于财政收入方面了。出现了“版曹经费缺乏日甚，督促日峻，以至废去祖宗以来破分良法，而必以十分登足为限。以为未足，则又造为比较监司、郡守殿最之法以诱胁之。不复问其政教设施之得失，而一以其能剥民奉上者为贤。于是中外承风，竞为苛急，监司明谕州郡，郡守明谕属邑，不必留心民事，惟务催督财赋，此民力之所以重困之本”。[②]

中央三司及户部等理财部门的态度对赦书蠲免内容的实施有直接关

---

① （宋）郑兴裔：《郑忠肃奏议遗集》卷上《论蠲贷疏》，影印文渊阁四库全书第1140册，第202页。

② 《朱熹集》卷11《戊申封事》，四川教育出版社1996年版，第477–478页。

系。三司掌控“天下财赋、内庭诸司、中外筦库”，①谓之计司，掌管全国财计，经度邦国大计。元丰改制之后，三司的理财职能回到户部。南宋初期，为了应付日益增长的军事开销，又设立了四大总领所和户部共同掌控与分配各路财赋。这些机构计划和经营全国财赋的收入与支出，他们的行为可以直接影响到地方对财赋蠲免的态度。

赦书蠲免内容的不能被完全执行在北宋时即已出现。朝廷需要钱物之处日益增多，三司面临着巨大的财政压力，所以三司对蠲免欠负的态度仍有阻挠，在赦书蠲免条文制定之时，需要和三司计议，实施之时仍有困难存在，这种情况在北宋初期已有表露。至道三年（997 年），刑部员外郎马亮上疏言：“州县逋负至多，赦书虽为蠲除，而有司趣责如故，非所以布宣恩泽也。”② 赦书蠲除的逋负多为有司趣责，其中“有司”的阻挠是宋人在论及赦书不行时经常提及的，那么它具体又是指什么机构呢？我们从另一则史料寻找答案，咸平六年（1003 年），在商定改元赦内容时，有大臣认为蠲放逋负过多的话三司会有所阻挠，真宗说：“吝于出纳，固有司职也。”③ 从真宗这句话中可以看出两层含义：一是宋人常论及的“有司”是包括宋代理财机构三司，二是三司掌控宋代大部分财赋，经度邦国大计，其吝于出纳也是其本分。大中祥符元年（1008 年）三月，真宗又下诏督责三司准正月的改元赦放免逋负。④ 天圣元年（1023 年），仁宗“命知制诰张师德、侍御史知杂事蔡齐详定三司蠲纳司应在名物及放天下欠负。应在者名物，虽著之籍而实未尝入官也……自是更赦命官除欠负，遂为例”。⑤ 真宗时，遇赦即遣专使往地方除欠负，仁宗时命专官详定中央三司蠲纳司的欠负，应该都和这些部门遇赦不尽力对待不无关系。

北宋中期，监司中最主要的财赋经营者是转运司，转运司经度一路财

① （元）脱脱：《宋史》卷 161《职官一》，中华书局 1977 年版，第 3768 页。

② （宋）李焘：《续资治通鉴长编》卷 42，至道三年九月，中华书局 2004 年版，第 885 页。

③ （宋）李焘：《续资治通鉴长编》卷 55，咸平六年十二月癸未，中华书局 2004 年版，第 1221 页。

④ （宋）李焘：《续资治通鉴长编》卷 68，大中祥符元年三月乙亥，中华书局 2004 年版，第 1529 页。

⑤ （宋）李焘：《续资治通鉴长编》卷 100，天圣元年七月壬午，中华书局 2004 年版，第 2326 页。

赋之收支，蠲免赋税的政策下达到地方首先要经由转运司同意。此时，已有官员认识到"监司以催欠为职业"。[①]元丰五年（1082年）二月，曲赦梓州路，"转运司以财用方匮，请格不行"。时任转运副使的李琮认为："上泽如此，奈何遏之？"最终梓州路的蠲免内容实际上执行了一半。在蠲免之后，梓州路的开销仍然存在，转运司只能裁减浮费，经营俭省下来的钱物维持地方财政。[②]朝廷虽蠲免了民众欠负的租税，但三司及以后的户部并不减少路、州、县的上供数额，这其实是地方阻挠赦书的间接原因。

哲宗绍圣年间，程俱任吴江县主簿时，上奏反映赦书放免秋苗情况。"今月某日户案手分将到文引通签，准使符，准转运衙牒，催索去年苗米事，右某伏见圣主初临宝位，思布惠泽于天下，故赦文内将应干积欠并行蠲放，以至去年秋苗亦行放免。宣赦之日，百姓闻之皆稽首感忭，欢颂之声如出一口。寻已翻黄张挂及行下乡村晓示人户。今来旬日乃复催索，不惟使皇泽不下于民，亦何忍使圣主即位之初失大信于天下，非小故也。"[③]该奏状反映出，绍圣四年大赦放免了积欠的秋苗，但赦书在吴江县仅仅张挂了十来天，就接到州及转运司继续催索欠负的牒报。

监司是直接向州县施加压力的部门，其中主要是转运使的压力。在北宋时，为了制约监司对赦书执行的作用，就以转运司与提点刑狱司共同负责赦书的执行，"应灾伤人户，本名下税物，其有失于披折出违省限，不该检放者，转运、提刑司仔细体量，如委无可送纳，即特予依条检讫，具数闻奏"。[④]熙宁六年（1073年）七月十五日德音还以监司互察约束监司，哲宗元祐二年（1087年）诏："明堂赦书条目甚多，皆所以宽恤下民。深虑吏奉诏不虔，其诸路转运司、开封府界提点刑狱司分按所部，纠不如令者。即监司违慢，令互察以闻。"[⑤]转运司的压力大多数州县官员是无法抗衡

① 《苏轼文集》卷34《论积欠六事并乞检会应诏所论四事一处行下状》，中华书局1986年版，第958页。

② （宋）李焘：《续资治通鉴长编》卷330，元丰五年十月丙寅，中华书局2004年版，第7957页。

③ （宋）程俱：《北山集》卷35《吴江县申乞准赦放秋苗议状》，影印文渊阁四库全书第1130册，第342页。

④ （清）徐松辑：《宋会要辑稿》食货70之170，中华书局1957年影印本，第6455页。

⑤ （宋）李焘：《续资治通鉴长编》卷394，元祐二年正月壬申，中华书局2004年版，第9604页。

的，但若是州县官员据理力争，也可能会使赦书内容得到执行。如徽宗时期，周葵任徽州军事推官时，就成功抗衡过转运司对赦书的阻挠。“初，大观间诸郡增赋物帛，其后赦书已蠲减，而漕臣便文，复取于民。公白新守力止之，讫公去乃增如故。”[①] 靖康元年（1126年）九月五日，“直徽猷阁两浙路转运副使程昌弼落职送吏部，以言者论其谄事魏伯刍，荐于王黼，遂擢监司，复媚蔡京以取贴职，不依赦与民间蠲除税租，部内骚然，大为民害故也”。[②] 监司还要考虑不依赦蠲除民间欠负而造成的后果。

北宋末年，监司对朝廷放免的欠负追纳更急，高宗即位赦书特意提出这些情况诫谕监司，此时，赦文后多以提刑司约束转运司的作为。“应诸路漕司多财用匮乏，将民户合纳二税，宛转折纳或支移他郡，却免未支移，只纳脚乘实惠之类，致民间输纳增倍，深属掊尅。今来并仰遵依条法，不得妄冒支移折变，仍许人户越诉，提刑司觉察，当重置典宪。内京西路，昨缘方田添起税租，除六分外止送四分见钱，更不支移折变，访闻转运司将所减分数敷入旧税，抑令人户输纳，重困民力，可限赦书到，令与蠲免，所有违法敷入旧税去处，悉行改正，仰提刑司觉察，仍许越诉。”[③]

南宋时期监司阻碍赦书执行的情况更为普遍。“臣伏睹今年五月一日覃恩赦书节文，应今来因金人所至州县，劫掠逃避人户，与免今年夏税。本台近据淮宁府宛邱县人户蒋伯达等状，称今年夏税已系本县引赦除放讫，今来本县承准转运司指挥，却令送纳。窃谓旷荡之恩，矜悯下民，为因劫掠，有妨农业，遂蠲租赋，宽其财力，而漕臣不能上体陛下爱民之意，尚复追征，虽有司窘于财用，而穷民在于矜恤，岂可使朝廷失信于天下哉。欲望睿旨下京西路转运司，应今年夏税已引赦除放者，不得辄有拘催，以究仁圣及物之泽，一方幸甚，取进止。”[④] 上则材料是高宗时，许景衡任御史中丞，京西路转运司不依赦除放夏税，仍旧催促宛邱县送纳，蒋伯达等人户越诉，被许景衡查知，他作为监察机构行使弹劾职责，上奏皇

① （宋）周必大：《文忠集》卷63《资政殿大学士毗陵侯赠太保周简惠公神道碑》，影印文渊阁四库全书第1147册，第664页。

② （清）徐松辑：《宋会要辑稿》职官69之28，中华书局1957年影印本，第3943页。

③ （宋）徐梦莘：《三朝北盟会编》卷101，建炎元年五月一日庚寅，上海古籍出版社1987年版，第744页。

④ （宋）许景衡：《横塘集》卷11《乞放京西路夏税札子》，影印文渊阁四库全书第1127册，第262页。

帝要求约束京西路转运司依赦行事。绍兴四年（1134 年）十一月二十六日，中书舍人王居正上言："窃见屡下诏旨赦文，倚阁逃绝，检放灾伤，四方守令奉行不虔，犹恐实惠未必及人。今州县一有开阁逃田及检放灾伤去处，则监司便指官吏作弊，欲置于法。"[①]绍兴七年（1137 年）明堂赦书中，高宗说到："州县受纳作弊，昨降指挥令诸路监司分定州县体究，并不恪意奉行。"宋高宗感叹："外台耳目慢令如此，何所赖焉！"[②]

孝宗淳熙四年（1174 年），有臣僚上言："屡赦蠲积欠以苏疲民，州县不能仰体圣意，至变易名色以取之。宜下诸路漕司，如合该除放，无得更取之于州，州无得更取之于县，仍督逐县销豁欠簿书，其名数榜民通知。"[③]皇帝同意。南宋君臣均已看到转运司向州县征收积欠，赦书的推行是受到了转运司的阻碍。

宁宗时，在绍熙五年（1194 年）明堂赦书中明确提出要地方官员在一季之内上报赦书执行情况，"今来赦文宽恤事件，仰监司督责郡县，自赦到限一季，将遵行过名件结罪申奏，或故违隐而不举，令御史台弹劾闻奏"。[④]朝廷要求监司督促州县推行赦书的宽恤内容，并且要在一季之内如实上奏。此时，赦书中的监督者发生了重要变化，北宋时执行赦书的监督者经常是地方监司，监督对象为州县官员，监司特别是转运司作为中央对地方的监察机构，对州县的监督是其自身职责的一部分。但在南宋时期，如前所交代，赦书中不仅出现了以提刑司监督转运司执行赦书，而且还出现了御史台监督监司与地方州县的内容，这其实意味着转运司已经地方化。《庆元条法事类》也规定："诸州准赦降应行下者，每旬具已行未行事因申所属监司，行毕逐司保明以闻。"[⑤]各州要按时向上级部门回报本州对赦降内容的执行状况。"诸欠，遇赦应放而转运司承省曹行下名数

① （清）徐松辑：《宋会要辑稿》食货 61 之 74，中华书局 1957 年影印本，第 5910 页。

② （清）徐松辑：《宋会要辑稿》食货 9 之 4，中华书局 1957 年影印本，第 4963 页。

③ （元）马端临：《文献通考》卷 27《蠲贷》，中华书局 1986 年版，考 261。《宋史》卷 174《食货志二》略同。

④ （清）徐松辑：《宋会要辑稿》职官 79 之 9，中华书局 1957 年影印本，第 4214 页。

⑤ （宋）谢深甫监修：《庆元条法事类》卷 16《赦降》，黑龙江人民出版社 2002 年版，第 340 页。

体式者，限一季勘会，放讫申尚书本部，不该放者准此申。”[①] 宋代关于理欠、蠲免内容的法令是相当完备的，《庆元条法事类》中保存有《遇赦保明放欠状》的文书格式，但积欠遇赦不被放免的情况仍是很多的。

（二）胥吏的邀阻

地方财政的枯竭造成征收体制的混乱，这更为地方官员及胥吏的营私舞弊提供了条件。赦书作为解决地方财政征收混乱的条令，虽是由朝廷发布，其执行权仍在地方州县官员手里，甚至可以说在于州县胥吏手中，州县胥吏的作为直接影响赦书的执行程度。

北宋时期，欧阳修就看到了朝廷恩惠未落实的原因在于州县之吏。“故德音除刻削之令，赦书行赈济之权。然而诏令虽严，州县之吏多慢，人死相半，朝廷之惠未宣。”[②] 苏轼对胥吏对抗赦书的情况较为了解，他不止一次地揭露这种现象。“凡今之所追呼鞭挞，日夜不得休息者，皆更数赦，远者六七赦矣。问其所以不得释之状，则皆曰：‘吾无钱以与三司之曹吏。’以为不信而考诸旧籍，则有事同而先释者矣。曰：‘此有钱者也。’”[③] 北宋前期，三司主财政，朝廷制定的蠲免内容受到了三司吏人的阻挡，原因竟在于没有行贿吏人，这是中央吏人对赦书蠲免内容的邀阻。而州县吏人作为赦书的直接践行者，其行为更为恶劣。

> 自二圣临御以来，每以施舍已责为先务，登极赦令，每次郊赦，或随事指挥，皆从宽厚。凡今所催欠负，十有六七皆圣恩所贷矣。而官吏刻薄，与圣恩异，舞文巧诋，使不该放。监司以催欠为职业，守令上为监司之所迫，下为胥吏之所使，大率县有监催千百家，则县中胥徒举欣欣然，日有所得，若一旦除放，则此等皆寂寥无获矣。自非有力之家纳赂请求，谁肯举行恩贷，而积欠之人皆邻于寒饿，何赂之有。其间贫困扫地，无可蚕食者，则县胥教令供指平人，或云衷私擅买，抵当物业，或虽非衷私，而云买不当价，似此之类，蔓延追扰，自

① （宋）谢深甫监修：《庆元条法事类》卷32《理欠》，黑龙江人民出版社2002年版，第516页。

② 《欧阳修全集》卷74《进拟御试应天以实不以文赋》，中华书局2001年版，第847–848页。

③ 《苏轼文集》卷48《上蔡省主论放欠书》，中华书局1986年版，第1406页。

甲及乙，自乙及丙，无有穷已。每限皆空身到官，或三五限得一二百钱，谓之破限。官之所得至微，而胥徒所取盖无虚日，俗谓此等为县胥食邑户。[1]

赦书中的除放措施断绝了胥吏的财路，富家大户可以向胥吏行贿获得蠲免，贫寒之家无钱行贿，往往成为县胥的“食邑户”，揭露了地方胥吏在赦书蠲免内容执行中的上下其手、为非作歹。

胥吏在地方财政收支管理中占有重要地位，他们为谋取个人私利，终日玩弄其间，州县的积欠成为他们谋私的凭借。“比年民力日竭，国计日匮，郡县日窘，独吏胥属厌耳。郡县积负，日加岁增，版曹、监司督之州郡，郡督之县，县督之民，吏胥睢盱其间，转相并缘以济其私。吏欲日饱，而积负自若。文移之烦，追逮之频，贿谢之厚，敛取之苛，皆此其故也。”[2]他们不仅能左右积欠的蠲免，还从赦书的公布环节做手脚，破坏民众的知情权。“大抵赦书多只略行张挂，随即收藏，盖奸贪之吏尚欲取之于民，故不乐使之通知。虽赦书有许越诉文，彼凋瘵远民，讵能自达于朝廷。”[3]朱熹就对这种胥吏操纵地方政务的现象表示了深恶痛绝与无可奈何。他说：“今做监司，不如做州郡，做州郡，不如做一邑，事体却自由家。监司虽大于州，州虽大于邑，然都被下面做反了，上面如何整顿。”[4]

从以上来看，宋代赦书不被完全执行既有赦文不完备的原因，但更为重要的原因是地方财政的贫乏，州县需要赦书所放免的这些财赋弥补地方经费的不足，这是赦书没有得到贯彻的根本原因。这也正是顺应了包伟民老师的观点：“宋代——尤其到北宋后期与南宋时期，由于地方岁计不足，中央已无从约束地方落实相关制度，从这一角度讲，增加征调并不单单意味着集权，同时在实际中也必然是一个分权的过程。”[5]而宋代赦书正是一个观察地方财政的视角，其约束内容的增加，揭露了地方州县财政征收的弊病，中央试图凭借赦书约束地方的各种违规违法行为，但实际

① 《苏轼文集》卷34《论积欠六事并乞检会应诏所论四事一处行下状》，中华书局1986年版，第958页。

② （宋）陆九渊：《陆九渊集》卷8《与宋漕》，中华书局1980年版，第107页。

③ （宋）廖刚：《高峰文集》卷5《奏状》，影印文渊阁四库全书本第1142册，第359页。

④ （宋）朱熹：《朱子语类》卷112《论官》，中华书局1986年版，第2733页。

⑤ 包伟民：《汪圣铎著〈两宋财政史〉》，《历史研究》1998年第6期。

上，由于朝廷转嫁中央财政危机，无视地方财政状况，对地方财政的征调不断增加，而中央在法令上又不允许地方擅自增税。频繁地赦宥蠲免大量民间积欠，但中央从地方征调的财赋中并未扣除这部分财物，这等于是把地方财政逼入死胡同。宋代州县便在中央规定赋税征收制度下，暗自增收法外之敛。从赦书对这些法外之敛的约束效力来看，并没能制止地方的违法行为，地方对法令与赦书的阳奉阴违以及朝廷对这些状况的无力治理，都表明了中央对地方财政征收秩序的失控。但是，从中央不断增加对地方财赋征调的实现，又可以看出中央始终牢牢掌握着地方财赋的上供数额。

同时，从路级官员督促州县执行中央财政宽免政策的实际情况来看，宋代路级机构已经开始阳奉阴违中央命令。州县官员虽然是由中央任命，但是在朝廷财政中央集权加强的背景下，地方路州县为了完成财政任务及政绩考核，结成了利益共同体，共同对抗国家政策。通过以上分析笔者认为：宋代路级机构坐大，挟持州县官员对抗朝廷法令与赦书，而州县官员虽不由监司任命，却由监司考察，所以他们为了自身利益，也愿意顺从监司意愿，倍敛百姓，造成地方财政征收的无序状态。在这场博弈之中，朝廷的财政收入虽然得到维持，但事实上，路级机构特别是转运司，俨然形成了自己的经济小王国，使国家的政策进得来、出不去。虽然朝廷想方设法约束制止这种情况，已经无法再起作用，最终使得中央的恩惠政策形同具文，地方百姓得不到恩惠。在高度中央集权的压力之下，反而会把地方推远，使地方陷入阳奉阴违的境地，更加不利于中央的集权。为了走出地方官府不执行赦书蠲减政策的困境，除了完善赦书的内容之外，更重要的是建立合理的财政分配体制和科学的考核办法，使中央与地方均有维持自身正常运转的条件。

第五章　宋代赦宥与社会

宋代赦宥制度与社会有着千丝万缕的联系，特别是赦宥与法律不仅有所冲突，同时又相互补充。法律用以定法施罚，赦宥用以减免罪刑，二者的目的与作用相互矛盾，宋人对此多有批评。在法律规定中，宋代有些罪刑是排除赦宥之外的，法律对赦宥起限制作用。另外，赦宥在某些方面又可以缓和法律的苛酷。赦宥在协调情、理、法的作用之外，还有其他社会功效与现实作用，如宣示天命、与民更始，应对自然灾害，调整统治政策安抚民众，宣布朝廷典礼及政策等。

第一节　宋代大赦的不赦之罪分析

统治者奉行“刚柔相济、恩威并举”的统治手段，历代统治者都利用手中掌握的权力，展开一次次的“权力演示”。[①] 宋代以仁治国，君臣在执法中坚持慎刑与恤刑，最大限度地运用怜悯，使犯人也有机会“自新”，所以频繁赦宥。但是宋代对罪行的宽免也是有限度的，一些对社会危害性较大的罪行不在赦宥之内。对罪行恩免的赦宥与对罪犯惩处的法律是皇帝统治的两种工具，它们看似矛盾实则并不矛盾。本节讨论大赦的法律效力，探讨宋代统治者认为危害性最大的大赦不赦之罪刑。

宋代的大赦亦有等级之分，依据就是对罪行的宽免程度。不同规格的赦宥的范围也不同。宋代大赦可以分为两类，“凡大赦及天下，释杂犯死罪以下，甚则常赦所不原罪皆除之”。[②] 一类是“释杂犯”。大致来说，新

---

① ［法］福柯：《规训与惩罚》，三联书店 1999 年版，第 27 页。

② （元）脱脱：《宋史》卷 201《刑法三》，中华书局 1977 年版，第 5026 页。

皇帝的即位赦规格最高，即马端临说的“非常覃庆”，赦免力度是常赦所不原罪皆除之。另外，某些时期皇帝的特殊恩赦行为也可定义为“非常覃庆”，如真宗为一系列天书降临活动发布的大赦。其赦免的效力就相对较大，往往也是常赦所不原者咸赦除之。

常赦所不原罪皆除之，是宋代对罪犯最高等级的赦免。赦书必须明言“常赦所不免（原）者咸（皆）赦除之”之类的规定，才能执行此项赦宥，如果赦书仅仅写明“罪无轻重，皆赦除之”，那么地方也不会按照“常赦所不原罪皆除之”的原则执行。[①]“诸犯恶逆以上及杀人应入不道，若劫杀、谋杀、已杀人各罪至死者，虽会大赦得原，（大赦，谓常赦所不原减赦除之者。余条称“大赦”准此。）皆配二千里，杀人应移乡者，亦移乡。”[②]恶逆及杀人罪犯刑罚至死者遇到“常赦所原减赦除之”的大赦，是可以免去死刑的，但不意味刑罚的消失，只是减等刑罚，他们还必须接受流配及移乡的处罚。

皇帝的登极典礼是国家最大的庆典，代表着新皇帝统治的开始，要涤荡瑕疵、与民更始。即位赦书在宋代所有大赦中规格最高，但是发布频率较低，并且具有不可预期性。如太祖、太宗、英宗、神宗、徽宗、高宗等即位赦均赦免了常赦所不免者。另外，宋代某些特殊时期，如真宗朝，一共发布了五次常赦所不原咸除之的大赦，分别为至道三年（997 年）的即位赦、大中祥符元年（1008 年）的封禅赦、大中祥符四年（1011 年）的郊祀赦、天禧元年（1017 年）的奉天书合祭南郊赦、天禧三年（1019 年）的天书降临赦。真宗在位期间为粉饰太平，其庆典赦书也是超越了一般的大赦，在法律效力上与即位赦书不分伯仲。这种滥用“非常赦”大赦的手段与真宗在位时期“一国君臣如病狂然”一致。[③]

宋代赦宥次数较多，本节对每种规格的赦采取取样法。另外，因为宋代赦书史料保存不多，本节无法一一找到内容，只能以现在能看到的事例进行分析。

---

① （宋）窦仪等撰集：《宋刑统》卷30《官司出入人罪》，中华书局1984年版，第490页。

② （宋）谢深甫监修：《庆元条法事类》卷16《赦降》，黑龙江人民出版社2002年版，第338–339页。

③ （元）脱脱：《宋史》卷8《真宗三》，中华书局1977年版，第172页。

表 5-1　宋代大赦赦免罪刑表

皇帝	规格	时间	内容
宋太祖	即位赦	建隆元年	常赦所不原者咸赦除之。
宋太祖	南郊改元	开宝元年	除十恶、杀人、官吏受赃不原。
宋太祖	南郊赦	开宝四年	除十恶、故、劫杀、官吏受赃者不原。
宋太宗	即位赦	开宝九年	常赦所不原者咸赦除之。
宋太宗	南郊赦	雍熙元年	除十恶、官吏犯赃至杀人者不赦。
宋太宗	封寿王	淳化五年	除十恶、故、谋、劫、斗杀、官吏犯正赃。
宋真宗	即位赦	至道三年	常赦所不原者咸除之。
宋真宗	契丹讲和	景德二年	除故、斗杀、放火、强盗、伪造符印、犯赃官典、十恶至死。
宋真宗	封禅	大中祥符元年	常赦所不原者咸除赦之。
宋真宗	郊祀	大中祥符四年	常赦不原者咸赦除之。
宋真宗	上圣号赦	大中祥符八年	除已杀人、十恶罪至死、官典犯正枉法赃。
宋真宗	奉天书合祭南郊	天禧元年	常赦所不原者咸除之。
宋真宗	星变赦	天禧二年	除十恶至死，故杀、劫杀、谋杀人、官典枉法赃至死，造妖惑众者。
宋真宗	立皇太子	天禧二年	除十恶、劫杀、谋杀、故杀、斗杀、盗官物、伪造符印、官典犯赃。
宋真宗	天书降	天禧三年	常赦不原者咸除之。
宋真宗	南郊赦	天禧三年	除劫杀、斗杀已杀人，十恶至死，伪造符印，放火、盗官物、官典入已赃，咸除之。
宋仁宗	即位赦	乾兴元年	除常赦所不原者。
宋仁宗	皇太后不豫	明道二年	除常赦所不原者。
宋英宗	即位赦	嘉祐八年	除常赦所不原者。
宋神宗	即位赦	治平四年	除常赦所不原者。
宋神宗	帝不豫赦	元丰八年	除劫、谋、故、斗四杀已杀人、十恶、伪印、放火、盗贼抵死。
宋哲宗	即位赦	元丰八年	大赦天下常赦所不原者。
宋哲宗	彗星见赦	绍圣四年	除劫杀、谋杀、故杀、斗杀并为已杀人者，并十恶、伪造符印、放火。
宋徽宗	即位赦	元符三年	赦天下常赦所不原者。

续表

皇帝	规格	时间	内容
宋钦宗	即位赦	宣和七年	除谋反、谋大逆、谋叛、恶逆不赦，其余罪无轻重，已发觉、未发觉、已结正、未结正，常赦所不原者咸赦除之。
宋高宗	即位赦	建炎元年	罪无轻重，已发觉、未发觉、已结证、未结证、常赦所不原者，咸赦除之。
宋高宗	皇子生	建炎元年	除犯劫杀、谋杀、故杀、斗杀并为已杀人者，并十恶罪至死、伪造符印、放火、官员犯入己赃，将校军人公人犯枉法监主自盗赃不赦，内枉法自盗罪至死情理轻者，奏取指挥；斗杀罪至死情理轻者，减一等刺配千里外，牢城断讫录案闻奏；其余罪无轻重已发觉、未发觉、已结正、未结正，咸赦除之。

宋代最常见的大赦都有对不赦之罪的限制，本节主要归纳为以下几类：不赦常赦所不原者、不赦预期大赦而故犯者、不赦因某些政治原因处置的官员等。以下分别介绍。

一、常赦所不原者

常赦与“常赦所不原罪皆除之”的大赦相对应，是指赦免效力一般的大赦，法律效力较“常赦所不原罪皆除之”的大赦小。所谓常赦者，是指“除十恶、斗杀、劫杀、谋杀并为已杀人者，及放火、官典犯正枉法赃，至死不赦外，其余罪咸赦除之”。[①] 这些法律效力一般的大赦通常把以上几种罪行排除在赦免范围之外。下面对这几类罪行分别介绍。

（一）十恶罪

十恶罪最早可溯源至先秦时期，隋朝明确命名这十项罪行并制定相应处罚措施，“又置十恶之条，多采后齐之制，而颇有损益。一曰谋反，二曰谋大逆，三曰谋叛，四曰恶逆，五曰不道，六曰大不敬，七曰不孝，八曰不睦，九曰不义，十曰内乱，犯十恶及故杀人狱成者，虽会赦犹除名”。[②] 唐代《唐律疏议》援采隋代的十恶罪名，宋代《宋刑统》又是直接承袭唐

① （宋）赵汝愚：《宋朝诸臣奏议》卷100《上仁宗乞郊禋更不行赦》，上海古籍出版社1999年版，第1073页。

② （唐）魏征等撰集：《隋书》卷25《刑法》，中华书局1973年版，第711页。

律，所以宋代的十恶罪仍是“谋反、谋大逆、谋叛、恶逆、不道、大不恭、不孝、不睦、不义、内乱”这十种罪行。之所以把这些罪行定为十恶，是因为它们“亏损名教，毁裂冠冕”，[①] 危害了统治者的统治基础。

宋代赦书对这些罪行往往专门申明不赦，即使规格最高、赦免力度最大的即位赦也有不赦恶逆之罪的情况。如宣和七年（1125年），钦宗即位赦的赦免力度为“除谋反、谋大逆、谋叛、恶逆不赦，其余罪无轻重已发觉、未发觉、已结正、未结正，常赦所不原者咸赦除之”。[②] 建炎元年（1127年）五月一日，宋高宗登极大赦，赦免了包括恶逆罪行在内的所有罪犯，时人发出了“故事，登极赦书不及恶逆”的议论。[③] 由此看来，宋人所谓“故事”有时并不指大多数情况下的惯例，可能指代的是上任皇帝的作为。十恶罪刑在宋代并不全是死罪，但因其违背皇权与孝道，触犯了封建统治基础，所以宋代将其归入不赦的范围。

北宋真宗时期扩大了对十恶罪的赦免范围，仅仅把“十恶至死”排除于大赦之外，犯十恶不致死的罪犯是可以得到赦减的。如景德二年（1005年）的契丹讲和赦、大中祥符八年（1015年）的上圣号赦、天禧二年（1018年）的星变赦、天禧三年（1019年）的南郊赦等，均是以十恶罪至死方为大赦不赦之罪行。按照《宋刑统》规定，此时可以赦免触犯十恶罪的以下几类人：不道中的厌魅；大不敬中的盗大祀神御之物、乘舆服御物、皇太子宝；不孝中的为求爱媚厌祖父母父母、祖父母父母在别籍异财、供养有阙、居父母丧身自嫁娶、居父母丧作乐及释服从吉、闻祖父母父母丧匿不举丧、诈称祖父母父母死；不睦的所有条款。天圣七年（1029年）四月，殿中侍御史张逸言：“庚寅赦书十恶与四杀连文，并为已杀人者不赦，然则十恶非杀人者亦得赦矣，恐非诏意，请明示有司。”庚寅赦书即该年四月庚寅日因京师霖雨不止而赦天下的赦书，仁宗为此再次下诏强调“十恶罪无轻重皆不赦”。[④] 这改变了真宗时期大赦十恶罪赦免范围

---

① （宋）窦仪等撰集：《宋刑统》卷1引《唐律疏议》，中华书局1984年版，第7页。

② （宋）徐梦莘：《三朝北盟会编》卷26，宣和七年十二月二十三日庚申，上海古籍出版社1987年版，第191页。

③ （宋）李心传：《建炎以来系年要录》卷4，建炎元年四月丁亥，中华书局1988年版，第113页。

④ （宋）李焘：《续资治通鉴长编》卷107，天圣七年四月辛卯，中华书局2004年版，第2506页。

扩大的趋势。后来南宋高宗时期一般的大赦又扩大了放免十恶罪的范围。如建炎元年皇子生大赦，“除犯劫杀、谋杀、故杀、斗杀并为已杀人者，并十恶罪至死、伪造符印、放火、官员犯入己赃，将校军人公人犯枉法监主自盗赃不赦”。[①] 再次把赦免范围扩大到十恶罪至死方为不赦。

（二）劫、谋、故、斗四杀之罪

宋代一般大赦的赦免范围经常是“释杂犯死罪以下”，“杂犯死罪”成为赦书中的经常性用语。据元祐七年（1092 年）七月六日尚书省札子：“检会编敕，诸赦降称‘劫、谋、故、斗杀正犯。’所载详备，其不载者，即系杂犯。”[②] 杂犯死罪是指除劫、谋、故、斗四杀正犯以外犯死罪的罪犯，这类罪犯一般大赦可以赦免，而四杀正犯或蓄谋已久，或情理凶恶，行为恶劣，社会危害性大，是宋代重点惩治的罪犯，所以一般的大赦不赦免这四类杀人犯。从宋代赦免的实际情况来看，一般级别的大赦大多未赦四杀正犯。如太宗淳化五年（994 年）封寿王大赦、真宗天禧二年（1018 年）立皇太子赦、元丰八年（1085 年）神宗不豫赦、建炎元年（1127 年）皇子生赦等，均明确指出四杀不赦。从赦书内容的发展趋势来看，北宋中晚期至南宋，四杀已经固定成为普通大赦所不赦免的内容。宝元二年（1039 年）八月，杜曾上言：“近世赦令，杀人已伤未死者，皆得原减，非律意。请伤者从律保辜法，死限内者论如已杀，勿赦。”皆著为令。[③] 绍兴年间右正言凌哲言：“自去岁郊祀后距今，大辟奏裁无虑五十有余人，姑摭其略而言之，汀州雷七、处州徐环儿、常州郭公彦、夔州冉皋，此四人者情理凶恶，实犯故杀、斗杀之条，盖常赦所不原者。”[④] 凌哲所奏四人均犯故杀、斗杀罪，此时这些罪行为常赦所不原，在实际执行中这类故杀、斗杀也并未得到原免。

（三）官典犯赃罪

宋朝建国伊始，就把赃罪定为重罪，严厉打击官员犯赃行为。太祖时

① 《李纲全集》卷 179《建炎时政记中》，岳麓书社 2004 年版，第 1657 页。

② （宋）谢深甫监修：《庆元条法事类》卷 73《检断》，黑龙江人民出版社 2002 年版，第 742 页。

③ （宋）李焘：《续资治通鉴长编》卷 124，宝元二年八月庚午，中华书局 2004 年版，第 2922 页。

④ （宋）李心传：《建炎以来系年要录》卷 172，绍兴二十六年四月戊戌，中华书局 1988 年版，第 2835 页。

期，规定“十恶、杀人、官吏受赃者不原”，很多官员还因赃罪被处死。在皇帝政策的倡导下，此时还出现了执法严明的官吏。开宝六年（973 年）五月，李守信在受诏贩卖秦、陇木材时，被查处贪污巨万官钱。太祖派监在京商税务苏晓去查办，发现秦州通判马适曾接受李守信馈赠的木筏。马适为李守信女婿。太祖准备赦免马适，但被苏晓严词拒绝，最终马适被处以弃市，没收家产。①但就是在开宝六年，太祖“特赦诸官吏奸赃”，②这也说明了宋代在赦免问题上多少显得有些没有底线，或者说皇权对于司法的干预。太平兴国三年（978 年）六月，太宗下诏：“自太平兴国元年十月乙卯以后，京朝、幕职州县官犯赃除名配诸州者，纵逢恩赦，所在不得放还，已放还者，有司不得叙用。”③专门下诏不赦及不放还赃吏。真宗时，诏令“官吏犯赃，勿以赦原”。“官吏犯赃被劾，有故延岁月以俟赦宥者，自今法寺勿以赦原。”④但也正是从真宗朝开始，朝廷对犯赃官吏逐渐缓于惩戒。大中祥符六年（1013 年），真宗下诏：“赃重及情理蠹害者授诸州参军，余授判司，京朝官，幕职、令录簿尉，等第甄叙。”⑤改变了太宗时期赃吏不得叙用的规定，使惩治赃吏的政策有所松弛。北宋后来逐渐扩大官员犯赃的赦免范围。宋人陈师道评论说：“故事，常赦官典赃入己不赦，熙宁以后始赦吏罪。元祐七年南郊赦杖罪，八年秋皇太后服药而赦，则尽赦之矣。”⑥一直到北宋灭亡，中间也时有官员决心改变这种状况，但始终没有能够转变这种趋势。高宗绍兴二年（1132 年）九月，“以彗星出赦天下。应盗官物入已罪抵死者不赦”。⑦除盗官物入已死罪不赦外，其他罪刑均赦免。度宗咸淳七年（1271 年）六月，朱善孙督纲运受赃四万五千，遭

① （宋）李焘：《续资治通鉴长编》卷 14，开宝六年五月丙辰，中华书局 2004 年版，第 300–301 页。

② （元）脱脱：《宋史》卷 3《太祖三》，中华书局 1977 年版，第 40 页。

③ （宋）李焘：《续资治通鉴长编》卷 19，太平兴国三年六月己巳，中华书局 2004 年版，第 431 页。

④ （宋）李焘：《续资治通鉴长编》卷 86，大中祥符九年三月癸丑，中华书局 2004 年版，第 1977 页。

⑤ （宋）李焘：《续资治通鉴长编》卷 80，大中祥符六年正月丁未，中华书局 2004 年版，第 1815 页。

⑥ （宋）魏衍编：《后山集》卷 19《谈丛》，影印文渊阁四库全书第 1114 册，第 701 页。

⑦ （宋）李心传：《建炎以来系年要录》卷 58，绍兴二年九月辛酉，中华书局 1988 年版，第 1004 页。

到台臣按劾，度宗下诏特贷死，配三千里禁锢，以后遇恩不赦。[1]南宋对犯赃官吏的处罚也是较为宽松的。

太祖和太宗两朝，被弃市的赃官有50多人，而北宋后来的朝代逐渐走向宽松，很多犯赃的官员受到恩宽，真宗以后赦书中几乎不再强调不赦赃官。清朝赵翼分析原因时说："宋以忠厚开国，凡罪罚悉从轻减，独于治赃吏最严。盖宋祖亲见五代时贪吏恣横，民不聊生，故御极以后，用重法治之，所以塞浊乱之源也。"[2]总体来说，宋代治理赃吏的措施是从严到松的过程，南宋孝宗发布即位赦，就有臣僚上言说："祖宗时，赃罪削籍配流者，虽会赦不许放还叙用。近睹登极赦，应命官除名、追降官资及勒停并永不收叙人，并与叙元官，甚失祖宗痛绳赃吏之意。"[3]虽有臣僚论奏，但因朝廷对官员犯赃的惩处措施一直在减轻，所以，整个宋代的大赦对官员赃罪的赦免力度也在逐渐扩大。

（四）某些社会犯罪

统治者在制定法律条文时，往往会考虑到该罪行的社会危害性，危害性较大的罪行也就很难得到宽免。在宋代一些严重的犯罪如杀人放火、造畜蛊毒、盗掘江河堤堰、伪造符印等，往往不在一般性大赦的赦免范围。这些罪行都是统治者极为谨慎提防与严厉打击的。

杀人放火、造畜蛊毒、盗决江河堤堰都会较大地危害别人生命与社会财产安全，因其破坏性大，所以罪在不赦。宋代对火灾防范甚严，"京师火禁甚严，将夜分，即灭烛"。[4]北宋名将狄青曾因夜里在自家院落祭祀神灵，发出火光闹得全城皆知，后因某些闲语而自请降黜。造畜蛊毒也是官府所不允许的。仁宗时期，知云安军屯田员外郎王端言："川陕之俗多蛊毒中人，死者盖十八九。"[5]宋代川、陕、福建、湖北、广西等南方地区造蛊盛行，蛊毒种类繁多，难以防范，大大危害了社会稳定和民众生命，官

---

① （元）脱脱：《宋史》卷46《度宗》，中华书局1977年版，第907页。

② （清）赵翼：《廿二史札记校证》卷24《宋初严惩赃吏》，中华书局1984年版，第551页。

③ （宋）李心传：《建炎以来系年要录》卷200，绍兴三十二年十一月乙卯，中华书局1988年版，第3403页。

④ （宋）魏泰撰，李裕民点校：《东轩笔录》卷10，中华书局1983年版，第117页。

⑤ （宋）李焘：《续资治通鉴长编》卷167，皇祐元年七月，中华书局2004年版，第4009页。

府一方面积极寻求解药救治遇害者，另一方面严厉打击这种犯罪行为，很多朝代均把造畜蛊毒列为一般性大赦所不赦的罪行。江河堤防也是统治者较为重视的工程，按时修造堤防是地方官府的职责。地方官员如果不修或修造失时，都有相应的惩处措施。对于盗决堤防更是严惩不贷，《宋刑统》规定，“其故决堤防者，徒三年。漂失赃重者，准盗论。以故杀伤人者，以故杀伤论”。[①] 从法律上看，盗决堤防判刑并不重，仅徒三年，但却是遇恩不赦之罪。

伪造符印是指伪造宝印符节，包括伪造及增减制书、诈为官文书、伪写宫殿门符、发兵符等。在古代信息传递较为缓慢且传递方式单一的情况下，官府颁发的符印成为官方信息的标志，保护符印的安全与可信度，关系到官府对地方治理的稳定。宋代从真宗朝开始，伪造符印列入一般大赦所不赦免的范畴，神宗时期，又加入了伪造纸币断罪如伪造官印文书条。[②] 从此以后，该项罪名就经常出现于大赦赦书。妖言惑众罪是指某些人利用或制造一些诡异事件欺骗民众，以达到一定的经济或政治目的。“左道乱法、妖言惑众，先王之所不赦，至宋犹重其禁。”[③] 这项罪名也是历代统治者都严厉打击的。宋代该项罪名在真宗朝赦书中被专门列出，天禧二年（1018 年）星变赦把它列为本次大赦不赦之罪名，然而以后大赦中未再被专门提及。这应与真宗当时的政治背景相关。天禧二年（1018 年）五月，西京出现讹传妖帽子害人之说，最后传至军营，涣散人心，真宗下令严查该事件。六月，查出的妖言惑众之人并弃市及流配。本年七月，恰逢发生星变，大赦天下，由于该案件判决未久，所以，此次大赦把这些罪犯排除在恩典之外，也是符合情理的。[④] 元祐编敕“惟传习妖教、讬幻变之术及故盗决河堤堰，不以赦降原减”，[⑤] 也是把这些罪行提入社会犯罪之首而排除于大赦之外。

---

① （宋）窦仪等撰集：《宋刑统》卷 27《不修堤防》，中华书局 1984 年版，第 432 页。

② （元）脱脱：《宋史》卷 181《食货下三》，中华书局 1977 年版，第 4403 页。

③ （元）脱脱：《宋史》卷 199《刑法一》，中华书局 1977 年版，第 4981 页。

④ （宋）李焘：《续资治通鉴长编》卷 92，天禧二年五月、六月、七月，中华书局 2004 年版，第 2117–2119 页。

⑤ （元）马端临：《文献通考》卷 173《赦宥》，中华书局 1986 年版，考 1484。

二、某些经济领域的犯罪

宋代对一些经济犯罪的制裁也较为严格，法典对于这些罪行的记载较为分散。大致可以分为以下两类：官员的经济违法行为与民众的经济违法行为，这些行为破坏了经济秩序，所以在法令中予以严惩。

官员的违法经济行为包括执行经济行为有误、侵用及失陷官府钱物等，这项罪名在某种程度上与官员犯赃有所关联。地方官员在执行经济政策过程中必须严格遵守规定。如《庆元条法事类》规定："人户请买契纸，欲乞依旧令，诸州通判印给，立料例，以千字文为号，每季给下属，县委丞收掌，听人户请买。仰逐州每季具给下契纸数目，申提刑司照会，仍从本司取索属县卖过契纸，收到牙契税钱数目驱磨检察。若稍有不尽不实，官吏并以违制论科罪。"州县官员卖与民户的契纸钱数目与金额需要完全对应，否则官员以违制罪论定，并且这种罪刑"不以赦降原减"。[①]官员侵用系官钱物也是不以去官、赦降原减的罪刑，如"监司、州县辄将经总制钱擅行应副兑借、拘截取拨、侵支互用者，所委官并当职及取拨官并先次降两官放罢，人吏徒两年"，[②]"诸擅支借封桩钱物，(谓朝廷及尚书户部并禁军阙额者)徒二年，及虽应支借而与令有违各已费用者"。[③]这些罪行都是"不以去官、赦降原减"的。官员在任职期限内失陷官物同样是不允许的，"诸官物有欺弊而致失陷者，不以赦降原减"。[④]宋代官员在经济征收及钱物管理方面犯错误后果是严重的，无论罪刑大小，只要触及这些法令，均不得因赦原减。

民众所不赦的经济违法行为主要表现在销毁及外流官府发行的铜钱。宋代衡量商品价值的铜钱，因销镕之后制作器物获利更高，所以经常被民户私自储藏、销镕及贩运海外与四夷。这种情况在南宋愈演愈烈，屡禁不

---

① （宋）谢深甫监修：《庆元条法事类》卷30《经总制》，黑龙江人民出版社2002年版，第463页。

② （宋）谢深甫监修：《庆元条法事类》卷30《经总制》，黑龙江人民出版社2002年版，第464页。

③ （宋）谢深甫监修：《庆元条法事类》卷31《封桩》，黑龙江人民出版社2002年版，第476页。

④ （宋）谢深甫监修：《庆元条法事类》卷32《点磨隐陷》，黑龙江人民出版社2002年版，第501页。

止，以至于朝廷把这种罪行列入了不赦的范畴。“诸将铜钱入海船者，杖八十，一贯杖一百；三贯杖一百，编管五百里；五贯徒一年，从者杖一百；七贯徒二年，从者徒一年；十贯流二千里，从者徒三年。知情引领、停藏、负载人依从者法。若化外有犯者，并奏裁，不以赦降原减。”[①] 这些因贩卖铜钱获罪者，无论所判刑罚的轻重，都属于不因赦原减。开禧二年（1206年），“坑户毁钱为铜者不赦，仍籍其家。著为令”。[②] 把不赦毁坏铜钱者制定成了法令。

三、预期大赦而犯罪

宋代，大礼赦已逐渐成为国家惯例。元祐七年（1092年），吕大防说：“国朝以来，大率三岁一亲郊，并祭天地宗庙，因行赦宥于天下及赐诸军赏给，遂以为常。”[③] 因朝廷祭祀大典有规律可循，所以大礼赦成为民众可以预期的恩典，一些不法刁民会预谋在朝廷大礼赦之前犯下罪行，而后通过大礼赦得到宽免。

事实上，宋朝对此也有防范措施。太祖开宝四年（971年）十月将祀南郊，诏令：“两京、诸道自十月后犯强窃盗，不得预郊祀之赦。”[④] 将十月以后发生的强、窃盗罪行排除于南郊赦的范围。太宗太平兴国三年（978年）下诏：“朕以长至之辰，亲祀上帝，眚灾宥过，抑有旧章。窃虑不逞无赖之徒，因而为奸，以图侥幸；诸州官吏，留大狱不决，以觊宥赦。宜令诸道转运司指挥所属州府，自八月一日以后，吏民所犯，并论如法，不在恩赦之限。”[⑤] 真宗景德二年（1005年）八月又下诏：“其八月一日已后，持杖强盗，遇南郊赦恩，不在原免之限，令所在牓壁告示。”[⑥] 划定时间范围将距离大礼赦较近的罪犯排除于大礼赦，以期阻止临近大赦预谋的犯罪。这

① （宋）谢深甫监修：《庆元条法事类》卷29《铜钱下海》，黑龙江人民出版社2002年版，第415页。

② （元）脱脱：《宋史》卷38《宁宗二》，中华书局1977年版，第739页。

③ （宋）李焘：《续资治通鉴长编》卷477，元祐七年九月壬辰，中华书局2004年版，第11365页。

④ （元）脱脱：《宋史》卷201《刑法一》，中华书局1977年版，第5026页。

⑤ 《宋大诏令集》卷190《约束八月一日以后吏民所犯不在恩赦之限诏》，中华书局1962年版，第696页。

⑥ 《宋大诏令集》卷201《今八月一日以后持杖强盗南郊赦恩不原诏》，中华书局1962年版，第745页。

些规定在一定程度上打击了预期大赦而犯罪的奸猾之人，但也出现“有司拘文”，对一些虽经多次赦降的犯人不予减免刑罚，就有官员提出对于倚赦作过之人，如遇不定期恩赦或历经两次大赦，可赦免罪行。神宗时期，苏颂上奏：

臣伏睹不以赦降原减条敕，因庆历中殿前马步军司并开封府奏请，军营家口作过，将欲败露，便即逃走，指望恩赦，即来陈首，皆得原罪。自此遂有虽会赦降不在原减条。臣昨知应天府日，有宣毅军人家口犯在登极大赦前，以百日限内不曾首。后来改嫁，又累经赦恩及德音减降。近方事发，勘结成案。有司拘文，不敢断放。臣与僚属商议，以其曾经大赦，难为却科决十年前所犯罪名。寻已别作施行讫。伏详元起请本为倚赦作过之人，……臣愚，窃度恐不谓再经赦宥，或非时减降，皆不得原减。且再经赦宥，动须累年，冒犯之人，容其追改，非时减降，岂可预期而指望释放哉……欲望圣慈许下刑法寺重加详明，诸称“不以赦降原减”条，并谓犯事后遇赦降，自当依法施行，若事发或未发间再经恩霈，并许依例原减。[①]

苏颂的建议未知当时是否被采纳，但到南宋时，《庆元条法事类》中“诸称‘不以赦降原减’，若遇非次赦，或再遇大礼赦者，听从原免”。原不以赦降减免的罪刑经过非次赦或者再次大礼赦，可以纳入原免程序。

南宋时，《庆元条法事类》规定：“诸大礼御札已到而犯强盗、持仗、窃盗、强奸、谋杀人、殴人折伤以上，各罪至徒；官吏犯入己赃；急脚、马递铺兵级、曹司盗匿、弃毁、私拆递角或将带逃亡；官司故稽缓刑狱公事；命官亡身，送还人擅自归或逃亡；及部辖职员、将校、节级并为首率众者，各不以大礼赦原减。”[②]以法律干涉赦令的执行范围，可以减少大赦造成的法令混乱。

宋代法令事无巨细均很详备，对于赦书与罪刑断敕到达的时间先后都有考虑，“诸罪人已降断敕，未到而遇赦降者，于勘所计程，应在赦降前

① （宋）苏颂：《苏魏公文集》卷19《奏乞重立不以赦降原免条约》，中华书局1988年版。

② （宋）谢深甫监修：《庆元条法事类》卷16《赦降》，黑龙江人民出版社2002年版，第338–339页。

到者，不得原减”。[1]如果罪犯已经被判决，按照文书传递行程，判决断敕应该在赦书前到达的话，就不能依据赦书原减。“其故出入人徒以上罪，或容庇罪人拖延及妄为疏驳会问不圆公案，致会大礼赦者，官司及罪人各准此。即罪人故不承伏若翻异，或故自毁伤及诈称疮、病、产孕、老幼有荫告身在远，或虚称更曾别作过犯，官司信凭过问，各妨结断而致会大礼赦者，亦不得原减。”[2]官员与罪人如果想依靠不法手段拖延案件断绝时间以便利用大赦，一旦被查出，也是不可以因赦原减的。

总体来说，宋代对于此类企图利用大赦而获得罪刑原减的罪犯，采取了一系列防范措施，让一些试图钻法律与大赦空子的不法之徒减少了机会，一定程度上减少因恩赦而带来的犯罪增多现象。

四、某些因政治原因处置的官员

宋代政治风气比较宽厚，对士大夫宽容优待，祖宗留下的家法就有不杀言事士大夫一项。虽然宋代没有出现对士大夫大规模的政治迫害，但还是会因党争、政治立场不同或者触犯统治者利益而造成一批不以大赦放还的政治罪犯。

北宋太宗太平兴国七年（982 年），宰相卢多逊被以与秦王赵廷美谋反的罪名发配往崖州，太宗同时下诏：“卢多逊……终身禁锢，纵更大赦，不在量移之限。”[3]北宋中晚期，朝廷中因是否需要改革造成不同政治派别的严重党争，斗争激烈，掌权的派别为了打压反对者的势力，往往采取贬黜手段，并经常注明经过大赦也不放还。神宗朝王安石和司马光代表不同的政治派别，持不同的政治主张。为了更好地推行自己的政治意愿，双方互相打击。司马光批评王安石时说：“彼十恶、盗贼，累更赦令，犹得宽除，独违新法者不以赦降去官原免，是其所犯重于十恶盗贼也。”[4]王安石熙宁七年（1074 年）离任相位，该年十一月，朝廷举行南郊大礼，之后大

---

① （宋）谢深甫监修：《庆元条法事类》卷 16《赦降》，黑龙江人民出版社 2002 年版，第 339 页。

② （宋）谢深甫监修：《庆元条法事类》卷 16《赦降》，黑龙江人民出版社 2002 年版，第 338 页。

③ （清）徐松辑：《宋会要辑稿》仪制 8 之 2，中华书局 1957 年影印本，第 1967 页。

④ 《司马光集》卷 57《遗表》，四川大学出版社 2010 年版，第 1204 页。

赦天下。吕惠卿居心叵测地援引祭祀赦免的旧例，荐王安石为节度使。神宗皇帝为保全王安石，以王安石不是因罪去官，为何要用赦免的方式复官拒绝了吕惠卿。哲宗时，政治风云更为变幻无常，司马光代表的反变法派掌权之后，推行元祐更化，着手废除新法，贬降变法派官员。后来，哲宗亲政，推行绍圣绍述，变法派为报复元祐党人，又重演旧计，大赦不赦元祐党人，"浮休居士张舜民芸叟，忠义人也。绍圣中入元祐责籍为党人，系潭州，赦书中独元祐人不赦"。张舜民还做了一首宣赦诗云："击鼓填街道，传声过水滨。国严三岁祀，恩洗万方春。舟楫随南斗，衣冠拱北辰。岭南并岭北，多少望归人。"[①]北宋末年的蔡京、童贯之辈成为朝廷打击的重点对象。钦宗靖康元年（1126 年）七月专门下诏布告中外蔡京的子孙即使遇到大赦也不许量移。[②]高宗即位赦书也专门提出："应蔡京、童贯、王黼、朱勔、李彦、梁师成、谭稹及其子孙，皆误国害民之人，见流窜者更不收叙。"[③]把蔡京等北宋末期祸国殃民之辈列排除于大赦。孝宗隆兴二年（1164 年）十二月，下诏："应沿边被兵诸军，除逃遁官吏不赦外，杂犯死罪情轻者减一等，余并放遣。"[④]这是孝宗在隆兴北伐结束后，把战争中逃亡的官吏排除在赦免范围之外。

总体来说，宋代大赦不赦之罪范围较广，但这些不赦之罪并不完全由罪刑轻重决定，很大程度上是按照对统治者及社会的危害性判定，所以，在颁降赦宥的情况下，判决刑罚较重的人可以得到赦免，而有些判决较轻的人却被排除在赦免范围之内。但是这些不赦之罪并不是没有被执行，但也不是完全被执行，徽宗曾经对哲宗时因政治斗争而获罪者进行过酌情赦免。[⑤]可以说，有时法令规定在皇权面前是可以动摇的。由于赦宥是依据统治者的需求而定，不可避免地体现了一定的专制特权思想，在某些程度上也破坏了社会公平性和法律公正性。但皇权把赦宥作为与法律并存的另一种统治形式，也同样具有维护统治的作用。

---

① （宋）赵令畤撰，孔凡礼点校：《侯鲭录》卷 2《张舜民宣赦诗》，中华书局 2002 年版，第 65 页。

② （清）徐松辑：《宋会要辑稿》职官 69 之 25，中华书局 1957 年影印本，第 3942 页。

③ （宋）周煇撰，刘永翔校注：《清波杂志校注》卷 2，中华书局 1994 年版，第 39 页。

④ （元）脱脱：《宋史》卷 33《孝宗一》，中华书局 1977 年版，第 630 页。

⑤ 《宋大诏令集》卷 149《受八宝赦天下制》，中华书局 1962 年版，第 552–553 页。

第二节　宋代赦宥的社会功效

宋代赦宥颁布频繁，甚者一年三赦，如神宗元丰八年（1085 年）、哲宗与徽宗元符三年（1100 年）、徽宗重和元年（1118 年）、光宗绍熙五年（1194 年）、宁宗庆元六年（1200 年）、宁宗与理宗嘉定十七年（1224 年），均是一年三次大赦，而这仅仅是大赦的数量，在哲宗与徽宗元符三年（1100 年），尚颁布五次辐射区域大小不一的德音。宋代一年两次大赦、一年一次大赦的情况更是不可胜数。这些数量繁多的赦对宋代法制及财政造成的影响不容小觑，宋人对此多有批判。纵观整个宋代，赦宥的颁降并未因批评受到影响，这是由赦宥的社会功效决定的。

一、赦宥的消极影响

封建社会的大赦并不是单一的罪刑减免，其庞杂内容决定赦宥的操作具有一定的难度。自古至宋，基于赦宥对法律的破坏及劳民伤财，反对赦宥的声音一直不断。与宋代频赦相应的是，赦宥的批评者更多。

春秋时期的管仲在《法法篇》指出："凡赦者，小利而大害者也，故久而不胜其祸；毋赦者，小害而大利者也，故久而不胜其福。"[①]小利指可以暂时悦民，大害指民众因此而容易犯法，小害指民众暂时地不高兴，大利指民众修德而不犯法。此时的赦尚是指对罪刑的减免，所以管仲主要批评了赦对法律的破坏。东汉末年王符在《述赦》中说："今日贼良民之甚者，莫大于数赦。赦数赎，则恶人昌而善人伤矣。"[②]王符对赦的批判仍然是因为它造成了法律的不公正。后世如唐代白居易也说："居常而数赦，而惠奸之路启，而召乱之门开矣。"[③]他也是认为频赦是召乱之由。

宋代频赦的反对者更多，早在太宗至道三年（997 年），左正言孙何说："每躬祀圜丘，诞敷霈泽，无贤不肖，并许叙迁，至使评事、寺丞，才

① 《管子校注》卷 6《法法第十六》，中华书局 2004 年版，第 297–298 页。

② （东汉）王符，汪继培笺：《潜夫论》卷 4《述赦第十六》，上海古籍出版社 1978 年版，第 203 页。

③ 《白居易集笺校》卷 65《五十九议赦》，上海古籍出版社 1988 年版，第 3534 页。

数载而通闺籍，赞善、洗马，不十年而登台郎。”[①]他针对大礼赦恩赏官员太滥进行批评。明道二年（1033年），范仲淹论赦：“国家太平垂三十年，暴敛未除，滥赏未革。近年赦宥既频，赏给复厚，聚于艰难，散于容易，国无远备，非社稷之福。愿陛下无数赦，必欲肆赦推赏，求典礼而后行之。一则不坏于法，二则不伤于财。”[②]范仲淹批评赦宥的理由主要集中于两点：坏法与伤财。景祐元年（1034年）二月，庞籍上疏说：“赦者，政教之大患，不可常用。”他的理由是“有罪者宥之未必自新，被害者抑之未必无怨，不能自新将复为恶，不能无怨将悔为善。一赦而使民悔善复恶，故以为政教之大患者也”。[③]赦宥不仅不能使罪犯悔过自新，反而会逼迫良民悔善为恶。

反对者对郊赦、明堂赦等大礼赦批评尤多，他们认为刑罚和恩赏都是圣人治理教化民众的手段，法律惩罚使民知耻，明刑弼教，对于犯法者应当以刑惩戒。如果只是为了顺应天时而常置赦恩，特别是时间和频率固定的三年一次大礼赦，罪人就会侥幸地计算日期犯罪。这样一来奸民屡次犯罪而无严惩，赦免会成为使民犯罪的诱饵。“夫赦不可以逆知，逆知则奸。作奸不可以数惠，数惠则政烦。方今郊祀之日，必覃涣汗之恩，豪猾瞻望而造奸，吏胥因缘而舌法。虽预示禁章不令原免，及广覃庆泽谁复举行？愿陛下崇先王去杀之道，塞叔世屈法之门，令恩不预彰，罪无苟免。”[④]司马光说：“赦者害多而利少，非国家之善政也……况今国家三岁一郊，未尝无赦，每岁盛夏，皆有疏决。猾吏贪纵，大为奸利，悍民横暴，侵侮善良。百千之中，败无一二，幸而发露，率皆亡匿，不过周岁，必遇赦降，则晏然自出，复为平人。”[⑤]赦宥破坏了法律的威严，赦免罪犯反而会伤及良民，所以国家不可以有过多的赦宥和法外之恩，而使法律失去威严。

---

①（宋）李焘：《续资治通鉴长编》卷42，至道三年九月壬午，中华书局2004年版，第882页。

②（宋）李焘：《续资治通鉴长编》卷112，明道二年七月癸未，中华书局2004年版，第2623页。

③（宋）赵汝愚：《宋朝诸臣奏议》卷100《上仁宗乞郊禋更不行赦》，上海古籍出版社1999年版，第1073页。

④（明）黄淮、杨士奇：《历代名臣奏议》卷218，上海古籍出版社1989年版。

⑤（宋）赵汝愚：《宋朝诸臣奏议》卷100《上仁宗论不可数赦》，上海古籍出版社1999年版，第1075页。

宋代在大赦之外，尚有德音与曲赦，它们恩及范围大小不一，但总体来说，对京师及河南府等地的恩赦远远多于其他地区，这在一定程度上又会造成恩赦的区域不均衡性。范镇就此角度批评赦宥，“比者京师及辅郡岁一赦，去岁再赦，今岁三赦。又在京诸军岁再赐缗钱……今防秋备塞之人，无虑五六十万，使闻京师端坐而受赐者，能不动心哉”。[①]恩赦对士兵的赏赐始于五代之时，宋代承袭了这种做法，“五季之时，每逢恩赦，军士并有赏给。宋承其弊，遂为国用之一大宗，理财治军，均受其牵制之害”。[②]针对京师及周围地区的德音与曲赦较多，士兵得到赏赐的机会也高于其他地区，这种内外不均的恩赏势必会造成民众及士兵心理的不平衡。

南宋杨傑批评赦宥的社会危害性时说：

> 臣勘会人户理诉公事，已经州县依公定勘结绝，其间却有顽狡之人，隐匿情犯，别经监司、台省，或诣朝廷陈状，事涉诬谤。或称所勘官员受赃请托，行遣不公，欲得信凭受理。自知虚妄，即多近大礼年分，或于大寒盛暑之际，指望在京非次恩宥，欲其幸免诬告之罪。前后兴起大狱，禁系良民不少，兼又被论之官未显虚实，若稍涉嫌疑，须当权移差遣，或申奏朝廷，令先罢职事，伺侯辩对，动经岁月，方得了当。其被告官员若果如所论，即系入已赃，遇赦不该原免，得罪非轻，或虽无赃贿，稍涉用情，亦当终身废黜，洎至勘证委无赃私，其诬告之人，应得反坐之罪，又却该赦全原，遂致豪猾奸恶之人教唆鼓扇，自谓得计，官司易以摇动，公然诬告，无所畏惮。[③]

因赦宥的存在，特别是大礼赦的固定，使得狡猾之人能够预期大赦，他们会利用这个时机做违法之事，即使事败，也会因赦免罪，容易造成社会的不稳定。

宋代赦宥的频繁是不可否定的事实，但综观宋人议论，他们对频赦的批判多集中在两个方面，一是赦宥破坏了法令的公正。赦宥使恶人没有得

---

① （宋）李焘：《续资治通鉴长编》卷180，至和二年八月癸巳，中华书局2004年版，第4364页。

② （清）沈家本：《历代刑法考》赦十二，中华书局1985年版，第787页。

③ （宋）杨傑：《无为集》卷15，影印文渊阁四库全书第1099册，第781页。

到应有的惩处，这对善良之辈相对不公平，或者伤害了受害者及其亲属的情感。同时，赦宥还可能为一些不法之徒制造为恶的机会，他们算计时机利用赦宥躲避法律惩罚。二是赦宥对官员、将士的滥赏造成国家资财的浪费。赦宥中的推恩内容包括对官员、士兵的赏赐以及百姓欠负、赋税的蠲减，批评者针对的是赏赐内容，但他们并不反对赦宥对百姓的推恩。

郭东旭先生在评论宋代频赦时说："宋朝正是这种居常而数赦，使其法律和司法权能遭到破坏，使法律失去权威性和严肃性。这是宋朝统治者自坏其法的突出表现。"[①] 宋代赦宥的弊端我们无法否认，《容斋随笔》记载了这样一件事情："婺州富人卢助教以刻核起家，因至田仆之居，为仆父子四人所执，投置杵臼内捣碎其躯为肉泥。既鞫治成狱，而遇己酉赦恩获免。至复登卢氏之门，笑侮之曰：'助教何不下庄收谷？'兹事可为冤愤，而州郡失于奏论。"[②] 田仆父子四人以残忍手段杀害田主卢助教，因逢淳熙十六年（1189 年）的光宗即位赦得免刑罚。[③] 父子免刑之后竟然登受害者之家嘲笑挑衅，出现了这种令人愤怒的不公平结果。所以，赦宥的最初目的是希望罪犯能够"自新"，但这只能说是一种追求，而不一定是宽免措施的必然结果。有些罪犯确实对赦免心存感激、改过自新，不可否认，有些罪犯主观恶性很大，并未能痛改前非。尽管赦宥在执行的过程中出现了不尽如人意之处，但赦宥总体上发挥的社会功效也是不能否认的。

二、赦宥的社会功效

法安天下，德润人心。赦宥制度体现了国家以人为本，既体现法律尊严，又体现法律人性的一面。尽管宋人批评频赦之声不断，但统治者并未因此废除赦宥制度，这正是由于赦宥的积极作用是朝廷无法舍弃的。荀悦称："大赦之令，荡涤秽流，与民更始，时势然也。"[④] 这种以大赦除旧布新、与民更始的理念也多为宋人继承。真宗在改元景德元年（1004 年）赦

① 郭东旭：《论宋朝法律文化特征》，收入《宋朝法律史论》，河北大学出版社 2001 年版，第 24 页。

② 《容斋随笔》三笔卷 16《多赦长恶》，中华书局 2005 年版，第 602 页。

③ 作者洪迈在文中提到"近者六年之间，再行恩霈"。根据其生活的朝代及查阅干支纪年可知：己酉岁应为 1189 年（淳熙十六年）或者 1249 年（淳祐九年），查阅 1249 年没有大赦信息，故此处所指"己酉赦恩"应是 1189 年二月的光宗即位赦恩。

④ （汉）荀悦：《汉纪》卷 22《孝元二》，影印文渊阁四库全书第 303 册，第 407 页。

天下制书中称："建纪元之新号，与民更始。"[①] 改元意味着一个新的统治阶段的开始，而赦宥成为改元更始的最好表达方式，那么赦宥的社会功效具体体现在哪些方面呢？

（一）改善法律之弊

宋代法令内容颇为严密，"今内外上下，一事之小，一罪之微，皆先有法以待之"。[②] 法律内容繁杂且涉及广泛，百姓动辄就会触及法律。

在法律执行中，宋代也存在某些重刑问题，如法律对民事及经济方面的违法行为惩处较重。宋真宗时，针对民户频繁买卖耕牛，朝廷担心耕牛会遭屠杀，于是下诏："自今屠耕牛及盗杀牛，罪不至死者，并系狱以闻，当从重断。"[③]南宋时禁止宰牛的法令则更为严厉。建炎四年（1130年）五月，"诏军民杀耕牛者抵死"。[④] 从法律上重判此类罪犯。在农业社会，耕牛是最重要的生产工具，历朝历代的统治者都十分重视保护耕牛，以此来保证农业生产所需。早在春秋时期，《礼记》就规定"诸侯无故不杀牛"。在北宋初年的《宋刑统》就规定"诸故杀官私牛者，徒一年半"，"主自杀牛者，徒一年"；南宋的刑罚则更重，"诸故杀官私牛，徒三年"。[⑤] 但是在实际执行中，很容易造成骚扰民间的后果。如果官府查得有私杀耕牛的情况，按照程序，要将被杀的耕牛抬到官府审验，广泛追呼人户到官府，导致妨碍农务。宋朝法律规定杀牛有罪，告发者有赏，所以一些仇家或者不逞之徒就会利用法律，制造民间诬告，人们熟悉的包拯断割牛舌案就是例证。但耕牛属于私有财产，州县官禁止宰牛实在很困难，加上屠宰病牛并不违法，一些不法之徒勾结胥吏假作病牛屠宰，官府也难以查实惩办，而真正屠宰病牛的民户可能会被诬陷，所以就需要赦宥来缓解严苛法律。

宋代对禁榷物品及钱币控制得也较为严格，对这些罪行判处较重。《庆元条法事类》规定："诸纲兵梢每三船为一保，若于本纲负载及贩私有

---

① 《宋大诏令集》卷2《改景德元年赦天下制》，中华书局1962年版，第6页。

② （宋）叶适：《水心集·水心别集》卷10《实谋》，中华书局1961年版，第767页。

③ （宋）李焘：《续资治通鉴长编》卷87，大中祥符九年八月癸未，中华书局2004年版，第2005页。

④ （宋）李心传：《建炎以来系年要录》卷33，建炎四年五月甲子，中华书局1988年版，第659页。

⑤ （宋）窦仪等撰集：《宋刑统》卷15《厩库律·故杀误杀官私马牛并杂畜》，中华书局1984年版。

榷货者，同保知而不纠，依五保有犯律，杖罪笞三十，不知情各减三等；部纲兵级不知情，减保人罪一等。”[①]运纲兵士中只要有人违犯榷货法，同保之人即使不知情也要一并受罚，这其实是很不公平的。私有或贩卖这些禁榷物品茶、盐、矾者，其法律惩罚更为严重，“诸私有茶，二两笞四十，四斤加一等，四十斤徒一年，四十斤加一等，六百斤不刺面配本城”。[②]对民户私有并贩卖盐的处罚比私有贩卖茶还要严重。宋代因违反经济规定而受罚的人不在少数。他们的行为破坏了国家的经济政策，但从社会危害性来讲，并未危害统治秩序及别人生命安全。在法律惩处规定较重的情况下，通过赦宥放免或减免这些罪犯的罪刑对社会稳定性也有一定作用。宋代尚存在很多这种较其所犯罪由量刑为重的法令，这在一定程度上会激化社会矛盾，统治者需要一种手段缓和这种矛盾，而赦宥的宽仁原则正好符合统治者的这一需求。

其次，赦宥有利于及时疏导监狱关押罪犯人数，缓解有限司法资源的紧张，减少政府管理监狱的经济支出。宋代法律断案采取“有罪推定”，未结案之前所有跟案件相关的罪犯、证人均关押在狱中，造成狱中人员拥挤。《宋会要辑稿》刑法六之六十五记录了绍兴年间地方关押的罪犯人数，其中，绍兴五年，衢州关押 610 人；绍兴七年，福州关押 682 人。这些关押人员除了少数被判处死刑的罪犯以外，多是尚未结断的案件相关人员。已经结案的关押犯人处所也经常处于紧张状态，比如安置重刑犯的海岛牢城有登州沙门岛、通州岛以及海南岛。这些海岛自然条件恶劣，岛上缺医少药，劳作繁重，“登州沙门岛每年约收罪人二三百人，并无衣粮，只在岛户八十余家佣作”。[③]更恐怖的是有些地方官府为追求“狱空”奖励，将犯人判往这些海岛，岛上犯人所需超出供养能力，出现“溢额”。于是岛上官吏想办法杀害犯人或者投入大海。据《宋史·马默传》记载，登州知州马默上奏“沙门岛囚众，官给粮者才三百人，每溢数则投诸海，寨主李庆

---

① （宋）谢深甫监修：《庆元条法事类》卷 28《榷货总法》，黑龙江人民出版社 2002 年版，第 382 页。

② （宋）谢深甫监修：《庆元条法事类》卷 28《茶盐矾》，黑龙江人民出版社 2002 年版，第 386 页。

③ （宋）李焘：《续资治通鉴长编》卷 188，嘉祐三年十二月壬寅，中华书局 2004 年版，第 4532 页。

以二年杀七百人。”[①]经由国家赦免，多数犯人会被减轻刑罚，甚至赦放，有利于疏导淹狱现象，减少狱政方面的行政开支。

（二）稳定社会秩序

赦宥稳定社会秩序的功效主要体现在战争时期，如恢复统治、开疆拓土、平息内乱、抵抗外侵等，赦宥可以暂时缓解各种社会矛盾。

宋初太祖、太宗进行了统一周边政权、巩固统治的战争，无论平蜀、征广南、江南、两浙、河东与荆南等，均颁布曲赦与德音。这一方面可以对新恢复地区百姓收恩，缓解民众的反战情绪；另一方面也可以解决大量战争遗留困难，如对交战地区生产的破坏，对交战官员及士兵的处置。此时，赦宥是解决战争遗留问题的必要手段。

宋代虽然没有较大规模的农民起义，但小规模的农民反抗事件之多也不容小觑。在平息内乱之后，统治者也会发布赦宥。如对平四川王均、河北王则、浙江、福建等地的方腊、福建范汝为等农民起义，均颁布了赦宥。宋真宗咸平三年（1000年）正月初一，成都的“神卫军”军兵在都虞候王均的带领下叛乱，施（治今湖北恩施）、黔（治今重庆彭水县郁山镇）、高（治今广东高州）、溪（治今湖南永顺东南）等州的少数部族参与叛乱。朝廷大臣丁谓召集少数族首领，向他们传达朝廷宽赦、不杀其子弟的政策，分析王均叛乱必定失败的大势，并以经济政策诱导他们，允许他们用粮食换取食盐，稳住了这些少数民族叛军，叛乱很快得到平叛。这也是应允了丘濬的观点：“当危难之时，赦不可无，无则反侧不安，而祸乱不解。”[②]

在收复失地或议和成功之后，统治者为了尽快恢复统治秩序，也会颁布赦宥。如真宗景德二年（1005年）的讲和大赦、仁宗皇祐五年（1053年）平侬智高对广南东西路的曲赦、徽宗宣和五年（1123年）收复燕云之地的大赦、高宗绍兴九年（1139年）与金人讲和的大赦等。

统治者针对战争颁布的赦宥，最主要目的是利用赦宥的形式及赦书的影响力，集中处理战争遗留问题，如对战犯的处置、对战争祸及地生产的恢复、对民众的安抚等。这些都是法律在短期内无法解决的难题，而依靠赦书的安抚作用是相当必要的。

---

① （元）脱脱：《宋史》卷344，中华书局1977年版，第10943页。

② （明）丘濬：《大学衍义补》卷109《慎眚灾之赦》，四库全书珍本，第16页。

（三）缓解灾异之害

在封建王朝，皇帝认为自己的德行与自然灾异有关联，灾异成为上天对皇帝人事不足的谴责。“国家将有失道之败，而天乃先出灾害以谴告之。”[①]灾异的形式主要有天旱、雨霖、蝗虫、大火、星变、日食等，前几种属于自然灾害，会对人民的生活与生产造成了一定的破坏；星变及日食则属于天象异常情况，在天人感应理念中，是发生可怕事情的征兆。所以，皇帝会在灾异面前躬身自省，推行仁政，发布赦书调整政策，减少灾异造成的破坏及损失，赦书就承载了皇帝应对灾害的策略与措施。

宋代皇帝秉承“上能恭于事则雨若，泽不施于利则旱灾。君德因以失中，天沴缘而荐至”的理念。[②]如明道二年（1033年）九月，宫中大火，仁宗下赦罪己：“深虑政刑之阙未修，德惠之流未溥，听断之际，或失于重轻，上下之情，罔臻于交泰，致斯谴谪，集此震惊，敢忘罪己之怀，用覃肆眚之泽。”[③]元祐三年（1088年），因天气失常，哲宗发布德音：“乃自去冬，连月降雪异常，今春以来，久阴不霁，农民失职，商旅不通，比屋之间，冻馁弥甚，常寒之罚，咎在朕躬。惟日兢兢，以图消复，洁精致祷，神眷未孚，克己自持，协气无应。窃虑四方狱犴，冤滞尚多，工役繁兴，人咨胥怨，郁成缪盭之变，以干阴阳之和。宜均涣恩，以召嘉气。”[④]一方面勇于承担责任，更为重要的是希望以赦宥均涣恩，召嘉气。皇帝这种因灾异颁赦的做法是出于对灾异的敬畏，希望以赦宥推行仁政，顺天应时，消弭灾异，但在实际上也可以改善民众的生活困顿。上述元祐三年（1088年）德音减免罪刑以改善“冤滞”，特免并放归修河工夫以改变“工役繁兴”，放展被灾州县的欠负及赋税，救恤流民等，这些都是统治者以赦书应对自然灾害的积极措施。

（四）配合大礼及庆典

汉代即以赦宥配合礼仪庆典，如皇帝、皇后、皇太子的册立、祀明堂等发布大赦。宋代的典礼与赦宥联系更为密切，如定期举行南郊、明堂等

① （东汉）班固：《汉书》卷56《董仲舒传》，中华书局1975年版，第2498页。

② 《宋大诏令集》卷153《冬旱减降德音》，中华书局1962年版，第571页。

③ 《宋大诏令集》卷152《宫禁火赦天下制》，中华书局1962年版，第567页。

④ 《宋大诏令集》卷154《去冬连月降雪今春久荫德音》，中华书局1962年版，第576页。

大礼，使得宋代赦宥的颁布更有规律。大礼及庆典是皇帝树立权威、巩固统治秩序的重要手段之一。

赦宥与典礼的配合主要体现在赦宥对庆典的广泛宣传上，通过赦书传播与民众相关的内容，使民众切身感受到国家的存在。同时，统治者也希望与民众共享庆典的成就。如徽宗崇宁三年（1104年）南郊赦首词："灵心载嘉，精意咸享，受兹殊福，岂予一人之敢私。锡厥庶民，思与万邦而共庆。"[①]为了达到与民同庆的效果，就需要依靠大赦的宣传。每逢国家重要历史时刻，为彰显王室恩泽，赦免正在服刑的犯人，让其有机会改过自新，成为对国家有用之人。

在典礼与赦宥的关系固定以后，民众就会因国家庆典对赦宥形成期待。谏官余靖言："臣伏睹南郊肆赦在近，旷荡之泽，与民更始，四方延颈，相望恩渥。"[②]在这种情况下，典礼与赦宥更是无法分开，赦宥成为配合典礼不可缺少的部分。另外，统治者也确实希望通过赦免罪刑重新树立民众的向化之心，"岂止欲囹圄空虚而谨罚，庶几俾盗贼向化而革心"。[③]使罪犯因赦得以自新。

（五）宣布朝廷政令

赦书内容的变化是宋代赦宥制度演化的一个重要特征，其中新增加的内容主要是对州县行政的约束，这在前文已有论及。赦书中约束内容的增多也表明赦宥在宋代的功效。

宋代统治者在赦书中增加约束内容，也正是因为看到了赦宥的政治功效，特别是北宋后期与南宋时期，面对州县无视法令的行为，统治者需要用一种合适的手段予以纠正。除了赦书，没有其他文书能够包含赦书那样广泛的内容。同时，赦书是一种面对民众与社会的文书，可以把朝廷的政令传播到更为广阔的区域，这些都是赦宥独有的、无可替代的功能。

总体来说，赦宥有自身的弊端，容易造成法律不严肃，浪费国家资财。杨鸿烈评价古代赦宥时说："自春秋、秦汉以来，君主滥作威福，常常

① 《宋大诏令集》卷122《崇宁三年南郊赦天下制》，中华书局1962年版，第417页。

② （宋）李焘：《续资治通鉴长编》卷153，庆历四年十一月庚午，中华书局2004年版，第3720页。

③ （宋）魏齐贤：《五百家播芳大全文萃》卷1下孙仲益《贺明堂赦表》，影印文渊阁四库全书第1352册，第49页。

不加分别地大赦天下囚人，如登位有赦，死葬有赦，灾异有赦，寿庆有赦，诞生有赦，甚至一年里头就有好几次的大赦，这样差不多将整个司法机关的权能破坏得干干净净，使善恶不分，社会的秩序扰乱。”[①]但赦宥也有不可替代的社会功效，如弥补法律缺陷、稳定统治秩序、减轻灾伤之害的后果、配合宣传朝廷典礼与朝廷政令，显示皇恩。正是基于赦宥所起到的积极作用，真宗认为“全无赦宥，亦恐难行”。[②]纵观整个宋代，朝廷并未因赦宥的弊端而取消赦宥制度。

① 杨鸿烈：《中国法律思想史》下册“赦罪当否问题”，上海书店出版社1984年版，第231页。

② （宋）李焘：《续资治通鉴长编》卷89，天禧元年三月辛酉，中华书局2004年版，第2052页。

结　语

本书主要从宋代赦宥制度的概况及赦书内容的变化两方面入手，研究宋代赦书。其中对赦宥制度概况的论述，是为了便于对宋代赦书的认识，以及理解赦书内容变化的某些制度背景。对赦书内容的探讨，主要是以宋代赦书内容的变化以及这种变化的背景与影响为线索，通过这个线索脉络观察宋代社会特别是宋代基层社会的状况。

宋代赦书内容的变化，是指赦书在传统罪刑减免及推恩内容之外，逐渐衍生出一种具有新句式的内容。对这种句式，本书称其为约束或申饬内容。这种变化是一个渐进的过程。从北宋中期开始，首先在赦书推恩内容中民事内容逐渐增多；到北宋晚期，赦书约束内容的话语模式固定化；南宋时期，赦书约束内容不仅大量增多，而且逐渐重复，已经约束过的内容往往在下次赦书中仍然出现。赦书的约束性赦文最常见的句式为：访闻／堪会（州县行政存在弊病），仰／令（约束州县的依法改善），仰（监司发挥监督），如（州县仍不执行），当（从重处理）；或者为：在法（重申法令条文），访闻（州县未依法行事），今后（应该如何做），仰（监司监督），仍（若不改正），许人户越诉。这两种模式的共同特点：它们面对的对象主要为州县官员，目的是要求监司履行监督职责。宋代赦书中的约束内容主要体现在重申法令，集中要求州县依照已有法令行事。

这种约束模式在赦书中出现并逐渐增多，是与宋代社会变化息息相关的。从赦书的发布对象来看，宋代以前的赦书多是用于对官员进行赏赐，而宋代赦书中的约束性内容多是申饬地方州县官员；宋代以前赦书在推恩百姓时，多是直接面对民众叙事，宋代赦书多是通过约束州县官员的违法行为，间接推恩百姓。约束赦文产生的根本原因，在于州县存在违法征收现象。再进一步讲，州县违法征收固然是因官员无视政策造成，但更为重要的原因则在于中央与地方在财政分配上严重不均衡。宋代中央对地方实行“阶层性集权”的财政征收政策，逐渐扩大中央从地方的征调，但又不允许地方州县擅增税目。州县为维持运转，只能巧立名目、增加法外之敛，造成了地方财政征收的混乱与非制度化征收行为。这种情况一方面表明了中央对地方不断增加征收的实现；另一方面也表明了宋代的财政制度不堪。尽管这种财政制度还能够维持对地方的征收，但后果是使地方州县征收秩序混乱。州县屡屡破坏朝廷法令，向民众征收“法外之敛”。更为严重的是，中央对此已束手无策。这一点从宋代特别是南宋赦书中即可管窥。南宋赦书一再约束申饬州县遵守法令，依法征收，但没有如朝廷所愿。赦文不被实行的原因不是单一的，而本书主要从转运使的作用及地方官府的执行入手分析。

转运司作为监司的一种，主要负责协调中央财政与州县的财政。转运司一方面作为计司的派出机构代表中央总管州县财政，另一方面又要经度州县之费用。它一般被认为是中央设置的监督地方州县的机构。本书在探究赦书的执行情况时，发现转运司对赦书的阻挠是导致赦书不能实行的一个重要原因。对于转运司阻挠赦书蠲免内容的落实，朝廷有所察知，并且屡次约束转运司准赦放免，甚至有时在赦书中明确要求提点刑狱司及中央监察机构御史台监督执行。但这并不能阻止转运司对州县执行赦书的阻碍。按照赦书要求，州县官员可以抗拒转运司的不合理旨意，可以申请监司改正，也可以上报户部商讨。但事实上，宋代地方州县官员作为政策的执行群体，具有逐利性，当他们的利益与执行赦书的结果相矛盾之时，他们往往向监司妥协。“实际的人是在现实制度所赋予的制约条件中活动”①，利益决定着政策执行者的行为，而执行者的行为决定了政策执行的效果。

从赦书的执行者——州县官府来看，他们所承担的责任与其财政收入的失衡，也是决定地方官府对待赦书态度的一个关键因素。这又回归到赦书内容变化的原因上。事实上，赦书内容的变化与执行，始终围绕州县财政的实况转。州县财政不济，既是导致赦书约束内容出现的原因，又是导致赦书约束内容与蠲免内容不被执行的原因，这才是困扰宋代赦书内容的决定性因素。地方财政矛盾不解决，赦书内容就会持续变化及持续不

---

① [美]科斯：《论生产的制度结构》，上海三联书店1993年版，第349页。

被执行。州县官员会在转运司态度的压力下，与转运司结为利益共同体，保护共同利益。中央监督机构离地方太远，鞭长莫及，不可避免地造成政策信息的流失与分散。而地方民众的监督力量又太弱，不起什么作用，对于地方官府的乱征行为，同级官僚，如通判等对州县的监督虽然有时也会起作用，但这股力量太弱小。有效监督机制匮乏，有助于地方官府逃脱不执行赦书的惩罚。

最后，从赦书中被议论最多的罪刑减免内容来说，罪刑减免是赦宥最原始的内容，也是每次赦宥都必有的内容。议论者多从赦宥破坏法令的严肃性出发，阐释赦宥对社会的影响，特别是在宋代频赦下，皇帝的赦宥破坏了法律的严肃性，失人心，乱法治。当然，如果我们只看到它的消极作用，这也是不符合历史实际的。赦宥制度发展到唐宋时期，在罪刑减免方面已经逐渐规范化，在某些原则问题上进行限定，根据罪刑的轻重及社会危害性，规范了常赦不赦免的罪刑，这也是皇权在自觉地限制赦宥的消极作用。

综上所述，宋代赦书内容的变化及执行过程不是孤立的现象，其约束内容的出现是基于宋代基层州县的财政征收呈现弊端，其目的也是纠正这种弊端。但是从效果来看，这一目的没有达到。

本书的研究是以宋代赦书约束内容的变化以及这种变化的背景与影响为主线的，很多问题都是围绕着这一主线阐发，重心不在赦书中罪刑减免、推恩等内容的研究。如赦书中罪刑减免内容的执行与法令的关系；赦书中对官员官职的奖赏对官员正常官职升迁的作用与影响；赦书执行中各个执行部门的反复起请等，这些都是以后需要补充的内容。

最后，笔者必须交代本书关于赦书史料的运用问题。北宋与南宋的史料存在不均衡性，北宋时期关于赦宥次数的记载较为详细，可以比较方便地统计赦宥次数及种类；南宋时期的赦书，特别是大赦赦书的条文存留较多，所以在辑录赦书内容时有较大方便。本书主要是在已掌握的史料中把握宋代赦书内容的发展脉络，并为这种变化寻求深层的社会原因。总体来说，在史料存留不完整的基础上得出的结论是否稳固，虽然这是无法回避的问题，但本书只能在已占有史料基础上探讨历史真相。

主要参考文献

一、古籍部分

（汉）司马迁:《史记》，中华书局1963年版

（东汉）班固:《汉书》，中华书局1975年版

（宋）范晔:《后汉书》，中华书局1965年版

（唐）李林甫等撰，陈仲夫点校:《唐六典》，中华书局1992年版

（唐）长孙无忌:《唐律疏议》，中华书局1983年版

（宋）宋敏求:《唐大诏令集》，商务印书馆1959年版

（宋）薛居正:《旧五代史》，中华书局1976年版

（宋）窦仪:《宋刑统》，中华书局1984年版

（宋）王应麟:《玉海》，影印文渊阁四库全书本

《宋大诏令集》，中华书局1962年版

（宋）李焘:《续资治通鉴长编》，中华书局2004年版

（宋）徐梦莘:《三朝北盟会编》，上海古籍出版社1987年版

（宋）李心传:《建炎以来系年要录》，中华书局1988年版

（宋）赵汝愚:《宋朝诸臣奏议》，上海古籍出版社1999年版

（宋）彭百川:《太平治迹统类》，影印文渊阁四库全书本

（宋）谢深甫监修，戴建国点校:《庆元条法事类》，黑龙江人民出版社2002年版

（宋）章如愚:《山堂考索》，影印文渊阁四库全书本

（宋）沈括撰，胡道静校证:《梦溪笔谈校证》，上海古籍出版社1987年版

（宋）王存撰，魏嵩山、王文楚点校:《元丰九域志》，中华书局1984年版

（宋）乐史撰，王文楚等点校：《太平寰宇记》，中华书局 2007 年版

（宋）李心传撰，徐规点校：《建炎以来朝野杂记》，中华书局 2000 年版

（宋）岳珂编，王曾瑜校注：《鄂国金佗粹编续编校注》，中华书局 1989 年版

（宋）梁克家撰，李勇先、张保见等点校：《淳熙三山志》，四川大学出版社 2007 年版

（宋）宋敏求编：《春明退朝录》，中华书局 1980 年版

（宋）岳珂：《愧郯录》，影印文渊阁四库全书本

（宋）李攸：《宋朝事实》，中华书局 1955 年版

（宋）黄震：《黄氏日抄》，影印文渊阁四库全书本

（宋）司马光：《涑水记闻》，中华书局 1997 年版

（宋）蔡絛撰，冯惠民、沈锡麟点校：《铁围山丛谈》，中华书局 1983 年版

（宋）黎靖德编，王星贤点校：《朱子语类》，中华书局 1986 年版

（宋）谢伋：《四六谈麈》，中华书局 1985 年版

（宋）叶梦得撰，侯忠义点校：《石林燕语》，中华书局 1984 年版

（宋）赵昇撰，王瑞来点校：《朝野类要》，中华书局 2007 年版

（宋）孟元老撰，伊永文笺注：《东京梦华录笺注》，中华书局 2006 年版

（宋）陆游撰，孔凡礼点校：《家世旧闻》，中华书局 1993 年版

（宋）吴自牧：《梦粱录》，浙江人民出版社 1980 年版

（宋）周密撰，李小龙、赵锐评注：《武林旧事》，中华书局 2007 年版

（宋）高承：《事物纪原》，中华书局 1989 年版

（宋）周去非著，杨武泉校注：《岭外代答校注》，中华书局 1999 年版

（宋）陆游撰，李剑雄、刘德权点校：《老学庵笔记》，中华书局 1979 年版

（宋）洪迈撰，孔凡礼点校：《容斋随笔》，中华书局 2005 年版

（宋）魏泰撰，李裕民点校：《东轩笔录》，中华书局 1983 年版

（宋）赵令畤撰，孔凡礼点校：《侯鲭录》，中华书局 2002 年版

（宋）周煇撰，刘永翔校注：《清波杂志》，中华书局 1994 年版

（宋）陆九渊著，钟哲点校:《陆九渊集》，中华书局 1980 年版
（宋）包拯著，杨国宜校注:《包拯集校注》，黄山书社 1999 年版
（宋）苏轼撰，孔凡礼点校:《苏轼文集》，中华书局 1986 年版
（宋）司马光著，李文泽编:《司马光集》，四川大学出版社 2010 年版
（宋）张方平:《张方平集》，中州古籍出版社 1992 年版
（宋）曾巩撰，陈杏芝、晁继周点校:《曾巩集》，中华书局 1984 年版
（宋）楼钥:《攻媿集》，影印文渊阁四库全书本
（宋）陈亮:《陈亮集》，中华书局 1974 年版
（宋）周必大:《文忠集》，影印文渊阁四库全书本
（宋）汪藻:《浮溪集》，影印文渊阁四库全书本
（宋）周紫芝:《太仓稊米集》，影印文渊阁四库全书本
（宋）陆游:《陆游集》，中华书局 1976 年版
（宋）余靖:《武溪集》，影印文渊阁四库全书本
（宋）晁补之:《鸡肋集》，影印文渊阁四库全书本
（宋）欧阳修:《欧阳修全集》，中华书局 2001 年版
（宋）程俱:《北山集》，影印文渊阁四库全书本
（宋）蔡襄:《蔡襄集》，上海古籍出版社 1996 年版
（宋）张咏:《张乖崖集》，中华书局 2000 年版
（宋）李纲:《李纲全集》，岳麓书社 2004 年版
（宋）王十朋:《王十朋全集》，上海古籍出版社 1998 年版
（宋）朱熹:《朱熹集》，四川教育出版社 1996 年版
（宋）魏了翁:《鹤山集》，影印文渊阁四库全书本
（宋）俞文豹:《吹剑录外集》，影印文渊阁四库全书本
（宋）张耒:《张耒集》，中华书局 1990 年版
（宋）汪应臣:《文定集》，学林出版社 2009 年版
（宋）陈傅良撰；周梦江点校:《陈傅良文集》，浙江大学出版社 1999 年版
（宋）杨时:《龟山集》，影印文渊阁四库全书本
（宋）《名公书判清明集》，中华书局 2002 年版
（宋）叶适:《水心集》，中华书局 1961 年版
（元）马端临:《文献通考》，中华书局 1986 年版

（元）脱脱：《宋史》，中华书局 1977 年版
（明）丘濬：《大学衍义补》，四库全书珍本
（明）陶宗仪编：《说郛》，影印文渊阁四库全书本
（明）黄淮、杨士奇：《历代名臣奏议》，影印文渊阁四库全书本
（清）徐松辑：《宋会要辑稿》，中华书局 1957 年版。影印本
（清）赵翼：《廿二史札记校证》，中华书局 1984 年版
（清）沈家本：《历代刑法考》，中华书局 1985 年版
［日］释圆仁原著；［日］小野胜年版。校注：《入唐求法巡礼行记校注》，石家庄：花山文艺出版社 1992 年版

二、今人著作

徐式圭：《中国大赦考》，中华学艺社 1934 年版
徐望之：《公牍通论》，档案出版社 1988 年版
郭东旭：《宋朝法律史论》，河北大学出版社 2001 年版
邓小南主编：《政绩考察与信息渠道——以宋代为重心》，北京大学出版社 2008 年版
戴建国：《宋代刑法史研究》，上海人民出版社 2008 年版
邓小南：《祖宗之法——北宋前期政治述略》，三联书店 2006 年版
王云海：《宋会要辑稿考校》，河南大学出版社 2008 年版
王琦珍：《曾巩评传》，江西高校出版社 1990 年版
汪圣铎：《两宋财政史》，中华书局 1995 年版
包伟民：《宋代地方财政史研究》，上海古籍出版社 2001 年版
施懿超：《宋四六论稿》，上海古籍出版社 2005 年版
杨鸿烈：《中国法律思想史》，上海书店出版社 1984 年版
陈俊强：《皇权的另一面：北朝隋唐恩赦制度研究》，北京大学出版社 2007 年版
［美］马伯良：《大赦与传统中国的司法》，夏威夷大学出版社 1981 年版
［英］崔瑞德：《剑桥中国隋唐史》，中国社会科学出版社 1990 年版
［美］科斯：《论生产的制度结构》，三联书店 1993 年版

三、今人论文

吕友仁:《古代刑制大赦、曲赦、德音小辨》,载《河南大学学报》(社会科学版)1984 年第 4 期

刘令舆:《中国大赦制度》,载台北中国法制史学会编《中国法制史论文集》,1981 年

郭东旭:《论宋代赦降制度》,收入郭东旭著《宋朝法律史论》,第 369–391 页

戴建国:《唐宋大赦功能的传承演变》,载《云南社会科学》2009 年第 4 期

戴建国:《宋代法律制定、公布的信息渠道》,收入邓小南主编《政绩考察与信息渠道——以宋代为重心》,第 329–340 页

范立舟、蒋启俊:《两宋赦免制度新探》,载《暨南学报》(人文科学与社会科学版)2005 年第 1 期

邓广铭:《试破宋太宗即位大赦诏书之谜》,载《历史研究》1992 年第 1 期

陈俊强:《述论唐代大赦的内容和效力》,载《法制史研究》2001 年第 2 期

魏斌:《唐代赦书内容的扩展与大赦职能的变化》,载《历史研究》2006 年第 4 期

宋鑫鑫:《宋代赦宥制度研究》,山东大学硕士学位论文(2009 年)

邬文玲:《汉代赦免制度研究》,中国社会科学院博士学位论文(2003 年)

田红玉:《唐代大赦研究》,首都师范大学博士学位论文(2002 年)

魏斌:《晚唐大赦申禁职能研究》,武汉大学博士学位论文(2004 年)

姬秀丽:《唐代赦免制度研究》,天津师范大学硕士学位论文(2005 年)

吕志兴:《宋元丰以后法律体系的变化》,西南政法大学博士学位论文(2008 年)

杨芹:《宋代制书制度及其影响》,中山大学博士学位论文(2009 年)

张祎:《制诏敕札与北宋的政令颁行》, 北京大学博士学位论文(2010年)

胡晓明:《大赦渊源考论》, 载《南京社会科学》2002年第4期

沈厚铎:《试析中国古代的赦》, 载《中外法学》1998年第2期

吴刚:《中国古代赦宥制度的历史考察》, 载《中南政法学院学报》1988年第3期

伍操:《中国古代赦免制度及其历史沿革》, 载《重庆社会科学》2008年第6期

邵志国:《浅析唐太宗赦宥的政治功用和背景》, 载《唐都学刊》2006年第5期

[日]久保田和男:《关于宋代地方赦书的传达——以出迎和宣读为中心》, 收入《文书·政令·信息沟通国际学术研讨会论文集》, 2010年3月, 第227–237页

[韩]禹成旼:《唐代赦文颁布的演变》, 载《唐史论丛》2006年第8辑

[韩]禹成旼:《试论唐代赦文的变化及其意义》, 载《北京理工大学学报》(社会科学版)2004年第3期

[韩]禹成旼:《唐代赦文研究》, 北京大学博士学位论文(2002年)

附　表

附表 A–1　北宋大赦表

序号	皇帝庙号	时间	缘由	史料出处	备注
1	宋太祖	建隆元年正月	即位赦	《续资治通鉴长编》卷 1	
2	宋太祖	乾德元年十一月	南郊改元赦	《续资治通鉴长编》卷 4	
3	宋太祖	开宝元年十一月	南郊改元赦	《续资治通鉴长编》卷 9	
4	宋太祖	开宝四年十一月	南郊赦	《续资治通鉴长编》卷 12	
5	宋太祖	开宝九年四月	南郊赦	《续资治通鉴长编》卷 17	
6	宋太宗	开宝九年十月	即位赦	《续资治通鉴长编》卷 17	
7	宋太宗	太平兴国元年十二月	南郊改元赦	《续资治通鉴长编》卷 17	
8	宋太宗	太平兴国三年十一月	南郊赦	《续资治通鉴长编》卷 19	
9	宋太宗	太平兴国六年十一月	南郊赦	《续资治通鉴长编》卷 22	
10	宋太宗	雍熙元年十一月	南郊改元赦	《续资治通鉴长编》卷 25	
11	宋太宗	端拱元年正月	籍田改元赦	《续资治通鉴长编》卷 29	
12	宋太宗	端拱二年八月	彗星见	《续资治通鉴长编》卷 30	
13	宋太宗	淳化四年正月	郊赦	《续资治通鉴长编》卷 34	
14	宋太宗	至道元年八月	册封皇太子	《续资治通鉴长编》卷 38	
15	宋太宗	至道二年正月	南郊赦	《续资治通鉴长编》卷 39	
16	宋真宗	至道三年四月	即位赦	《续资治通鉴长编》卷 41	
17	宋真宗	咸平二年十一月	南郊赦	《续资治通鉴长编》卷 45	
18	宋真宗	咸平五年十一月	南郊赦	《续资治通鉴长编》卷 53	
19	宋真宗	景德元年正月	改元赦	《续资治通鉴长编》卷 56	
20	宋真宗	景德二年正月	契丹讲和	《续资治通鉴长编》卷 59	
21	宋真宗	景德二年十一月	南郊赦	《续资治通鉴长编》卷 61	
22	宋真宗	大中祥符元年正月	迎天书改元	《续资治通鉴长编》卷 68	
23	宋真宗	大中祥符元年十月	封禅泰山	《续资治通鉴长编》卷 70	
24	宋真宗	大中祥符四年二月	祀汾阴	《续资治通鉴长编》卷 75	
25	宋真宗	大中祥符五年十月	九天司命天尊降	《续资治通鉴长编》卷 79	

续表

序号	皇帝庙号	时间	缘由	史料出处	备注
26	宋真宗	大中祥符七年二月	恭谢天地	《续资治通鉴长编》卷 82	
27	宋真宗	大中祥符八年正月	酌献玉清昭应宫	《续资治通鉴长编》卷 84	
28	宋真宗	大中祥符八年闰六月	日食大赦	《续资治通鉴长编》卷 85	
29	宋真宗	天禧元年正月	奉天书合祭天地	《续资治通鉴长编》卷 89	
30	宋真宗	天禧二年七月	星文示变赦	《续资治通鉴长编》卷 92	
31	宋真宗	天禧二年八月	建储赦	《续资治通鉴长编》卷 92	
32	宋真宗	天禧三年八月	天书再降	《续资治通鉴长编》卷 94	
33	宋真宗	天禧三年十一月	南郊赦	《续资治通鉴长编》卷 94	
34	宋真宗	天禧四年九月	周怀正、朱能等谋反伏诛赦	《续资治通鉴长编》卷 96	
35	宋真宗	乾兴元年二月	改元赦	《续资治通鉴长编》卷 98	
36	宋仁宗	乾兴元年二月	即位赦	《续资治通鉴长编》卷 98	
37	宋仁宗	天圣二年十一月	南郊赦	《续资治通鉴长编》卷 102	
38	宋仁宗	天圣五年十一月	南郊赦	《续资治通鉴长编》卷 105	
39	宋仁宗	天圣七年四月	霖雨	《宋大诏令集》卷 152	
40	宋仁宗	天圣八年十一月	南郊赦	《宋大诏令集》卷 120	《续资治通鉴长编》作天圣七年
41	宋仁宗	明道元年八月	大内火	《续资治通鉴长编》卷 111	《宋大诏令集》作明道二年
42	宋仁宗	明道元年十一月	以修内成，恭谢天地于天安殿	《续资治通鉴长编》卷 111	《宋大诏令集》作天圣九年
43	宋仁宗	明道二年二月	籍田赦	《续资治通鉴长编》卷 112	
44	宋仁宗	明道二年三月	皇太后不豫	《续资治通鉴长编》卷 112	
45	宋仁宗	景祐元年八月	星变赦	《续资治通鉴长编》卷 115	
46	宋仁宗	景祐二年十一月	南郊赦	《续资治通鉴长编》卷 117	
47	宋仁宗	宝元元年十一月	南郊改元赦	《续资治通鉴长编》卷 122	
48	宋仁宗	康定二年十一月	南郊改元赦	《续资治通鉴长编》卷 134	

续表

序号	皇帝庙号	时间	缘由	史料出处	备注
49	宋仁宗	庆历四年十一月	南郊赦	《续资治通鉴长编》卷153	
50	宋仁宗	庆历七年十一月	南郊赦	《续资治通鉴长编》卷161	
51	宋仁宗	皇祐二年九月	明堂赦	《续资治通鉴长编》卷169	
52	宋仁宗	皇祐五年十一月	南郊赦	《续资治通鉴长编》卷175	
53	宋仁宗	嘉祐元年正月	帝不豫	《续资治通鉴长编》卷182	
54	宋仁宗	嘉祐元年九月	恭谢大庆殿改元	《宋大诏令集》卷123	
55	宋仁宗	嘉祐四年十月	祫于太庙	《续资治通鉴长编》卷190	《宋史》作八月
56	宋仁宗	嘉祐七年九月	明堂赦	《续资治通鉴长编》卷197	
57	宋英宗	嘉祐八年四月	即位赦	《续资治通鉴长编》卷198	
58	宋英宗	治平二年十一月	南郊赦	《续资治通鉴长编》卷206	
59	宋英宗	治平三年十二月	建储赦	《续资治通鉴长编》卷208	
60	宋神宗	治平四年正月	即位赦	《续资治通鉴长编》卷209	
61	宋神宗	熙宁元年十一月	南郊赦	《宋大诏令集》卷121	
62	宋神宗	熙宁四年九月	明堂赦	《续资治通鉴长编》卷226	
63	宋神宗	熙宁七年十一月	南郊赦	《续资治通鉴长编》卷258	
64	宋神宗	熙宁八年十月	彗星见	《续资治通鉴长编》卷269	《宋大诏令集》作七年三月
65	宋神宗	熙宁十年十一月	南郊赦	《续资治通鉴长编》卷285	
66	宋神宗	元丰三年九月	明堂赦	《续资治通鉴长编》卷308	
67	宋神宗	元丰五年十一月	景陵宫奉安神御	《续资治通鉴长编》卷331	
68	宋神宗	元丰六年十一月	南郊赦	《续资治通鉴长编》卷341	
69	宋神宗	元丰八年正月	帝不豫	《续资治通鉴长编》卷351	
70	宋神宗	元丰八年三月	立皇太子	《续资治通鉴长编》卷353	《宋大诏令集》作七月，误
71	宋哲宗	元丰八年三月	即位赦	《续资治通鉴长编》卷353	
72	宋哲宗	元祐元年九月	明堂赦	《续资治通鉴长编》卷387	
73	宋哲宗	元祐四年九月	明堂赦	《续资治通鉴长编》卷433	
74	宋哲宗	元祐七年十一月	南郊赦	《续资治通鉴长编》卷478	
75	宋哲宗	元祐八年八月	太皇太后服药	《宋大诏令集》卷11	

续表

序号	皇帝庙号	时间	缘由	史料出处	备注
76	宋哲宗	绍圣二年九月	明堂赦	《宋大诏令集》卷 125	
77	宋哲宗	绍圣四年九月	彗星见	《宋大诏令集》卷 155	
78	宋哲宗	元符元年十一月	南郊赦	《续资治通鉴长编》卷 504	
79	宋哲宗	元符三年正月	不豫赦	《宋大诏令集》卷 7	
80	宋徽宗	元符三年正月	即位赦	《宋大诏令集》卷 1	
81	宋徽宗	元符三年四月	降元子大赦	《宋大诏令集》卷 26	
82	宋徽宗	建中靖国元年十一月	南郊改元	《宋大诏令集》卷 122	
83	宋徽宗	崇宁二年四月	永泰陵甫成	《宋史》卷 19	《宋大诏令集》作元年;《文献通考》亦为二年
84	宋徽宗	崇宁三年十一月	南郊赦	《宋大诏令集》卷 122	
85	宋徽宗	崇宁四年九月	九鼎赦	《宋大诏令集》卷 149	
86	宋徽宗	崇宁五年正月	星变赦	《宋大诏令集》卷 155	
87	宋徽宗	崇宁五年十二月	改元赦	《宋大诏令集》卷 2	
88	宋徽宗	大观元年九月	明堂赦	《宋大诏令集》卷 125	
89	宋徽宗	大观二年正月	受八宝赦	《宋大诏令集》卷 149	《宋史》作元年
90	宋徽宗	大观四年五月	彗星见	《宋大诏令集》卷 155	
91	宋徽宗	大观四年十一月	南郊改元赦	《宋大诏令集》卷 122	
92	宋徽宗	政和二年十二月	民间得元圭赦	《宋大诏令集》卷 149	
93	宋徽宗	政和三年十一月	南郊赦	《宋大诏令集》卷 122	
94	宋徽宗	政和五年二月	建储赦	《宋大诏令集》卷 25	
95	宋徽宗	政和六年九月	上玉皇徽号赦	《宋大诏令集》卷 136	
96	宋徽宗	政和六年十一月	南郊赦	《宋大诏令集》卷 122	
97	宋徽宗	政和七年九月	宗祀赦	《宋大诏令集》卷 125	
98	宋徽宗	重和元年正月	受定命宝赦	《宋大诏令集》卷 149	
99	宋徽宗	重和元年十一月	改重和元年赦	《宋大诏令集》卷 2	
100	宋徽宗	宣和元年十一月	南郊赦	《宋大诏令集》卷 122	
101	宋徽宗	宣和三年二月	讨方腊大赦	《文献通考》卷 173	

续表

序号	皇帝庙号	时间	缘由	史料出处	备注
102	宋徽宗	宣和四年十一月	郊祀赦	《宋大诏令集》卷122	
103	宋徽宗	宣和六年八月	收复燕云大赦	《文献通考》卷173	《宋史》作六年；《宋大诏令集》作八年六月，误
104	宋徽宗	宣和七年十一月	南郊赦	《宋大诏令集》卷122	
105	宋钦宗	宣和七年十二月	即位赦	《宋史》卷23	
106	宋钦宗	靖康元年二月	金人退大赦	《宋史》卷23	

附表A-2 南宋大赦表

序号	皇帝庙号	时间	缘由	史料出处	备注
1	宋高宗	建炎元年五月	即位赦	《建炎以来系年要录》卷4	
2	宋高宗	建炎元年六月	皇长子生	《建炎以来系年要录》卷6	
3	宋高宗	建炎二年十一月	南郊赦	《建炎以来系年要录》卷18	
4	宋高宗	建炎三年三月	苗刘叛大赦	《建炎以来系年要录》卷21	苗刘所立小皇帝之赦
5	宋高宗	建炎三年四月	帝复位赦	《建炎以来系年要录》卷22	
6	宋高宗	绍兴元年九月	明堂赦	《建炎以来系年要录》卷47	
7	宋高宗	绍兴二年九月	彗星出赦	《建炎以来系年要录》卷58	
8	宋高宗	绍兴四年九月	明堂赦	《建炎以来系年要录》卷80	
9	宋高宗	绍兴七年九月	明堂赦	《建炎以来系年要录》卷114	
10	宋高宗	绍兴九年正月	金人和大赦	《建炎以来系年要录》卷125	
11	宋高宗	绍兴十年九月	明堂赦	《建炎以来系年要录》卷137	
12	宋高宗	绍兴十二年九月	和议成皇太后回	《建炎以来系年要录》卷146	
13	宋高宗	绍兴十三年十一月	南郊赦	《建炎以来系年要录》卷150	
14	宋高宗	绍兴十五年四月	彗星赦	《建炎以来系年要录》卷153	

续表

序号	皇帝庙号	时间	缘由	史料出处	备注
15	宋高宗	绍兴十六年十一月	南郊赦	《建炎以来系年要录》卷155	
16	宋高宗	绍兴十九年十一月	南郊赦	《建炎以来系年要录》卷160	
17	宋高宗	绍兴二十二年十一月	南郊赦	《建炎以来系年要录》卷163	
18	宋高宗	绍兴二十五年十一月	南郊赦	《建炎以来系年要录》卷170	
19	宋高宗	绍兴二十八年十一月	南郊赦	《建炎以来系年要录》卷180	
20	宋高宗	绍兴二十九年九月	皇太后不豫	《建炎以来系年要录》卷183	
21	宋高宗	绍兴三十一年九月	明堂赦	《建炎以来系年要录》卷192	
22	宋孝宗	绍兴三十二年六月	即位赦	《建炎以来系年要录》卷200	
23	宋孝宗	乾道元年正月	南郊赦	《宋史》卷33	
24	宋孝宗	乾道元年八月	立皇太子	《宋史》卷33	
25	宋孝宗	乾道三年十一月	南郊赦	《宋史》卷34	
26	宋孝宗	乾道六年十一月	南郊赦	《宋史》卷34	
27	宋孝宗	乾道七年二月	立皇太子赦	《宋史》卷34	
28	宋孝宗	乾道九年十一月	南郊赦	《宋史》卷34	
29	宋孝宗	淳熙二年十二月	德寿宫行庆寿礼	《宋史》卷34	
30	宋孝宗	淳熙三年十一月	南郊赦	《宋史》卷34	
31	宋孝宗	淳熙六年九月	明堂赦	《宋史》卷35	
32	宋孝宗	淳熙九年九月	明堂赦	《宋史》卷35	
33	宋孝宗	淳熙十年十二月	德寿宫庆寿礼	《宋史》卷35	
34	宋孝宗	淳熙十二年十一月	南郊赦	《宋史》卷35	
35	宋孝宗	淳熙十三年正月	庆寿礼	《宋史》卷35	
36	宋孝宗	淳熙十四年十月	太上皇违豫	《宋史》卷35	
37	宋孝宗	淳熙十五年九月	明堂赦	《宋史》卷35	
38	宋光宗	淳熙十六年二月	即位赦	《宋史》卷36	
39	宋光宗	绍熙二年十一月	南郊赦	《宋史》卷36	

续表

序号	皇帝庙号	时间	缘由	史料出处	备注
40	宋光宗	绍熙五年五月	帝不豫	《宋史》卷36	
41	宋宁宗	绍熙五年七月	即位赦	《宋史》卷37	
42	宋宁宗	绍熙五年九月	明堂赦	《宋史》卷37	
43	宋宁宗	庆元三年十月	太皇太后违豫	《宋史》卷37	
44	宋宁宗	庆元三年十一月	南郊赦	《宋史》卷37	
45	宋宁宗	庆元六年六月	以太上皇后违豫	《宋史》卷37	《文献通考》未见
46	宋宁宗	庆元六年八月	以太上皇违豫赦	《宋史》卷37	
47	宋宁宗	庆元六年九月	明堂赦	《宋史》卷37	
48	宋宁宗	嘉泰三年十一月	南郊赦	《宋史》卷38	
49	宋宁宗	开禧二年九月	明堂赦	《宋史》卷38	
50	宋宁宗	开禧三年五月	皇太后违豫	《宋史》卷38	
51	宋宁宗	开禧三年十一月	建储赦	《宋史》卷38	
52	宋宁宗	嘉定二年九月	明堂赦	《宋史》卷39	
53	宋宁宗	嘉定五年十一月	南郊赦	《宋史》卷39	
54	宋宁宗	嘉定八年九月	明堂赦	《宋史》卷39	
55	宋宁宗	嘉定十一年九月	明堂赦	《宋史》卷40	
56	宋宁宗	嘉定十四年九月	明堂赦	《宋史》卷40	
57	宋宁宗	嘉定十五年正月	受恭膺天命之宝赦	《宋史》卷40	
58	宋宁宗	嘉定十七年八月	帝不豫赦	《文献通考》卷173	《宋史》未见
59	宋理宗	嘉定十七年	即位赦	《宋史》卷41	
60	宋理宗	嘉定十七年九月	明堂赦	《宋史》卷41	
61	宋理宗	宝庆三年十一月	南郊赦	《宋史》卷41	
62	宋理宗	绍定三年九月	明堂赦	《宋史》卷41	
63	宋理宗	绍定四年正月	皇太后庆寿赦	《宋史》卷41	
64	宋理宗	绍定五年十月	星变赦	《宋史》卷41	
65	宋理宗	绍定五年十二月	皇太后不豫赦	《宋史》卷41	
66	宋理宗	绍定六年九月	明堂赦	《宋史》卷41	
67	宋理宗	端平三年九月	明堂赦	《宋史》卷42	

续表

序号	皇帝庙号	时间	缘由	史料出处	备注
68	宋理宗	嘉熙三年九月	明堂赦	《宋史》卷42	
69	宋理宗	嘉熙四年二月	星变赦	《宋史》卷42	
70	宋理宗	淳祐二年九月	明堂赦	《宋史》卷42	
71	宋理宗	淳祐五年九月	明堂赦	《宋史》卷43	
72	宋理宗	淳祐八年九月	明堂赦	《宋史》卷43	
73	宋理宗	淳祐十一年九月	明堂赦	《宋史》卷43	
74	宋理宗	宝祐二年九月	明堂赦	《宋史》卷44	
75	宋理宗	宝祐五年九月	明堂赦	《宋史》卷44	
76	宋理宗	景定元年七月	立皇太子赦	《宋史》卷45	
77	宋理宗	景定元年九月	明堂赦	《宋史》卷45	
78	宋理宗	景定四年九月	明堂赦	《宋史》卷45	
79	宋理宗	景定五年十月	帝有疾	《宋史》卷45	
80	宋度宗	景定五年十月	即位赦	《宋史》卷46	
81	宋度宗	咸淳三年正月	郊赦	《宋史》卷46	
82	宋度宗	咸淳五年九月	明堂赦	《宋史》卷46	
83	宋度宗	咸淳八年九月	明堂赦	《宋史》卷46	
84	宋帝显	德祐元年九月	明堂赦	《宋史》卷47	
85	宋端宗	德祐二年五月	即位赦	《宋史》卷47	

附表 A–3 北宋曲赦与德音表

序号	皇帝庙号	时间	缘由	史料出处	备注
1	宋太祖	建隆元年六月	平泽潞	《续资治通鉴长编》卷1	
2	宋太祖	建隆二年五月	皇太后疾	《续资治通鉴长编》卷2	曲赦
3	宋太祖	建隆三年六月	旱减京畿河北死罪以下囚	《续资治通鉴长编》卷3	
4	宋太祖	乾德元年四月	湖北捷书至	《续资治通鉴长编》卷4	曲赦
5	宋太祖	乾德三年正月	赦蜀管内	《续资治通鉴长编》卷6	
6	宋太祖	开宝二年六月	征北汉回曲赦京城系囚	《续资治通鉴长编》卷10	
7	宋太祖	开宝三年十月	曲赦贺州	《续资治通鉴长编》卷11	
8	宋太祖	开宝四年二月	平广南曲赦	《续资治通鉴长编》卷12	《宋史》为大赦

续表

序号	皇帝庙号	时间	缘由	史料出处	备注
9	宋太祖	开宝八年十二月	曲赦江南	《续资治通鉴长编》卷16	
10	宋太祖	开宝九年正月	李煜来降	《续资治通鉴长编》卷17	
11	宋太宗	太平兴国三年五月	曲赦漳、泉管内	《续资治通鉴长编》卷19	
12	宋太宗	太平兴国三年五月	钱俶归曲赦两浙	《续资治通鉴长编》卷19	
13	宋太宗	太平兴国四年五月	北汉平赦河东	《续资治通鉴长编》卷20	
14	宋太宗	太平兴国六年五月	祷而雨	《续资治通鉴长编》卷22	
15	宋太宗	太平兴国七年十二月	曲赦夏州管内	《宋大诏令集》卷218	《续资治通鉴长编》为曲赦银、夏管内
16	宋太宗	太平兴国八年八月	大水	《续资治通鉴长编》卷24	
17	宋太宗	雍熙二年九月	以岁无兵凶	《宋大诏令集》卷215	《续资治通鉴长编》作元佐心疾少愈
18	宋太宗	雍熙四年正月	征契丹败	《续资治通鉴长编》卷28	《宋大诏令集》也提及
19	宋太宗	淳化元年正月	曲赦京畿改元	《续资治通鉴长编》卷31	《宋大诏令集》为德音
20	宋太宗	淳化五年四月	减降德音	《宋大诏令集》卷215	
21	宋太宗	至道元年正月	曲赦上京改元	《续资治通鉴长编》卷37	《宋大诏令集》为德音
22	宋真宗	至道三年十一月	两京山陵	《续资治通鉴长编》卷42	
23	宋真宗	咸平三年正月	获捷曲赦河北、淄、齐	《续资治通鉴长编》卷46	
24	宋真宗	咸平三年五月	王均叛	《续资治通鉴长编》卷47	
25	宋真宗	咸平三年十月	平王均川峡路德音	《续资治通鉴长编》卷47	

续表

序号	皇帝庙号	时间	缘由	史料出处	备注
26	宋真宗	咸平四年正月	岁旦减杂犯死罪以下	《续资治通鉴长编》卷 48	
27	宋真宗	咸平四年五月	炎热	《续资治通鉴长编》卷 48	
28	宋真宗	咸平六年十二月	万安太后服药	《续资治通鉴长编》卷 55	
29	宋真宗	景德元年十二月	曲赦河北	《续资治通鉴长编》卷 58	
30	宋真宗	景德四年正月	躬谒陵寝	《续资治通鉴长编》卷 65	
31	宋真宗	大中祥符元年六月	曲赦兖州	《续资治通鉴长编》卷 69	
32	宋真宗	大中祥符三年闰二月	幸开封府射堂曲赦东京畿县	《续资治通鉴长编》卷 73	
33	宋真宗	大中祥符七年正月	曲赦亳州及所过州县	《续资治通鉴长编》卷 82	
34	宋真宗	大中祥符七年正月	升南京应天府	《续资治通鉴长编》卷 82	
35	宋真宗	大中祥符七年十一月	玉清昭应宫成	《续资治通鉴长编》卷 83	
36	宋真宗	大中祥符九年五月	景灵宫会灵太极观成	《续资治通鉴长编》卷 87	
37	宋真宗	天禧元年六月	应天院奉安毕赦西京	《续资治通鉴长编》卷 90	
38	宋真宗	天禧二年四月	蝗旱赦天下	《续资治通鉴长编》卷 90	按内容分析应为德音
39	宋真宗	天禧三年四月	曲赦永兴军	《宋大诏令集》卷 216	
40	宋真宗	天禧五年正月	康复德音	《续资治通鉴长编》卷 97	
41	宋仁宗	乾兴元年十月	真宗山陵祔庙曲赦两京	《续资治通鉴长编》卷 99	
42	宋仁宗	天圣元年	奉安真宗御容于西京应天院	《宋大诏令集》卷 143	
43	宋仁宗	天圣元年八月	滑州河决赦诸道杂犯死罪	《续资治通鉴长编》卷 101	
44	宋仁宗	天圣四年六月	雨灾	《续资治通鉴长编》卷 104	
45	宋仁宗	天圣六年四月	星变德音	《续资治通鉴长编》卷 106	

续表

序号	皇帝庙号	时间	缘由	史料出处	备注
46	宋仁宗	明道二年三月	皇太后不豫德音	《宋大诏令集》卷 14	
47	宋仁宗	明道二年十月	庄献明肃皇太后祔庙	《续资治通鉴长编》卷 113	《宋大诏令集》作十二月；《宋史》作十月
48	宋仁宗	景祐四年二月	祔庄惠太后神主于奉慈庙	《续资治通鉴长编》卷 120	
49	宋仁宗	康定元年二月	延州保安军德音	《续资治通鉴长编》卷 126	
50	宋仁宗	康定元年三月	大风	《续资治通鉴长编》卷 126	
51	宋仁宗	庆历元年四月	陕西德音	《续资治通鉴长编》卷 131	《宋大诏令集》《宋史》无
52	宋仁宗	庆历二年五月	升大名府为北京德音	《续资治通鉴长编》卷 136	升南京时为曲赦
53	宋仁宗	庆历二年十月	赦陕西保捷军	《宋史》卷 11	《续资治通鉴长编》《宋大诏令集》无
54	宋仁宗	庆历五年三月	陕西解严曲赦	《宋大诏令集》卷 218	
55	宋仁宗	庆历五年闰五月	庄惠皇太后祔庙曲赦	《宋大诏令集》卷 138	《宋史》作景祐四年德音
56	宋仁宗	庆历七年七月	奉安三圣御容曲赦南京	《续资治通鉴长编》卷 161	
57	宋仁宗	庆历八年闰正月	王则平曲赦河北	《续资治通鉴长编》卷 162	
58	宋仁宗	庆历八年十二月	霖雨德音改元	《续资治通鉴长编》卷 165	《宋大诏令集》作赦天下
59	宋仁宗	皇祐五年二月	曲赦江西湖南德音	《续资治通鉴长编》卷 174	曲赦德音与曲赦广南制有何区别

续表

序号	皇帝庙号	时间	缘由	史料出处	备注
60	宋仁宗	至和元年三月	日当食四月，德音改元	《续资治通鉴长编》卷 176	
61	宋仁宗	皇祐五年二月	侬贼平曲赦广南东西	《续资治通鉴长编》卷 174	
62	宋仁宗	嘉祐八年二月	不豫德音	《续资治通鉴长编》卷 198	《宋史》作正月
63	宋英宗	嘉祐八年十一月	仁宗祔庙毕曲赦两京	《宋大诏令集》卷 139	
64	宋英宗	治平二年十一月	德音	《宋大诏令集》卷 216	未见缘由
65	宋英宗	治平三年十一月	帝不豫	《宋史》卷 13	
66	宋英宗	治平四年正月	上尊号四京畿内德音	《宋大诏令集》卷 6	
67	宋英宗	治平四年三月	山陵役使两京郑州河阳德音	《宋大诏令集》卷 139	
68	宋神宗	熙宁元年正月	冬旱	《宋大诏令集》卷 153	
69	宋神宗	熙宁元年十月	河北路德音	《宋大诏令集》卷 153	
70	宋神宗	熙宁二年五月	会圣宫应天院奉安神御	《宋大诏令集》卷 143	
71	宋神宗	熙宁二年十一月	皇子降	《宋大诏令集》卷 26	
72	宋神宗	熙宁四年三月	曲赦陕西河东德音	《续资治通鉴长编》卷 221	
73	宋神宗	熙宁五年十月	置熙河秦凤路德音	《续资治通鉴长编》卷 239	
74	宋神宗	熙宁六年三月	四月日当食，内出德音	《续资治通鉴长编》卷 243	
75	宋神宗	熙宁六年十一月	奉安中太一宫神像	《续资治通鉴长编》卷 248	
76	宋神宗	熙宁七年五月	曲赦熙河录	《续资治通鉴长编》卷 253	
77	宋神宗	熙宁十年二月	曲赦广西制	《宋大诏令集》卷 219	
78	宋神宗	熙宁十年二月	交趾降，曲赦广东、湖南见禁德音	《续资治通鉴长编》卷 280	

续表

序号	皇帝庙号	时间	缘由	史料出处	备注
79	宋神宗	元丰二年九月	曲赦颍州德音	《续资治通鉴长编》卷300	
80	宋神宗	元丰二年十月	太皇太后服药	《续资治通鉴长编》卷300	
81	宋神宗	元丰三年正月	曲赦颍昌府德音	《续资治通鉴长编》卷302	
82	宋神宗	元丰三年三月	慈圣山陵祔庙曲赦两京河阳	《续资治通鉴长编》卷303	
83	宋神宗	元丰五年二月	曲赦梓州路德音	《续资治通鉴长编》卷323	
84	宋神宗	元丰五年三月	日食正阳	《续资治通鉴长编》卷324	
85	宋神宗	元丰五年九月	上服药康复降京畿	《续资治通鉴长编》卷329	
86	宋神宗	元丰六年七月	升祔四后四京德音	《续资治通鉴长编》卷337	
87	宋哲宗	元丰八年十一月	山陵役使德音两京河阳	《续资治通鉴长编》卷361	
88	宋哲宗	元祐二年十月	会圣宫奉安神宗神御西京德音	《续资治通鉴长编》卷406	
89	宋哲宗	元祐三年正月	去冬连雪今春久阴	《续资治通鉴长编》卷408	《宋大诏令集》《宋史》作二月
90	宋哲宗	元祐六年九月	上清储祥宫成	《续资治通鉴长编》卷466	
91	宋哲宗	绍圣元年二月	宣仁祔庙两京河阳郑州	《宋大诏令集》卷139	
92	宋哲宗	绍圣四年四月	克西夏九城陕西河东德音	《续资治通鉴长编》卷486	
93	宋哲宗	元符元年五月	受段义献传国宝德音	《续资治通鉴长编》卷498	
94	宋哲宗	元符二年五月	建西安州及天都等砦，陕西河东德音	《续资治通鉴长编》卷510	

续表

序号	皇帝庙号	时间	缘由	史料出处	备注
95	宋哲宗	元符二年八月	皇子生德音	《续资治通鉴长编》卷 514	
96	宋徽宗	元符三年三月	日食四月朔四京德音	《宋大诏令集》卷 155	
97	宋徽宗	元符三年七月	皇太后罢同听断德音	《宋大诏令集》卷 14	
98	宋徽宗	元符三年九月	哲宗山陵祔庙两京河阳郑州管内	《宋大诏令集》卷 139	
99	宋徽宗	元符三年十一月	端州境内德音	《宋大诏令集》卷 159	
100	宋徽宗	元符三年十二月	皇太后不豫诸路德音	《宋史》卷 19	
101	宋徽宗	建中靖国元年三月	日食四月朔德音	《宋大诏令集》卷 155	
102	宋徽宗	建中靖国元年五月	钦圣祔庙德音京河郑	《宋大诏令集》卷 139	
103	宋徽宗	建中靖国元年十二月	奉安神宗神御于景灵西宫大明殿西京德音	《宋史》卷 19	
104	宋徽宗	崇宁元年正月	景灵西宫成德音	《宋大诏令集》卷 143	
105	宋徽宗	崇宁元年六月	钦成皇后园陵毕两京河阳郑州管内德音	《宋大诏令集》卷 139	
106	宋徽宗	崇宁二年正月	曲赦荆湖南北	《宋大诏令集》卷 219	
107	宋徽宗	崇宁二年三月	奉安哲宗御容曲赦西京	《宋大诏令集》卷 143	
108	宋徽宗	崇宁二年七月	熙河澜会路德音	《宋大诏令集》卷 219	
109	宋徽宗	崇宁三年四月	曲赦熙河秦凤永兴	《宋大诏令集》卷 219	
110	宋徽宗	崇宁三年四月	宫隅火四京畿内德音	《宋大诏令集》卷 155	

续表

序号	皇帝庙号	时间	缘由	史料出处	备注
111	宋徽宗	崇宁四年六月	盐池成曲赦熙河陕西河东京西路	《宋大诏令集》卷 180	
112	宋徽宗	崇宁四年闰十二月	熙河兰湟路	《宋大诏令集》卷 219	
113	宋徽宗	崇宁五年十月	澶州升开德建府曲赦管内德音	《宋大诏令集》卷 159	
114	宋徽宗	大观元年一月	曲赦广西	《宋大诏令集》卷 219	《宋史》作二月
115	宋徽宗	大观元年八月	淮海吴楚二十六州德音	《宋史》卷 20	
116	宋徽宗	大观二年九月	曲赦熙河兰湟秦风永兴	《宋大诏令集》卷 219	
117	宋徽宗	大观三年正月	惠恭园陵祔庙毕曲赦两京、河阳、郑州德音	《宋大诏令集》卷 139	
118	宋徽宗	政和元年四月	淮南旱曲赦德音	《宋大诏令集》卷 155	
119	宋徽宗	政和元年七月	康复德音	《宋大诏令集》卷 7	
120	宋徽宗	政和三年四月	复溱播等州梓夔路德音	《宋史》卷 21	
121	宋徽宗	政和三年六月	昭怀原陵祔庙两京畿内、河阳、郑州德音	《宋大诏令集》卷 139	
122	宋徽宗	政和四年五月	夏祭礼成德音	《宋大诏令集》卷 123	
123	宋徽宗	政和四年十二月	徽猷建殿阁成奉安讫	《宋大诏令集》卷 143	
124	宋徽宗	政和五年六月	三水桥成河北京东西德音	《宋大诏令集》卷 180	
125	宋徽宗	政和五年十二月	平晏夷四川曲赦	《宋史》卷 21	
126	宋徽宗	政和六年七月	荆湖北路曲赦	《宋大诏令集》卷 219	

续表

序号	皇帝庙号	时间	缘由	史料出处	备注
127	宋徽宗	政和六年九月	修西内京西曲赦	《宋大诏令集》卷 180	
128	宋徽宗	政和七年五月	夏祭礼毕德音	《宋大诏令集》卷 123	
129	宋徽宗	重和元年三月	四川曲赦	《宋大诏令集》卷 219	
130	宋徽宗	重和元年六月	陕西河东曲赦	《宋大诏令集》卷 219	
131	宋徽宗	重和元年八月	平刘五淮西曲赦	《宋大诏令集》卷 218	
132	宋徽宗	重和元年九月	四京诸道德音	《宋史》卷 21	
133	宋徽宗	宣和元年四月	陕西河东曲赦	《宋大诏令集》卷 219	
134	宋徽宗	宣和元年八月	神霄宫成奉安毕德音	《宋大诏令集》卷 180	
135	宋徽宗	宣和二年五月	夏祭毕德音	《宋大诏令集》卷 123	
136	宋徽宗	宣和三年八月	方寇平两浙江东福建淮南德音	《宋大诏令集》卷 218	
137	宋徽宗	宣和四年十月	曲赦所复州县	《宋史》卷 22	
138	宋徽宗	宣和五年四月	平燕河北河东燕云路	《宋大诏令集》卷 219	
139	宋徽宗	宣和七年四月	京东河北路德音	《宋史》卷 22	
140	宋钦宗	靖康元年五月	曲赦河北路	《宋史》卷 23	

附表 A–4　南宋曲赦与德音表

序号	皇帝庙号	时间	缘由	史料出处	备注
1	宋高宗	建炎三年二月	罪李纲以谢金人	《宋史》卷 25	
2	宋高宗	建炎三年十一月	上至越州德音	《建炎以来系年要录》卷 29	

续表

序号	皇帝庙号	时间	缘由	史料出处	备注
3	宋高宗	建炎四年三月	敌人退大赦	《文献通考》卷173	《宋史》《三朝北盟会编》均为肆赦州县
4	宋高宗	绍兴元年正月	改元大赦	《文献通考》《三朝北盟会编》作大赦	《宋史》《建炎以来系年要录》《宋会要辑稿》为德音
5	宋高宗	绍兴二年四月	因范汝为曲赦福建路	《建炎以来系年要录》卷53	
6	宋高宗	绍兴五年正月	淮南路德音	《宋会要辑稿》食货68之122	
7	宋高宗	绍兴五年八月	内降德音潭郴鼎沣岳复州荆南龙阳军循梅潮惠英广韶南雄处吉抚州南安临安军汀州	《建炎以来系年要录》卷92	
8	宋高宗	绍兴六年十二月	庐光濠州寿春府	《建炎以来系年要录》卷107	
9	宋高宗	建炎元年十一月	曲赦应天府亳宿扬泗楚州高邮军	《建炎以来系年要录》卷10	
10	宋高宗	建炎二年五月	福州张员叛曲赦河北陕西京东路	《建炎以来系年要录》卷15	
11	宋高宗	建炎四年八月	饶信妖贼平赦二州	《建炎以来系年要录》卷36	
12	宋高宗	绍兴四年七月	曲赦虔州	《建炎以来系年要录》卷78	
13	宋高宗	绍兴十年七月	曲赦海州永兴军	《建炎以来系年要录》卷137	
14	宋高宗	绍兴三十一年十二月	曲赦新复州军	《建炎以来系年要录》卷195	

续表

序号	皇帝庙号	时间	缘由	史料出处	备注
15	宋高宗	绍兴十一年三月七日	寿春府宣和舒州无为军	《建炎以来系年要录》卷139	
16	宋孝宗	隆兴二年三月	广西州军	《宋会要辑稿》食货70之55	
17	宋孝宗	隆兴二年十二月十六日	楚滁濠庐光州盱眙军光化军管内并扬成西和州襄阳德安府信阳高邮军	《宋会要辑稿》礼20之1	
18	宋宁宗	嘉定十四年六月十六日	蕲、黄州	《宋会要辑稿》职官8之67	
19	宋宁宗	开禧二年六月	曲赦泗州	《宋史》卷38	
20	宋宁宗	开禧三年三月	曲赦四川	《宋史》卷38	
21	宋宁宗	开禧三年四月	赦两淮湖北京西被兵诸州	《宋史》卷38	
22	宋宁宗	开禧三年四月	赦西和阶成凤四州	《宋史》卷38	
23	宋宁宗	嘉泰五年六月	吴曦叛曲赦海州	《建炎以来朝野杂记》乙集卷18	
24	宋宁宗	嘉定元年九月	大风赦沿边诸州	《宋史》卷39	
25	宋宁宗	嘉定十五年十一月	赦京东河北路	《宋史》卷40	
26	宋理宗	宝庆元年四月	以宁宗仁文哲武恭孝皇帝祔庙毕曲赦临安府、绍兴府	《宋会要辑稿》礼30之95	
27	宋理宗	绍定五年十月	金将以盱眙军来降赦盱眙改为招信军	《宋史》卷41	
28	宋恭帝	德祐元年正月	祔度宗神主于新宫赦京畿罪	《宋史》卷47	

附表 A-5 宋高宗建炎元年即位赦书原文与辑文对应表

序号	原文内容	辑文内容	辑文出处	备注
1	应赦书到日昧爽以前，罪人所犯罪无轻重，已发觉、未发觉、已结正、未结正、常赦所不原者，咸赦除之。			
2	朕惟火德中微，天命未改，考光武纪元之制，绍建隆开国之基，用赫丕图，益光前烈，可以靖康二年五月一日改为建炎元年。			
3	二帝北狩，随行官吏、班直、诸军及诸色人等，见有家属，并仰依旧支破请给，常切存恤，无令失所。昨金人逼胁使邦昌僭号，实非本心，今已归复旧班，其应干供奉行使之人，亦不获已，尚虑畏避，各不自安，其已前罪犯并与放免，一切不问。			
4	应缘金人犯阙殁于王事军人，祖父母妻笃疾及年七十以上家无子孙者，委所在勘会诣实，特与支本营小分请受，如阵亡人，依格合给多者，即从多给。			
5	应永安军祖宗陵寝、西京应天禅院会圣宫影殿西坟，可差西京留守及台臣一员，日下前去躬亲省视，如有合修葺去处，一面仍密具奏闻。南坟委汝州守臣依此。	应永安军祖宗陵寝、西京应天禅院会圣宫影殿西坟，可差西京留守及台官一员，日下前去躬亲省视，如合修奉去处，一面措置，仍密具奏闻，南坟委汝州守臣依此。	《宋会要辑稿》礼38之5，第1360页。	
6	天下神霄宫并罢，舍屋、什物、钱粮、田产州县拘收，具数申尚书省。			
7	应常平司散敛青苗钱谷，本以便民，岁久法弊，反为民患，可自今住罢。			

续表

序号	原文内容	辑文内容	辑文出处	备注
8	应缘军马侵犯，有临难死节、义不受辱，出使军前，及守御出战并殁于王事，许本家经所在官司自陈，先次覆实，具名保明闻奏，当议优与褒赏。访闻自来殁于王事合得恩数，官司多事指摘细故，非理问难逗留，致死事者不即沾恩，可令所属疾速施行。			
9	应缘金人大入，朝廷遣使往来，实历险难，未有经推恩人，许令自陈，与检详元指挥推恩。内有金人拘留未还者，其请给令所属且权给一半赡养其家，俟及一年止。			
10	应因金人驱拥及差使过军前官员及诸色人等得还者，并许依旧官职祇应，支破请给等。内官员已别差人者，并令吏部先次别与一般差遣。	应困金人驱拥及差取过军前官员得还者，并许依旧官职支破请给等，或已别差人，并令吏部先次别与一般差遣。	《宋会要辑稿》兵15之1，第7017页。	
11	应文臣承务郎、武臣承信郎以上，并内官医官、伎术官及致仕，并与转行一官。文臣中大夫、武臣承宣使，并回授与本宗有官有服亲。武功大夫未带遥郡一官，已带遥郡防御使又与转行，右武大夫、选人与循资，已系承直郎与改官次等合入官，校副尉、下班祇应，依格与转官资，仍并不隔磨勘。	应文臣承务郎以上，并内臣医官技术官及致仕官，并与转行一官，内文臣中大夫、武臣承宣使，并回授与本宗有官有服亲，武功大夫未带遥郡人，与转行遥郡一官，已带遥郡防御使人，与转行右武大夫，选人与循资，已系承直郎与改次等合入官，校副尉下班祇应人，依格与转官资，仍并不隔磨勘。	寄据《永乐大典》卷14646，193卷。	
12	应诸路帅守、监司，许依例进贡恩，其金人及盗贼曾失守或逃避之人，不许进贡。	应诸路帅守、监司，许依例进贡推恩，其因金人及盗贼曾失守或逃避之人，不许进贡。	《宋会要辑稿》职官45之15，第3398页。	

续表

序号	原文内容	辑文内容	辑文出处	备注
13	应承务郎以上服绿、服绯及十五年者，不以赃私罪与转服色。			
14	应文武升朝官并禁军都虞候以上父母妻未有官封者，并与封叙，已封叙者更与封叙。亡殁者与封赠，已封赠者更与封赠，祖父母在者亦听回授。			
15	应文武致仕官并赐粟帛羊酒，即曾任大中大夫、观察使以上者官倍赐。	应文武致仕官并赐粟帛羊酒，曾任太中大夫、观察使以上官者倍赐。	《宋会要辑稿》职官77之64，第4164页。	
16	应士庶男子、妇人年九十以上者，赐粟帛等，令户部具别则例行下所在州县就赐，务令得实，不得扰呼，百岁以上仍保明以闻。			
17	应禁军指挥使以上，各特与儿男下班祇应一名。诸军将校合加恩者，并与加恩。马步诸军将士等，并特优赏，仍比旧例以三分为率，更增一分。			
18	应文武官因金人到离任者，并限一月内经所在州县自陈，并与免罪，转运、提刑司勘验给还任。			
19	应军人、丁夫等逃亡及溃散官兵，并州县百姓，因金人所至令失业之人，皆因有首领统率，原其本心，皆欲勤王，止缘道路不通，迁延日久，粮食不继，因而取给民户劫掠逐路，帅守不曾差人总率，见今啸聚未散，出首无路自新，限一月于所在首身，其已前罪犯一切不问，并放令逐便。军人依旧本营原职名收管，仍免所辖官司及本营问当，其少欠官私债负，并与除放。百姓愿在军者，如少壮即减三指刺填，即便支给例物请受，其徒中能谕众归业或别首纳。限满不首，复罪如初。			

续表

序号	原文内容	辑文内容	辑文出处	备注
20	应今来啸聚贼徒，既许自新，如尚敢乘时作过，杀害军民，仰安抚、提刑司差那兵马捕捉，并家属务尽斩杀，如数多，本路军马不足，申枢密院差大兵前去剿除。仰提刑司原立赏格，召人擒捕，仍许徒中自相杀并，依格推赏，功効尤大者，别具保明，格外推恩，后获不以今降赦恩原减。			
21	应逃避公人，限一月出首，依旧职名收管。			
22	应逃亡军人，如能劝诱逃亡之人首身，本辖官司直簿拘籍，每五十人转一资，副都头以上每一百人转一资，及千人所属具名申尚书省，当议优与推恩。			
23	应战斗亡失官马及散亡军器什物之数，合该科罪，及官司见责令备者，仰统制官保明，如委无欺隐，特与放罪除免。其民间有收到军器等物，许限一月经所在官司陈首。其私收藏官马不纳，计赃科罪。			
24	应系官欠负，不以名色百贯，并行蠲免。其曾经金人兵马焚劫残破州县乡村人户，日前私债虽无利息，并限二年外方许理索。			
25	诸军昨缘勤王并因差出借过衣粮料钱，并与除破，更不尅纳。			
26	应宣和七年十二月二十四日登极合该转一官，向有未经改转之人，并合吏部逐旋具钞拟转。如失去公案，无可照据，许取见任告敕照验，许本色官一员委保，特与转补，如未祗受殁于王事，许回授于本宗本色有官有服人。			

续表

序号	原文内容	辑文内容	辑文出处	备注
27	应缘金人经由州县，有烧毁系官屋宇等去处，除城池、仓库外，未得差科修葺，少息民力，如违，以违制论，令监司按举。			
28	应经劫所在坊场住罢月日，净课利钱特与细计除放。	应经劫所在坊场往罢月日，净课利钱特与约计除放。	《宋会要辑稿》食货21之12，第5150页。	
29	应战守及差使被敌劫杀虏者，特与免本家二年支移折变，仍仰州县倍加存恤。	应因战守及差使被贼杀虏者，特予免本家二年支移折变。	《宋会要辑稿》食货63之1，第5987页。	
30	应诸路纲船靠岸日久，或遭风水抛失若被盗劫，勘会分明，委无欺弊，不得将官兵尅折请受，特与除破。			
31	应诸路人户见欠税租，并倚阁展阁税赋，及缘纳钱物，并与除放。	应诸路人户见欠税租，并倚阁展阁税赋，及缘纳钱物，并予除放。	《宋会要辑稿》食货63之1，第5987页。	
32	应诸路借贷常平钱谷，并特与除放。			
33	应诸路漕司多财用匮乏，将民户合纳二税，宛转折纳或支移他郡，却免未支移，只纳脚乘实惠之类，致民间输纳增倍，深属掊克。今来并仰遵依条法，不得妄冒支移折变，仍许人户越诉，提刑司觉察，当重置典宪。内京西路，昨缘方田添起租，除六分外止送四分见钱，更不支移折变，访闻转运司将所减分数敷入旧税，抑令人户输纳，重困民力，可限赦书到，令与蠲免，所有违法敷入旧税去处，悉行改正，仰提刑司觉察，仍许越诉。			

续表

序号	原文内容	辑文内容	辑文出处	备注
34	诸路税赋支移折变，自有成法，比年漕司以财用不足，往往反覆细折，如合纳见钱令输绸绢，却以绸绢之直折纳丝绵之类，惟务削刻，良民受弊。自今仰转运司遵依条法，不得依前违戾，仍委提刑司觉察，听人户越诉。	诸路税赋应支移折变，官司往往反覆细折，如合纳见钱，小估价直，令输绸绢，却以绸绢之直折纳丝绵，又将所折丝绵却纳见钱之类，重困民力，令转运司遵守条法，不得循袭过为掊克。（绍兴十一年三月七日赦同此制。）	《宋会要辑稿》食货70之29，第6385页。	“转运司”原误作“输运司”。
35	二税折科，合用纳月，时估中价，近岁转运司与州县务于掊克，将及纳月，顿减时估，不以丰凶低昂，但称引用卷例，折纳太重，人户往往破产。今后朝廷非军事更不下转运司非泛须索，如折科尚敢循习不革，守贰转运司非泛须索，并违制之罪加二等。仰提刑司、提举司觉察于起催月终以前，具有无违戾保明闻奏，不以实闻与同罪。			
36	预和买法本支实价，访闻官司立价甚低，或高抬他物价直准折，或以无价虚券充数，甚者直至受纳未支本钱，不遵条限，前期起催急于星火。今来上供之类欲依祖宗法，其和预买有前项违戾，守令并转运司并以违制论加二等，仍委提刑司觉察，每岁于依限后一月内，具有无违戾闻奏，不以实闻与同罪。	和预买法本支实价，访闻官司立价甚低，或高抬他物价直准折，或以无实虚券充数，甚者直至受纳未支本钱，不遵条限，前期起催急于星火。自今有前项违戾守令并转运司，并以违制论加二等，仍委提刑司觉察，每岁于限后一月内具有无违戾闻奏，不以实闻与同罪。	《宋会要辑稿》食货38之12，第5472页。	
37	诸路诸般徭役，非法令该载者罢，该载而非急务，仰监司守臣速具以闻，当议一切蠲罢。			

续表

序号	原文内容	辑文内容	辑文出处	备注
38	应逃田见今地邻及地方掌管人等摊认租税，许令陈状，特与放免，其田依条召人承佃，候逃户人归业日给还。	应逃户田见令地邻及地分掌管人等摊认租税，许令自陈，特与放免，其田依条召人承佃，候归业日给还应。	《宋会要辑稿》食货69之45，第6352页。	
39	昨缘军兴，官司于民间劝借财物，及靖康元年后来人户于所属州县献助钱物，依靖康元年六月二日指挥给降空名告敕，计价书填给还。比缘监司州县申明，将未降上件指挥已前献助之物不理数。今仰逐州长吏限十日，将已降空名告敕通计前后实纳之数，计价尽数书填，给还讫以闻。如人数所纳前数未及，愿帖纳书填者听，即不得抑勒，如违许越诉，当议重行黜责。			
40	应今来因金人所至州县，劫掠逃避人户，仰监司守令多方招诱归业，内阙食不能自存之人，依灾伤七分法赈给，与免今年夏税，虽即归业而无力耕种者，仰提举常平司更切审量，据等特行借贷钱粮收买牛具之类，候将来收成之日，分三等逐科带纳。	应因金人所至州县，劫掠逃避人户，仰监司守令多方招诱归业，内阙食不能自存之人，依灾伤七分法赈给，与免今年夏秋税，虽业归而无力耕种者，仰提举常平司审量等第，借贷钱粮，收买牛具之类，候将来收成日，分三年逐料带纳。	《宋会要辑稿》食货69之45，第6352页。	
41	人户置买耕牛，权免税钱一年。其缘金人兵马蹂践田土乡村，依此施行。	人户置买耕牛，权免税钱一年。	《宋会要辑稿》食货63之197，第6085页。	
42	昨经大帅府驻劄及一月以上去处，应办军马极为劳费，今来夏税特除放。	昨经大元帅府驻军及一月以上去处，应办军马极为劳费，又应天府系兴王之地，理宜优异，今年夏税并特放免。	《宋会要辑稿》食货63之1，第5987页。	

续表

序号	原文内容	辑文内容	辑文出处	备注
43	应天府兴王之地，理宜优异，今年夏税并与放免，省举人特奏名并就殿试，及再就殿试人，并与同进士出身，免解人与免省试，靖康元年得解及州学职事人并免将来文解一次。	靖康元年得解及州学职事人，并与免将来文解一次。	《宋会要辑稿》选举16之1，第4512页。	
44	应天府差人防秋，至今春未能放散，显妨农务，应将来差科保甲，除阵亡人外，特与免一科支移折变。	应去岁差人防秋，至今春未能放散，显妨农务，应缘今来差科保甲除逃亡人外，特与免一料支移折变。	《宋会要辑稿》兵2之42，第6792页。	
45	诸路义仓在法合同正税为一钞输纳，访闻提举司以转运司侵用，有令人户不得随税带纳去处，显属违法，仰令遵依成法，改正施行。			
46	应人户典卖田宅，因官司不为减落第等，见依旧供应科配差使，限赦书到一月内，许自陈验实，特与减免。	应人户典卖田宅，因官司不为减落等第，见依旧供应科配差使，限赦书到一月内，许自陈验实，特与减免。（绍兴十一年三月七日赦同此制。）	《宋会要辑稿》食货61之63，第5905页。	
47	应今日以前典卖田宅、马牛之类，违限印契，合纳倍税者，限百日许陈，特与蠲免，事发在限内者，亦准此。	应今日以前典卖田宅马牛之类违限印契，合纳倍税者，限百日许自陈，特与蠲免，事发在限内者，亦准此。	《宋会要辑稿》食货35之5，第5410页。	
48	应崇宁以来增置税务，其税入课利，除给官吏等支费外，所收钱物不多去处，仰转运司体度，并行废罢。	并增置场务，具岁入课利，除给官吏等支费外，所收物不多去处，仰转运司体度，并行废罢。	《宋会要辑稿》食货21之12，第5150页。	
49	应崇宁以来因买扑坊场、河渡及折欠官物、没纳田产未有承买者，与减见买价三分，听欠户与收赎，限满不赎，即依所减价出榜，别召人承买，仍作三年六科输纳。	崇宁以来，因买扑坊场河度及折欠官物没纳田产，未有人承买者，与减卖见价三分，听欠户两月内收赎，限满不赎，即依所减价出榜，别召人承买，仍作三年六科输纳。	《宋会要辑稿》食货21之12，第5150页。	

续表

序号	原文内容	辑文内容	辑文出处	备注
50	访闻自来赦书所放逋欠，转运司及州县迫于调度，依旧催纳，至民间有黄纸放白纸催之语，甚失朝廷宽恤爱民之意，今来大恩与常赦不同，兼务节用，可以裕民，如监司州县辄敢故违，巧作名目，依旧科抑，许被科人户越诉，其官吏当重行贬窜。	又访闻自来赦书所放逋欠，转运使及州县迫于调度，依旧催纳，至民间有黄纸放白纸催之语，甚失朝廷宽恤之意，今来大恩与常赦不同，兼务节用，可以裕民，如监司州县辄敢故违，巧作名色依旧催科，仰被科人户越诉，其官吏当议重行贬窜。	《宋会要辑稿》食货63之1，第5987页。	
51	应近年以来，州县缘应奉之费用度窘迫，至有前期括借民间二税、免役、坊场课利等钱，显是违法，自今须管依条限催纳，不得预借。	又近年以来，州县用度窘迫，至有前期探借坊场课利等钱，显是违法，自今须管依条限催纳，不得预借。	《宋会要辑稿》食货21之12，第5150页。	
52	祖宗以来，天下上供委有常数，自熙宁后，因臣僚奏请，岁有增加，不胜其弊。仰诸路转运司取索辖下应于见今上供物数，开具祖宗旧制，及熙宁以后增添数目闻奏，当议并行裁损，以纾民力。自崇宁以来，州县仓库受纳税赋，务加概量以图出剩，东南六路为甚，以故民力困乏，其弊本于补发纲运斛斗额外增数，可除岁额上供数外，其每年任其起补发额斛并权住罢。	自崇宁以来，州县仓库受纳税赋，务加概量，以图出剩，东南六路为甚，其弊本于补发纲运斛斗额外增数，可除岁额上供数外，其每年认起补发额斛，并权住罢。	《宋会要辑稿》食货54之7，第5741页。	
53	诸路常贡之内，有时新果味之类，所在因缘贡奉外取索归空库，更有馈送，搔扰为甚，仰礼部勘会，除缘天地、宗庙、陵寝供献所须外，余并罢贡。			
54	自崇宁以来，州县困乏，抛买上供纲运，取办民力，或以和雇为名科差乡夫般担挽运，极为搔扰，自今后并不得以和雇为名科借乡户以代兵役，州县故违或监司强抑州县应副者，并许人户越诉，当议重行窜黜。			

续表

序号	原文内容	辑文内容	辑文出处	备注
55	应监司州县违法赋敛，涉于掊克或科配代买物色，实有扰害，及应干民间疾苦事件，并许中外臣庶详具利害，经所属官司陈述缴奏，或诣阙投进，当议考察，改正施行。虽语言诋讦，亦不加罪。			
56	应州县官昨缘京城围闭，赴任愆期，多致员缺，应已差下官，除程限一月到任，限满不到，令本路监司郡守各选有才干人权行，具名奏差一次，已奏差者他司不许冲替。及昨缘防秋，所辟官属先次赴任，因邮置梗涩，未受告身人，并以掌管职事日与理为到任月日。			
57	应州郡金人曾到城下，保守无虞者，令所属等开具元守御及出战官兵等，保明申尚书省取旨推恩。内应天府系祖宗开基之地，有三圣御容、两院宗室，控扼东南，为襟喉冲要之处，与其余州军事体不同，所有原守御战官兵等，特先次与转一官资，选人比类施行，仍令元帅及应付长官开具，保申尚书省，给降付身。			
58	应吏部宗室注授恩例，自有定法。昨缘言官论列，遂同庶姓，甚失惇叙之意，可依旧法。			
59	应宗室犯罪见锁闭监管拘管人，该遇今来恩宥，并放逐便。宗子妇人见入道为尼，愿还俗听，原有官封者依旧。			
60	应宗室昨来预贡及得解之人，并与推恩。	应宗室昨来预贡得解未曾就试人，并与推恩。	《宋会要辑稿》选举4之17，第4299页。	
61	应宗室无官人，依政和五年二月二十四日册皇太子赦，与量试推恩。			

续表

序号	原文内容	辑文内容	辑文出处	备注
62	应外官宗室未有差遣及已授三路差遣愿别授者，并令吏部不依名次先注阙近便差遣。	应外官宗室未有差遣，及已授三路差遣愿别授者，并令吏部不依名次注近阙近便差遣。	《宋会要辑稿》帝系5之32，第127页。	
63	应诸宫院屋宇近因拆毁，致使宗室至无处居止，并许量口数多寡指占空闲官屋及寺院居住。			
64	应宗室因金人取过军前，本房老幼无人养赡，或因逃避散居州县，以至失所。在京委开封府在外委守臣，速行措置，月给钱米，无令失所，不管漏落，别听候朝廷指挥。			
65	应宗室年幼未合出官，与依见今官序支破请给。	应宗室年幼未合出官人，并与依见今官序支破请给。	《宋会要辑稿》帝系5之32，第127页。	
66	应宗室年幼未及官员并忠义之士，在外非曾奉朝廷及大帅府指挥，激于忠愤，自募勤王人兵，未有统属，今来国事稍定，仰各将见管人兵交付所至州县主兵官讫，出给公据，量带人从前来行在，特与推恩。			
67	应官员因疾病陈乞致仕，今已安痊，不以年限满，许召保官员原委保自陈，特令再任。	应官员因疾病陈乞致仕，今已痊安，不以年限满与未满，许召保官二员委保自陈，特令再仕。	《宋会要辑稿》职官77之64，第4164页。	
68	应命官寻医侍养，许并召保注授。	应命官寻医侍养，并许召保注授。	《宋会要辑稿》职官77之26，第4145页。	
69	应恩泽补受文学，并许依法召保注授入官。	应恩泽捕授文学，并许依法召保注权入官。	《宋会要辑稿》选举24之17，第4627页。	

续表

序号	原文内容	辑文内容	辑文出处	备注
70	应合特奏并与免试，内曾经六举以上到省人与登仕郎，五举补京助教，四举上州文学，两举诸州助教人，愿赴将来特奏名殿试者亦听。虽试在下等不应出官人，亦取旨升推恩。	应合特奏名人并与理举免试，内曾经六举以上到省人与登仕郎，五举补京府助教，四举上州文学，三举下州文学，两举诸州助教。内两举合补助教人愿赴将来特奏名殿试者，亦听。虽试在下等，不应出官者，亦取旨升等。	《宋会要辑稿》选举4之17，第4299页。	
71	新春合赴省试人，昨缘道路艰阻复归本贯，及在京人即未有取应之期，令礼部检会故例取旨施行。			
72	应去年锡庆院试中武士未经推恩人，仰本部限一月开具等第姓名申尚书。	应去年锡庆院试中武士未经推恩人，仰本部限一月开具等第姓名尚书省。	《宋会要辑稿》职官17之25，第4543页。	
73	应寺院宫观有隔下拨放，并许于所属自陈，保明申礼部，限三日给降，其今岁乾龙节合拨放去处，虽不曾投进功德疏，特与依例拨放，试经者与额外添数一次，合就试一百人以添一名，一百人以上者两名，三百人以上三名。			
74	应暴露遗骸无人识认者，许在寺院埋瘗，每及一百人，令所属勘验申礼部，给度牒一道。	应遭金人杀戮暴露遗骸，无人认者，许所在寺院埋瘗，每及一百人，令所属勘验，给降度牒一道。	《宋会要辑稿》食货68之120，第6313页。	
75	应自今官员犯罪若系赃私自断定，更取特旨断，如系公罪，止令刑部、大理寺断定刑名施行，更不取特旨。			

续表

序号	原文内容	辑文内容	辑文出处	备注
76	应命官流配编管羁管人永不移放逐便，除名、追降官资及勒停责授散官安置，或终身不齿放归田里人等，及永不收叙人，并与叙元官，落职人与复旧职，折资及降等差遣人与复本等差遣，合检举者刑部限三日举。其蔡京、童贯、王黼、朱勔、李邦彦、孟昌龄、梁师成、谭稹及其子孙，皆误国害民之人，更不收叙。	命官流配、编管、羁管人，永不移放者，并放逐便。除名追降官资及勒停责授散官安置，或终身不齿放归田里及永不收叙人，并与叙官，落职人与复旧职，析资及降等差遣人与复本等遣差。合检举者，刑部限三日检举，惟蔡京、童贯、王黼、朱勔、李邦彦、孟昌龄、梁师成、谭稹及其子孙，皆误国害民之人，更不收叙。	《宋会要辑稿》职官76之37–38，第4114页。	
77	应吴储、吴侔、王寀、刘昺等亲属前来禁锢约束指挥，条具以闻。停降诸色人等未经叙用及永不收叙人，并特与叙原职名，已迁补者额外收补。	应停降诸色人等、未经叙用及永不收叙人，并特与叙元职名，已迁补者额外收补。	《宋会要辑稿》职官76之37，第4114页	
78	应编管移乡人并永不移放者，并放逐便。沙门岛罪人不以年岁远近，并移乡五百州军。	应编配移乡人永不移放者，并放逐便。沙门岛罪人，不以年岁远近，并移近乡五百里州军。	《宋会要辑稿》刑法4之41，第6642页。	
79	应命官、公人、军人犯罪除名，有特旨除名、停替、羁管，大理寺合断刑名外，一时特旨除名、停替、羁配、安置之类，本不合坐罪者，并与除落，理元断月日。			
80	应特旨还俗僧道许自陈，特与依旧为僧道，令本州出给公据。			
81	应禁军犯偷盗情重，依条并行隔下，不得迁补转，若经断及五年不曾再犯，候转日委所属勘会诣实，特与转行。			
82	应急脚马递铺兵，因金人所至逃避，散在诸处送递角，可专委本路提刑司疾速措置招刺，依旧摆铺，仍依时支给请受。			

续表

序号	原文内容	辑文内容	辑文出处	备注
83	应缘军兴收置物色，未曾支还价钱者，并限十日支还。			
84	京城围闭日久，商旅不行，今道路方通，理当优异，其商贾欲般贩物货上京者，并经州县自陈，出给公据，特与免沿路税钱。	京城围闭日久，道路方通，商贾有欲般贩物货上京者，并经州县自陈，出给公据，特与免沿路税钱力胜。	《宋会要辑稿》食货 17 之 33，第 5100 页。	
85	应中外有文武才略艺出伦，或淹布衣或沉下僚，内自禁从外至监司郡守广行搜访，各举所知一名，如举得其人，并行旌擢，限十日内荐举，仍以所举人移文州县，以礼津遣赴行在。	应中外有文武才略出伦，或淹布衣或沉下僚，内自禁从外至监司郡守，广行搜访，各举所知一名，举得其人并行旌擢，仍以所举人移文州县，以礼敦遣赴行在。	《宋会要辑稿》选举 34 之 50–51，第 4800 页。	
86	应孝子顺孙、义夫节妇，所宜旌表，以厚人伦，事显著者，仰长吏保明白来上。			
87	应祖宗以来赦内常税宽恤事件，及名山大川、历代帝王祭祀封爵等，并检会行。	五岳四渎，名山大川，历代圣帝明王，忠臣烈士，载于祀典者，委所在长吏精洁致祭，近祠庙处并禁樵采，如祠庙损坏，令本州支系省钱修葺，监司常切点检，毋致隳坏。	《宋会要辑稿》礼 20 之 4，第 766 页。	

注：赦书原文出自《三朝北盟会编》，共 87 条内容。辑文出自《宋会要辑稿》，共 38 条内容。

附表 A–6 宋宁宗绍熙五年明堂赦书辑文

序号	辑文内容	出处	备注
1	勘会行在及绍兴府见请孤遗钱米宗子、宗女、宗妇等，其间有未曾引赦添支钱米，可比附两外司孤遗体例籍定名字，将十五岁以上并依前赦例添支，十四岁以下减半添给。（自后明堂、郊赦并同。）	《宋会要辑稿》帝系 7 之 19，第 156 页。	
2	应宗室犯罪，元系情理重，与减作稍重，与重减作稍轻，稍轻减作重。（自后明堂、郊赦并同。）	《宋会要辑稿》帝系 7 之 29，第 161 页。	“稍轻减作重”疑有误。

续表

序号	辑文内容	出处	备注
3	应宗室犯罪永锁闭、永监管、拘管之人，令西南两外宗正司，具元犯轻重及有无悛改，结罪保明，申大宗正司，具奏取旨，余锁闭监管拘管者，可特与减一年，理为放免年限，已经展年人，令逐司结罪保明，申大宗正司，检照元犯，合行放免，并与放免。（自后明堂、郊赦并同。）	《宋会要辑稿》帝系7之29，第161页。	
4	应宗妇、宗女因事令入道尼，如后来能自循省，仰大宗正司保明，特与放令自便，不愿者听。（自后明堂、郊赦并同。）	《宋会要辑稿》帝系8之44，第184页。	
5	鞫狱差官，自有起发条限，近来被差官，往往推避迁延。今后应监司州军差官推勘公事，须管督责照条限疾速起发，不得推避，如有稽滞，仰所差官司按劾。（自后郊赦并同。）	《宋会要辑稿》职官5之56，第2490页。	
6	刑狱翻异，自有条法，不得于词外推鞫，其干连人虽有罪而于出入翻异称冤情节元不相干者，录讫先断。近来州郡恐勘官到来，临期勾追迟缓，却将干证人尽行拘系，破家失业，或至死亡，可并令释放着家知在，如违，许被拘留人经监司陈诉。（自后郊赦并同。）	《宋会要辑稿》职官5之56，第2490页。	
7	官员犯罪，先次放罢，后来结断，止是笞公罪，为有再得指挥，仍旧放罢，吏部见理后来年月，降罢名次，可特与理先降指挥年月施行。（庆元三年南郊赦；嘉定八年、十一年、十四年明堂赦并如之。）	《宋会要辑稿》职官8之47，第2681页。	
8	应命官酬赏，因犯公罪，须候一任回方合推赏者，若经今赦，合依无过人例，便许收使。（庆元三年南郊赦亦如之。）	《宋会要辑稿》职官8之47，第2681页。	
9	文武官陈乞奏荐，各有发奏期，其间有未入限前发奏，并不填实日，却系在应发奏月分，或保官满行声说作保次数，并特与放行。（庆元三年南郊亦如之。）	《宋会要辑稿》职官8之47，第2681页。	
10	应官员任满批书印纸多有小节不圆见碍注授升改，并四川、二广升改考第举主、定差使阙，恩例名次应得格法，缘本路转运司行遣或军州批书不依条式及小节不圆，致取会留滞，有碍参选，并令就行在召本色官二员委保，先次放行，案后取会，如有违碍，依条改正。（嘉泰三年南郊赦亦如之。）	《宋会要辑稿》职官8之47，第2681页。	

续表

序号	辑文内容	出处	备注
11	应命官犯私罪徒经今十二年，赃罪杖以下经今二十年，有五人奏举；公罪徒、私罪杖以下经今七年，或元因注误或法重情轻，并有三人奏举者，许今后不碍选举差注。其犯公罪徒、私罪杖以下经今十二年，公罪杖以下经今六年，有二人奏举者，今后与依无过人例施行。若公私罪不至勒停，特旨勒停，加举主一员，公罪徒合该勒停之人，与增展二年，并加举主二员，亦许依无过人例施行。以上并须情理稍轻及被坐后来各不曾犯赃私罪，并听于所属自陈。内承直郎以下犯私罪徒、赃罪杖，不碍选举差注，若举主考第比无过人例合磨勘者，奏裁，其犯公罪流，非用刑惨酷及拷掠无罪人致死及失入死罪之人，如及二十年，不曾犯赃私，更加举主一员，在内于刑部，在外于所在州军，自陈保明申奏，亦与依无过人例施行。（嘉泰三年南郊赦亦如之。）	《宋会要辑稿》职官8之47，第2681页。	
12	应命官管押纲运，偶缘元差官司失于照应，致有年及六十以上或举主未曾到部，但所押钱物别无少欠见碍推赏之人，可特与放行一次。	《宋会要辑稿》职官10之14，第2607页。	
13	昨吏部申明指挥，将二广、湖南北、京西路州军见差置听候使唤使臣内，曾经从军立功拣汰之人，任满无力前来参部，并许经本任或寄居州军陈乞指射五阙，保明申部，从上拟差。如同日有在部人指射，先注在部人，其兵部所管副尉下班祗应，未该载，可令照应吏部已申明指挥陈乞施行。（嘉泰三年南郊赦；嘉定八年、十一年明堂赦亦如之。）	《宋会要辑稿》职官14之16，第2695页。	
14	应命官下班祗应、副尉，因罪特旨及依法合该展期或展年磨勘，监当展任降资、殿降名次、展年参选、罚短使，并特与放免。	《宋会要辑稿》职官15之27，第2711页。	
15	应命官犯公罪徒以下，案后收坐，而案状未到者，可以刑寺照赦定断结绝。	《宋会要辑稿》职官15之27，第2711页。	
16	二广州军合差摄官去处，可依条施行，精加选择。（以后南郊、明堂赦并同。）	《宋会要辑稿》职官62之54，第3809页。	
17	今来赦文宽恤事件，仰监司督责郡县，自赦到限一季，将遵行过名件结罪申奏，或故违隐而不举，令御史台弹劾闻奏。	《宋会要辑稿》职官79之9，第4214页。	

续表

序号	辑文内容	出处	备注
18	应举因事殿举及不得入科场之人，除犯徒罪以上及真决未曾改正、编管未放逐便人外，可并许应举。（庆元三年南郊赦、六年明堂赦、嘉泰三年郊祀赦、开禧二年、嘉定二年明堂赦、五年郊祀赦、八年、十一年、十四年明堂赦并同。）	《宋会要辑稿》选举5之12，第4318页。	
19	应进士年二十以上、五举到省，合赴绍熙四年特奏名殿试人，系事赴试不及，若将来殿试唱名入第四等以上合补授文学之人，虽系年六十以上与理绍熙四年甲。今年赦恩，召保参选，特差岳庙一资。（自后郊祀、明堂大礼赦亦如之。）	《宋会要辑稿》选举13之7，第4471页。	本条时间及“合赴绍熙四年特奏名殿试人”句中“绍熙”均误作“绍兴”，根据上下文意改。
20	勘会该遇登极赦恩，用举数推恩补授文学并特奏名文学之人，依法遇赦日年已六十者，许二年次参选注权入官，其年六十三岁以上内该登极补授如之。	《宋会要辑稿》选举13之7，第4471页。	
21	应诸路进士实请四解，并国学进士两举人，并依旧制与免将来文解，其国学先请后免或先后免后请人并依此。（自后郊祀、明堂大礼赦亦如之。）	《宋会要辑稿》选举16之27，第4525页。	
22	应诸路进士淳熙五年省试下实理十八年，国学进士淳熙十一年省试下实理十二年，并与免将来文解。（自后郊祀、明堂大礼赦亦如之。）	《宋会要辑稿》选举16之27，第4525页。	
23	勘会初官不曾铨试，其间有年及五十以上，并因功赏特补文学，已经注权官一任回，年及五十以上，并令吏部长贰铨量，权与放行参部注残零阙一次。（自后郊祀、明堂大礼赦亦如之。）	《宋会要辑稿》选举26之20，第4659页。	
24	勘会初官依条年四十铨试不中注残零阙之人，如一任回应有恩赏恩例，许收使一次。（自后郊祀、明堂大礼赦亦如之。）	《宋会要辑稿》选举26之20，第4659页。	
25	诸路盐场，昨缘不依时支散本钱，及有克减，以致额不敷，仰诸路提举司遵守，累降指挥约束，如有违戾，将当职官吏按劾以闻，许亭户越诉。（自后郊祀、明堂赦并同。）	《宋会要辑稿》食货28之45，第5301。	

续表

序号	辑文内容	出处	备注
26	访闻州县有将人户计口抑卖食盐，甚违法意，可令禁司觉察禁戢，如有违戾按劾施行。（自后郊祀、明堂赦并同。）	《宋会要辑稿》食货28之45，第5301。	
27	在法，违欠盐钱止合估欠人并牙保人物产折还，即无监系亲戚填还及妻已改嫁尚行追理之文，昨令户部申严行下，许人越诉（自后郊祀、明堂赦并同。）	《宋会要辑稿》食货28之45，第5301页；《宋会要辑稿》食货31之31，第5356页。	
28	官司辄立茶盐铺，虚给帖子，均科人户，勒令赍钱，越铺缴纳，未尝支给茶盐，显是违法科抑，仰提举司及诸州主管官严行禁戢，许人户越诉。（自后郊祀、明堂赦并同。）	《宋会要辑稿》食货28之45，第5301。或《宋会要辑稿》食货31之31，第5356页。	
29	都茶场昨自乾道六年以后节次给降茶引，赴江西州军出卖，拘钱起赴行在。访闻州军发卖迟细，多是赊卖与铺户等人，今经日久，往往流移贫乏，见令州县偿纳，仰将绍熙元年终以前年分未纳茶引将数，特与除放，仍仰提举司觉察，如有违戾，按治施行。（自后郊祀、明堂赦亦同，惟所放年分有差。）	《宋会要辑稿》食货31之31，第5356页。	
30	州县应捉获私茶合解所在税务合同场，自合用心措置，召人请买。访闻积压陈损，多是科抑行人铺户，或令栏头认数出卖，拘收价钱，追扰监系，可日下尽行除放。（自后郊祀、明堂赦并同。）	《宋会要辑稿》食货31之31，第5356页。	“州县应捉获私茶合解所在税务合同场”句中“私茶”原作“私察”，据文意改。
31	押纲官违法借贷官钱收买货物，致被拘留，勒同梢工等填纳，深虑无所从出，可自赦到日，仰将所拘物贷先次估卖，如有移用破毁者，亦与估价出豁，止据未足钱数行下元起解官司，照应已降指挥发补。（自后明堂、郊祀赦并同。）	《宋会要辑稿》食货44之15，第5590页。	
32	两浙江淮等州县，间有水旱灾伤去处，已降指挥存恤外，尚虑民户流徙未能复业，或有贫乏不能自存之人，仰监司照应累降指挥，更切体访，优加存恤，毋致违戾。（自后郊祀、明堂赦亦如之。）	《宋会要辑稿》食货58之20，第5831页。	

续表

序号	辑文内容	出处	备注
33	在法，病人无缌麻以上亲同居者，厢耆报所属，官为医治。访闻店舍寺观，避免看视，更不闻官，往往赶逐出外，及不令安泊，风雨暴露，因而致毙，可令州县多方措置存恤，依条医治，仍出牓乡村晓谕。（自后郊祀、明堂赦亦如之。）	《宋会要辑稿》食货58之20，第5831页。	
34	在法，诸州每岁收养乞丐，访闻往往将强壮慵惰及有行业住家之人，计嘱所属，冒滥支给，其委实老疾孤幼贫乏之人，不霑实惠。仰今后须管照应条令，从实根括，不得仍前纵容作弊。其临安府仁和、钱塘县养济院，收养流寓乞丐，亦仰依此施行，不得徒为文具，如有违戾去处，仰提举司、干司觉察，按治施行。内有军人拣汰离军之后，残笃废疾不能自存在外乞丐之人，仰本军随营分措置收养，毋致失所。（自后郊祀、明堂赦亦如之。）	《宋会要辑稿》食货60之1，第5865页。	
35	在法，盗耕官田给与首者。访闻两淮州军民户见耕种田土，往往多被流移人户告首，冒占顷亩，意要规图得业，以致词讼不绝，淮民不得安业，今后若实有宽剩地段，仰州县分明出榜，限三月许令人户自首就佃。（自后郊祀、明堂赦亦如之。）	《宋会要辑稿》食货61之42，第5894页。	
36	旧法，僧道年六十以上及笃废残疾者，本身丁钱听免，续降指挥，僧道七十以上及笃废残疾，本身丁钱并特放免。近来给降度牒，披剃稍多，自合将所收免丁钱尽数发起。访闻州郡将合入老僧道，不行依法放免，仍旧照额复行拘催，以致被害，深可怜悯，可令州军照逐岁僧道丁籍实数拘催，仍令提刑司常切觉察，毋致违戾。（自后郊祀、明堂赦亦如之。）	《宋会要辑稿》食货66之18，第6216页。	
37	广南东西路民间有曾祖父母存或祖父母年已六十而身未成丁之人，访闻州县便行科纳，谓之挂丁钱，已令监司约束，或有违戾，委帅臣互察以闻。（自后郊祀、明堂赦亦如之。）	《宋会要辑稿》食货66之18，第6216页。	

续表

序号	辑文内容	出处	备注
38	州县役钱，逐年均敷，皆有定数。访闻诸路提举常平司，却以余剩为名，抑令县道添认作余剩钱解发公库，以资妄用，县道无所从出，不免科配于民，委是违法，合行禁约，如有违戾，许监司互察，仍令人户越诉。（自后郊祀、明堂赦亦如之。）	《宋会要辑稿》食货66之27，第6221页。	本条时间原作“绍兴五年”，按绍兴五年无大赦，该行的页面底端有一“熙”字，疑为当时之改动。
39	在法，大保长愿兼户长者，轮催纳税租，一税一替，欠数者后科人催，兼催科自有省限，辄勾追催税人赴官比磨，将逃亡倚阁税赋抑令陪备输纳官物，以至破家荡产，深可怜悯，仰监司常切觉察，如有违戾去处，按劾以闻，如监司失于举觉，亦重置典宪，许被扰人户越诉。（自后郊祀、明堂赦亦如之。）	《宋会要辑稿》食货66之27，第6221页。	
40	已降登极赦，人户输纳绸绢、斛斗之属，既名纳官，法不收税。访闻州县场务过有邀求，绸绢则先收纳绢税钱，斛斗则先收力胜钱，循习成例，重为民害。仰转运司严行禁戢，仍许人户越诉，尚虑州县奉行灭裂，可自赦到日，委诸路监司严切体访，如有违戾去处，按劾闻奏。（自后郊祀、明堂赦亦如之。）	《宋会要辑稿》食货68之15–16，第6261页。	
41	催科自有省限，州县往往不遵条法，先期预借，重叠催纳，以致多出文引，非理追扰，或勒令保长代纳，于受纳之际密令合干等人多端阻节作弊，倍加斗面，非理退换，洎至纳足，不即给钞。仰监司严切觉察，如有违戾，按劾奏闻，仍许输纳民户赴监司陈诉。（自后郊祀、明堂赦亦如之。）	《宋会要辑稿》食货68之16，第6261页。	
42	坍江田土，昨降指挥委官覈实，其山乡边溪，亦有被水冲决堆注沙碛未堪耕作田亩。访闻州县依旧催理税赋，委是无所从出，可令逐路转运司疾速选委清彊官覈实，如见得不堪耕作，分明即与照数先次倚阁，次第结罪保明申尚书省，当与除豁，如有将来可以兴复去处，仰照应见行条法指挥施行。（自后郊祀、明堂赦亦如之。）	《宋会要辑稿》食货70之84，第6412页。	“自后郊祀、明堂赦亦如之”句中“明堂”原作“堂明”，据文意改。

续表

序号	辑文内容	出处	备注
43	已降登极赦文，人户输纳秋苗，其起纲脚耗，旧有定数。访闻州县于正数之外加量斛面增收，点合名色至多，重为民害，可令诸路转运司严切禁止，如有违戾，许人户越诉，仍委诸司互察，尚虑奉行不虔，仰转运司更切严行禁止，毋致违戾。（自后郊祀明堂赦亦如之。）	《宋会要辑稿》食货70之84，第6412页。	
44	人户夏税和买䌷绢，内䌷合纳本色二分，折帛钱八分，绢合纳本色七分，折帛三分。访闻州县却侵本色分数，多敷折帛价钱，又不许人户依已降指挥以钱会中半输纳，间有折纳银两，重困民力，委转运司多出文榜晓示，如有违戾，即行按劾，仍许人户越诉。	《宋会要辑稿》食货70之84，第6412页。	
45	民间合纳夏税秋苗，见行条法指挥并已详备。访闻州县不遵三尺，往往大折价钱，致令人户艰于输纳，并将畸零物帛高估价直，却往他处贱价收买，以图剩利，显属违戾，可令监司觉察，仍许人户越诉。（自后郊祀、明堂亦如之。）	《宋会要辑稿》食货70之84，第6412页。	
46	应典卖田宅，如税契违限及契内减落价钱合倍税者，可自赦到，并限百日许令自陈改正，投纳契税，与免倍输。	《宋会要辑稿》食货70之87，第6414页。	
47	访闻湖、广等处州县杀人祭鬼及略赏人口，并贫乏下户往往生子不举，条法禁约非不严切，习以为常，人不知畏。可令守令检举见行条法，镂板于乡村道店、关津渡口晓谕，许诸色人告捉，依条施行。仍仰监司严行觉察，毋致违戾。	《宋会要辑稿》刑法2之126，第6558页。	
48	州县民户词诉已经朝省监司受理，行下所属州县追究定夺之类，往往经涉岁月，不与断理，使实负冤抑之人无由伸雪。仰诸路监司催促，限一月依公结绝。如仍前迁延，许人户越诉。将当职官吏重作施行。（自后赦并同。）	《宋会要辑稿》刑法3之37，第6596页。	
49	应命官在贬所物故，可自今赦到日，仰所在州军勘检诣实，许令从便归葬讫，保明具申省部。若元犯事理重者，申取朝廷指挥。	《宋会要辑稿》刑法6之43，第6715页。	

续表

序号	辑文内容	出处	备注
50	勘会在狱病囚，官给药物医治，病重责出，自有成宪。深虑州县循习苟简，不与救疗，及不照条责出，因致死亡，仰监司、知通常切觉察。（自后郊赦并同。）	《宋会要辑稿》刑法6之73，第6730页。	本条时间原作"绍兴五年"，据前后时间顺序及刑法6之76页中"以上宁宗会要"改。
51	勘会保正副依条止掌烟火盗贼桥道等事，访闻官司敕用一切取办，如差葺材料，差顾夫力，至于勒令催科，并是违法，仰今后州县遵守条令，不得泛有科扰，如违，许充役之家越诉，仍仰监司按劾闻奏。	《宋会要辑稿》兵2之47，第6795页。	
52	已降登极赦文，归正、归朝、归明、忠顺等官，不以绍兴三十一年前后合得添差任数已满之人，念其忠义来归，理合优恤，可特更与添差前任一等不釐务差遣一次，仍令本州按月帮支合得请给，尚虑州军奉行灭裂，不即按月支给，致有拖欠，恐失朝廷优恤之意，仰监司常切觉察。	《宋会要辑稿》兵16之10，第7033页。	
53	川广纲马，沿路自合预办草料。访闻州军临时科敛百姓及差夫采斫青草，仰转运司行下州县，并支见钱收买，不得非理科扰，令提刑司觉察，如有违戾，按劾以闻，仍许被扰人户越诉。（自嘉泰三年至嘉定十四年南郊明堂赦并同。）	《宋会要辑稿》兵26之7，第7230页。	

责任编辑：贺　畅

图书在版编目(CIP)数据

宋代赦书研究/郭艳艳 著. —北京：人民出版社，2021.11
ISBN 978 - 7 - 01 - 022682 - 8

Ⅰ. ①宋… Ⅱ. ①郭… Ⅲ. ①大赦-司法制度-研究-中国-宋代
Ⅳ. ①D924.02

中国版本图书馆 CIP 数据核字(2020)第 229677 号

宋代赦书研究
SONGDAI SHESHU YANJIU

郭艳艳　著

人民出版社 出版发行
(100706　北京市东城区隆福寺街 99 号)

北京建宏印刷有限公司印刷　新华书店经销

2021 年 11 月第 1 版　2021 年 11 月北京第 1 次印刷
开本：710 毫米×1000 毫米 1/16　印张：15.5
字数：236 千字

ISBN 978 - 7 - 01 - 022682 - 8　定价：63.00 元

邮购地址 100706　北京市东城区隆福寺街 99 号
人民东方图书销售中心　电话 (010)65250042　65289539